Matthias Albani | Martin Rösel

THEOLOGIE *kompakt:* Altes Testament

ctb calwer taschenbibliothek 92

Matthias Albani | Martin Rösel

THEOLOGIE *kompakt:*

Altes Testament

Calwer Verlag Stuttgart

Die Reihe THEOLOGIE *kompakt* wird herausgegeben von Gottfried Orth

Die Abkürzungen orientieren sich am Abkürzungsverzeichnis der TRE
(zusammengestellt von Siegfried Schwertner, Berlin/New York 1976)

Bibliografische Information der Deutschen Bibliothek

Die Deutsche Bibliothek verzeichnet diese Publikation in der Deutschen Nationalbibliografie; detaillierte bibliografische Daten sind im Internet über http://dnb.ddb.de abrufbar.

ISBN 978-3-7668-3754-7

2., überarbeitete und erweiterte Auflage 2007

Umschlaggestaltung: ES Typo-Graphic, Stuttgart
unter Verwendung der Arbeit von Wassily Kandinsky, Ergänztes Braun, 1935
© VG Bild-Kunst, Bonn 2002
Satz: Karl Heinz Thiel, Offenbach am Main
Druck und Verarbeitung: Gutmann + Co., 74388 Talheim
e-Mail: info@calwer.com
Internet: www.calwer.com

INHALT

VORWORT

„Und über dem allen, mein Sohn, lass dich warnen; denn des vielen Büchermachens ist kein Ende, und viel Studieren macht den Leib müde." (Prediger 12,12) Diese biblische Warnung ist heute aktueller denn je. Im Jahre 1999 erschienen allein in Deutschland 80 779 neue Bücher, also etwa 221 Titel pro Tag! Im Internet steigt die Zahl der elektronischen Publikationen explosionsartig. Freilich trägt die Bibel selbst ganz erheblich zu dieser Bücherflut bei, die sich täglich über die Menschheit ergießt. Wohl kein anderes Buch hat in den vergangenen 2000 Jahren so viel zum „Büchermachen" ermuntert wie das „Buch der Bücher". In dieser Hinsicht ist bis heute keinerlei Ermüdung festzustellen. Auch wir haben die Warnung des Predigers in den Wind geschlagen und ein neues Buch über das Alte Testament geschrieben.

Doch wozu bedarf es noch einer weiteren Einführung in das Alte Testament? Gibt es nicht schon mehr als genug gute Bücher zu diesem Thema? Der Grund für die Entstehung dieses Büchleins liegt zunächst paradoxerweise gerade in der Tatsache, dass es so viele Lehrbücher über das Alte Testament gibt. Studierende der Religionspädagogik (aber auch Diplom-Theologiestudenten in den ersten Semestern) stehen oft ziemlich rat- und hilflos vor einem Berg von Literatur. Unser Anliegen ist es, eine erste Orientierung zum Inhalt des Alten Testaments und zur aktuellen Forschung zu geben. Darin findet man nach einer allgemeinen Einleitung:

- ▷ einen kurzen Abriss der Geschichte Israels, der für das Verständnis der biblischen Texte eine unerlässliche Voraussetzung ist;
- ▷ einen bibelkundlichen Überblick über die Bücher des Alten Testaments;
- ▷ einige grundlegende Informationen zur Forschungsgeschichte am Alten Testament;
- ▷ eine Skizze der exegetischen Methoden;
- ▷ ausgewählte alttestamentliche Schwerpunktthemen;
- ▷ eine Einführung in die biblische Hermeneutik;
- ▷ eine exemplarische Auslegung von Gen 1–3 mit didaktischen Überlegungen für die Unterrichtspraxis;
- ▷ ein Glossar, in dem wichtige Fachbegriffe erläutert werden.

Die Kombination dieser Themengebiete gibt es unseres Wissens bisher in der vorliegenden Kürze auf dem einschlägigen Büchermarkt noch nicht; sie hat sich aus unseren Erfahrungen der universitären Unterrichtspraxis ergeben. Es geht hier also vor allem darum, Schneisen durch den Dschungel der Wissensstoffe zu schlagen und auch aktuelle Bezüge deutlich zu machen. Wer freilich mit der Fachdiskussion auf den einzelnen Forschungsgebieten vertraut ist, wird die Kürze der Ausführungen zuweilen als Verkürzung empfinden. Doch dies ist der Preis für die beabsichtigte kompakte Darstellung.

Das Buch ist als Gemeinschaftswerk entstanden, bei dem beide Autoren alle Teile verantworten, auch wenn die ersten Entwürfe unterschiedlichen Federn entstammten. Wesentliche Unterstützung ist uns durch intensive Gespräche mit Kollegen, Studierenden und Freunden entstanden. Für ihre Bereitschaft, Teile kritisch zu lesen und mit uns zu diskutieren, möchten wir sehr danken; Lesbarkeit und Verständlichkeit des Buches haben auf diese Weise sehr gewonnen. Auch der Lektorin, Frau Britta Hübener, sei für ihre engagierte und freundliche Begleitung des Bandes gedankt.

Wir hoffen, dass das neue kompakte Buch für alle an der Sache Interessierten eine Orientierungshilfe ist und entgegen der Warnung des Predigers den Leib nicht ermüdet, sondern zu vertiefter Lektüre der Bibel und der weiterführenden Forschungsliteratur ermuntert.

Leipzig / Rostock, im Mai 2002
Matthias Albani | Martin Rösel

Vorwort zur 2. Auflage

Dass so bald nach dem Erscheinen des Bandes eine zweite Auflage nötig wurde, zeigt, dass eine solche kompakte Einführung in das Alte Testament ein Desiderat war. Für die Neuauflage konnte der Umfang geringfügig erweitert werden; das gab uns die Gelegenheit, ein Kapitel zu den Funden aus Qumran (6.7) und eine Hilfe zur Auswahl geeigneter Bibelübersetzungen zu ergänzen. Die Literaturhinweise wurden aktualisiert.

Friemar/Rostock, im November 2006
Matthias Albani | Martin Rösel

1 Einführung: Das Alte Testament – ein Buch der Gewalt?

1.1 Das Alte Testament im Zerr-Spiegel

„Der erste Selbstmordattentäter der abrahamitischen Religionsgeschichte war ein Jude: Samson – rund 1200 Jahre vor Christus, als die Israeliten unter der Herrschaft der Philister stöhnten." Diesen Satz kann man im „Spiegel" vom 8.10.2001 lesen, der angesichts des schrecklichen Terroranschlags vom 11. September seinen Titelbeitrag der Geschichte des „religiösen Wahns" widmet. Darin werden die Wurzeln des religiös motivierten Terrors auf das Alte Testament zurückgeführt. Der entsprechende Abschnitt trägt die unverhohlen antijüdische Überschrift „Judentum – Mord und Totschlag im Namen Jahwes" (S. 162). Das Alte Testament wird als Buch dargestellt, welches vor Krieg, Mord und Totschlag im Namen Gottes „strotze". In Großbuchstaben und durch grüne Markierung hervorgehoben ist im Text ein alttestamentliches Zitat eingeblendet, welches heute im allgemeinen Bewusstsein als Charakteristikum des alttestamentlichen Gottesglaubens gilt: „Auge um Auge, Zahn um Zahn" (Ex 21,24).

Der Leser des Artikels kann eigentlich nur zu dem Schluss kommen, dass das Alte Testament ein höchst gefährliches Buch ist, welches in der Hauptsache zu Mord und Totschlag anstiftet. „Sengen und Brennen im Auftrag des Allmächtigen" (S. 162) – das scheint für den Autor die Quintessenz des Alten Testaments zu sein. Die Konsequenz wäre, dass man ein solches Buch eigentlich wie andere jugendgefährdende Schriften und Medien verbieten müsste. Es ist erschreckend, mit welcher Einseitigkeit in dem Artikel die hebräische Bibel als Buch der religiösen Gewalt diffamiert wird. Alle Klischees und Vorurteile über den israelitischen Gottesglauben werden hier unbekümmert verbreitet, und dies noch mit dem Anspruch, Bildung und Aufklärung zu vermitteln.

Tatsächlich findet hier jedoch Verdummung statt, und antijüdische Ressentiments werden unter dem Deckmäntelchen der geschichtlichen Bildung wieder salonfähig gemacht. Daher ist echte Aufklärung über die Botschaft des Alten Testaments heute offenbar dringend nötig.

Es sei gleich vorweggenommen, dass es in dem vorliegenden Buch nicht darum gehen soll, die abstoßenden alttestamentlichen Beispiele von Gewalt im Namen Gottes wegzuinterpretieren oder zu bagatellisieren. Doch ist dies eben nur eine von vielen Seiten des Alten Testaments und ganz bestimmt nicht sein Hauptinhalt. Mit der selektiven Methode des „Spiegel"-Autors könnte man ebensogut behaupten, dass das Alte Testament das Buch der Nächstenliebe und der Gewaltlosigkeit sei (vgl. Ex 20,13; Lev 19,18; Jes 2,4). Wenn man jedoch dem Alten Testament gerecht werden will, so muss man die Vielstimmigkeit der alttestamentlichen Gotteserfahrungen zur Sprache bringen. Diese wird verständlich, wenn man bedenkt, dass die Texte des Alten Testaments in einem Zeitraum von etwa 1000 Jahren entstanden sind. Wahrscheinlich ist es damit das Buch mit der längsten Entstehungsgeschichte.

Die vorliegende Einführung in das Alte Testament will einen bescheidenen Beitrag zu einem besseren Verständnis dieses komplexen Buches liefern. Sie ist im Hinblick auf die Religionspädagogik konzipiert, wobei darin keine didaktischen Entwürfe geboten werden, sondern Grundinformationen. Wenn man etwas gegen die in Deutschland tief verwurzelten Vorurteile gegen das Alte Testament und die jüdische Religion tun will, dann muss man vor allem bei Kindern und Jugendlichen mit der Aufklärung anfangen. Angesichts des tragischen Konflikts zwischen Israelis und Palästinensern, der von Demagogen zunehmend zu antiisraelischer und antijüdischer Propaganda benutzt wird, ist unsere Verantwortung als Christinnen und Christen in dieser Hinsicht besonders groß.

Die Einstellung zum Alten Testament, welches zugleich Heilige Schrift des Judentums ist (= Tanach, s. unten), stellt eine Art Indikator für gefährliche Entwicklungen in der Gesellschaft dar. So konnte man in den Jahren vor der Machtergreifung der Nationalsozialisten eine massive Zunahme der christlichen Polemik gegen das Alte Testament beobachten. Für die Vertreter des „arischen Christentums" war JHWH, der Gott Israels, die Verkörperung der Willkür und Hartherzigkeit, während Jesus einen ganz anderen Gott, den Gott der Liebe, verkündigt habe. A. Dinter (1926) wollte etwa zur „Vollendung der Reformation" beitragen, indem er JHWH als göttliche Personifikation des Bösen bloßstellte und die Juden als das erwählte Volk des Teufels! „Der falsche Gott. Beweismaterial gegen Jahwe" lautet der programmatische Titel eines Buches von Th. Fritzsch aus dem Jahre 1911, der bereits alles sagt.

Die Ablehnung des Alten Testaments hat im Christentum eine lange Tradition. Bereits im 2. Jh. n. Chr. unternahm der Kirchenreformator Marcion den Versuch, das Christentum aus seiner Verankerung im Judentum zu lösen, indem er das Alte Testament einer vernichtenden theologischen Kritik unterzog. Für ihn ist der Gott des Alten Testaments nicht der Vater Jesu Christi, sondern ein minderwertiger despotischer Schöpfergott (Demiurg), der eine ziemlich schlechte Welt erschaffen habe. Daher könne das Alte Testament für das Christentum nicht mehr Offenbarungsquelle sein. Die römische Gemeinde hat damals Marcions Reformationsversuch abgelehnt und ihn im Jahre 144 ausgeschlossen. Doch latent blieb die marcionitische Versuchung in der Kirche bestehen. In der Zeit vor und während des sog. Dritten Reiches kam der antialttestamentliche Affekt wieder voll zum Ausbruch. Es gibt zu denken, dass die Vertreter des arischen Christentums den Gott des Alten Testaments als grausamen Despoten diffamierten und dabei blind waren für die real existierende Despotie und Tyrannei des Hitlerregimes, die zur Vernichtung des europäischen Judentums führte!

Unter dem Eindruck des Holocaust fordern heute manche Exegeten, dass man nach Auschwitz nicht mehr vom „Alten Testament" reden dürfe, da das Adjektiv „alt" schon als negative Wertung missverstanden werden kann, etwa im Sinne von veraltet, vorläufig, überholt und damit entbehrlich. Daher schlagen sie als Alternative dazu „Erstes Testament" vor. Einige grundlegende Informationen zu Begriff und Aufbau des Alten Testaments als Teil des christlichen Kanons sollen hier zur Meinungsbildung verhelfen.

1.2 Das Alte Testament – Name und Aufbau

Name: Tatsächlich entstammt die Bezeichnung „Altes Testament" nicht der hebräischen Bibel selber, sondern wurde von 2 Kor 3,14 hergeleitet (► s. Kap. 7.2), wo Paulus im Hinblick auf diesen Bibelteil vom „alten Bund" spricht. Es handelt sich somit um eine christliche Bezeichnung, die allerdings auch einen Anknüpfungspunkt in der hebräischen Bibel hat: Das lateinische Wort *testamentum* entspricht nämlich dem griechischen Wort *diatheke* in 2 Kor 3,14, welches wiederum sein hebräisches Pendant in dem Wort *b^erit* „Bund, Verfügung“ hat. Ein „neuer Bund“ wird jedoch vom Propheten Jeremia (Jer 31,31–34) verheißen (► s. dazu 6.1).

Das Neue Testament spricht sonst im Hinblick auf das Alte Testament meist von „dem Gesetz und den Propheten“ (Mt 5,17) oder vom „Gesetz des Mose, den Propheten und den Psalmen“ (Lk 24,44). Die Dreiteilung entspricht der Bezeichnung der hebräischen Bibel im Frühjudentum, wie sie im Prolog zur Übersetzung des Sirachbuches (132 v. Chr.) zuerst begegnet: „das Gesetz, die Propheten und die anderen Schriften unserer Väter“. Von den hebräischen Anfangsbuchstaben dieser drei Teile ist die Gesamtbezeichnung der jüdischen Bibel als „Tanach“ abgeleitet (Tora/Gesetz, Nebiim/Propheten, Chetubim/Schriften). Der Name „Altes Testament“ setzte sich im Christentum erst gegen Ende des 2. Jh. durch. Damit wollte die junge Kirche in der Auseinandersetzung mit Marcion deutlich machen, dass die von den Juden übernommene Heilige Schrift für den christlichen Glauben unentbehrlich ist. Die strittige Bezeichnung „Altes Testament“ richtete sich also damals gerade gegen die marcionitische Abwertung der hebräischen Bibel! Daher ist auch heute noch die Verwendung dieses Begriffes für Christen legitim. Das Adjektiv „alt“ kann auch mit den positiven Konnotationen von „altehrwürdig, kostbar und bewährt“ verstanden werden; das Wortpaar „alt-neu“ ist dann nicht als Opposition, sondern als Korrelation zu verstehen. In diesem positiven Sinne wollen wir hier die herkömmliche christliche Bezeichnung der hebräischen Bibel beibehalten.

Gliederung: Die Dreiteilung der hebräischen Bibel entspricht sowohl der religiösen Wertung als auch der sukzessiven Kanonwerdung. Nach jüdischem Verständnis ist der erste Teil, die TORA (fünf Bücher Mose: Genesis, Exodus, Leviticus, Numeri, Deuteronomium) die Heilige Schrift schlechthin (= Pentateuch). Daran schließen die PROPHETEN an, zu denen in der jüdischen Tradition auch die Geschichtsbücher Josua, Richter, Samuel und Könige als „vordere Propheten“ gerechnet werden, während die eigentlichen Prophetenbücher (Jesaja, Jeremia, Ezechiel und das Buch der Zwölf Propheten) die „hinteren Propheten" bilden. Die SCHRIFTEN als Schlussteil enthalten die jüngsten Bücher des Alten Testaments, wobei der Umfang dieses dritten Teils noch im 1. Jh. n. Chr. unter den Rabbinen umstritten war. Der jüdische Kanon der heiligen Schriften hat sich somit in einem langen Prozess herausgebildet und ist frühestens am Ende des 1. Jh., wahrscheinlich jedoch erst im 3./4. Jh. zu einem verbindlichen Abschluss gekommen!

Umfang: Insgesamt hat die hebräische Bibel nach den ältesten uns zugänglichen Zeugnissen (Josephus, Contra Apionem I,8; 4 Esra 14,42 ff.) einen Umfang von 22 oder 24 Büchern gehabt, wobei 22 die Anzahl der Buchstaben des hebräischen Alphabets und 24 das Doppelte der Anzahl der 12 Stämme Israels ist. Die Zahl 24 ergibt sich dadurch, dass man die Samuel-, Königs- und Chronikbücher sowie Esra/Nehemia und die Zwölf Propheten (Dodekapropheton) als jeweils ein Buch aufgefasst hat. Die bei dem jüdischen Historiker Josephus belegte Zahl 22 ergibt sich durch zusätzliche Zusammenfassung von Richter und Ruth sowie Jeremia und Klagelieder. Wenn man diese Schriften jedoch alle einzeln zählt, so kommt man insgesamt auf die Zahl 39, was dem Umfang der in den protestantischen Kirchen benutzten Bibelübersetzungen entspricht (vgl. die Ubersicht). In katholischen Bibelausgaben findet man dagegen noch mehr heilige Schriften (z.B. Tobit, Judit, 1./2. Makkbäer, Weisheit Salomos, Jesus Sirach, Baruch). Sie werden im protestantischen Bereich als „apokryph" (verborgen) bezeichnet, im katholischen Sprachgebrauch gelten sie dagegen als „deutero-kanonisch", also doch zum Kanon gehörig, wenn auch mit etwas geringerer Wertigkeit. Wie ist dies zu erklären?

Die frühe christliche Kirche übernahm die heiligen Schriften des Judentums in Gestalt der griechischen Überlieferung des Alten Testaments, der Septuaginta (Abk.: LXX oder G). Dies hatte seinen Grund in der christlichen „Heidenmission" – Griechisch war damals die „Weltsprache" (wie heute Englisch) – und in dem immer dominierender werdenden Gewicht der „Heidenchristen" innerhalb der jungen Kirche. Die LXX besaß im hellenistischen Diasporajudentum bereits ein hohes Ansehen. Nach dem Zeugnis des Aristeasbriefes wurde diese griechische Übersetzung der hebräischen Tora im 3. Jh. in der hellenistischen Metropole Alexandria von 72 jüdischen Gelehrten in nur 72 Tagen angefertigt, was freilich eine Legende ist. Tatsächlich entstanden die griechischen Übersetzungen in einem längeren Prozess ab dem 3. Jh. v. Chr. Die LXX bietet jedenfalls über die hebräische Bibel hinaus noch 15 weitere Bücher, die fast alle ursprünglich in Griechisch verfasst waren.

Hebr. Bibel (Tanach)	Septuaginta (LXX)	Luther-Bibel
Tora (FUNDAMENT) Gen, Ex, Lev, Num, Dtn	**Geschichtsbücher** (VERGANGENHEIT) Gen, Ex, Lev, Num, Dtn // Jos, Ri, Ruth, I–IV Kön (= Sam + Kön), I+II Chr, Esr (I Esra), Neh (II Esra), Est, *Judith, Tobit, I–IV Makk*	**Geschichtsbücher** (VERGANGENHEIT) 5 Bücher Mose (Gen, Ex, Lev, Num, Dtn) // Jos, Ri, Ruth, 1+2 Sam, 1+2 Kön, 1+2 Chr, Esr, Neh, Est
Propheten (TORA-KOMMENTARE) Vordere Propheten: Jos, Ri, 1+2 Sam, 1+2 Kön Hintere Propheten: Jes, Jer, Ez/Hes, Zwölfprophetenbuch	**Lehrbücher** (GEGENWART) Ps, *Oden*, Prov, Koh, Cant, Hiob, *Weish, Sirach, Ps Sal*	**Lehrbücher** (GEGENWART) Hiob, Ps, Prov, Koh, Cant
Schriften (DIE „ÜBRIGEN") Ps, Hi, Prov // Festrollen *(megillot):* Ruth, Cant, Koh, Thr, Est // Dan, Esr, Neh, 1+2 Chr	**Prophetenbücher** (ZUKUNFT) Dodekapropheton (Zwölfprophetenbuch), Jes, Jer, *Baruch*, Thr, EpJer, Ez, *Susanna*, Dan, *Bel et Draco*	**Prophetenbücher** (ZUKUNFT) Jes, Jer, Thr, Ez, Dan, Zwölfprophetenbuch

Offizielle katholische Bibel wurde die Vulgata, die bedeutendste lateinische Bibelübersetzung, die den Kanon der LXX weitgehend beibehalten hat. Da die Kirchen der Reformation nur die Schriften, welche ein hebräisches Original haben, als kanonisch gelten ließen, kam es zu dem unterschiedlichem Umfang des AT in der katholischen und reformatorischen Bibelüberlieferung.

Anordnung: Allerdings haben die Reformatoren nicht wieder auf die Anordnung der Bücher in der hebräischen Bibel zurückgegriffen. Der jüdische Kanon setzt ja die Tora als Weisung für gelingendes Leben im Gegenüber zu Gott an die erste Stelle; sie stellt damit das Fundament der jüdischen Religion dar. Es folgen die prophetischen Bücher, in denen das Wirken des Gotteswortes in der Geschichte dargestellt wird. Die „Propheten" gelten auch als Kommentare zur Tora. Schließlich enthält der dritte Kanonteil die „übrigen Schriften", die später noch hinzukamen. Demgegenüber ist das christlich rezipierte Alte Testament nach dem zeitlichen Schema Vergangenheit (Bücher der Geschichte), Gegenwart (Bücher der Weisheit) und Zukunft (Bücher der Prophetie) gegliedert (siehe Übersicht). Indem man die Prophetie an die dritte Stelle setzte, sollte das Alte Testament auf seine zukünftige Erfüllung im Neuen Testament hin geöffnet werden (► s. Kap. 7). Dieses Anordnungsprinzip liegt auch der Lutherbibel mit ihrer Einteilung in Geschichtsbücher, Lehrbücher und prophetische Bücher zugrunde.

Text und Sprache: Ein zentrales Anliegen der Reformation war die Hinwendung zum Urtext der Bibel, da allein die Schrift („sola scriptura") Quelle und Kriterium in allen Fragen des Glaubens sein sollte und man dem ursprünglichen wörtlichen Sinn des Bibeltextes möglichst nahe kommen wollte. Das Alte Testament ist größtenteils in hebräischer Sprache verfasst, doch gibt es auch einige aramäische Passagen (z.B. Esra 4,8–6,18; Dan 2,4 b–7,28). Die Reformatoren konnten für ihre Neuübersetzung der Bibel auf die sorgfältige jüdisch-rabbinische Überlieferung des hebräischen Textes durch die sog. Masoreten (= Überlieferer) zurückgreifen. Der älteste, heute noch vollständig erhaltene hebräische Text des Alten Testaments stammt aus dem Jahre 1008 (Codex Leningradensis). Sehr viel älter sind Fragmente hebräischer, aramäischer und griechischer Bibeltexte (2. Jh. v. Chr. bis 1. Jh. n. Chr.!), die seit 1947 in den Höhlen am Toten Meer bei Qumran gefunden wurden. Als moderne deutsche Übersetzung wird die Lutherbibel in der Fassung von 1984 empfohlen, da sie dem Duktus der hebräischen Sprache besonders nahe kommt.

1.3 Das Alte Testament im Spiegel der historischen Forschung

Die historische Forschung am Alten Testament hat in den vergangenen 200 Jahren viel zu einem vertieften Verständnis der darin enthaltenen Texte beigetragen, indem sie etwa ihren historischen und religionsgeschichtlichen Hintergrund sowie ihren „Sitz im Leben" erhellt hat

(► s. Kap. 5). Wenn man diesen Hintergrund einblendet, dann erscheint z.B. der vom „Spiegel“ zitierte Satz „Auge um Auge, Zahn um Zahn“, der als Musterbeispiel alttestamentlichen Rache- und Vergeltungsdenkens plakatiert wird, in einem gänzlich anderen Licht. Es geht nämlich bei dem sog. Talionsprinzip nicht um Rachsucht, sondern vielmehr um gerechten und angemessenen Schadensersatz. Dies wird ersichtlich, wenn man die einst übliche Vergeltungspraxis in die Betrachtung einbezieht, wie sie im sog. Lamechlied prahlerisch besungen wird: „Fürwahr, einen Mann erschlug ich für meine Wunde und einen Knaben für meine Strieme“ (Gen 4,23f.). Hier ist tatsächlich von maßloser Vergeltung die Rede. Das Talionsprinzip begrenzt dagegen das Strafmaß und stellt damit einen entscheidenden Rechtsfortschritt dar. Zudem geht es hier um ein Rechtsprinzip, welches nicht wörtlich verstanden wurde, sondern sinngemäß in die Rechtspraxis übertragen werden sollte. Im Judentum wurde das Gesetz auch nie so aufgefasst, dass tatsächlich für ein Auge des Opfers ein Auge des Täters gefordert werden muss. Vielmehr sollte ein gerechter Schadensersatz gezahlt werden, wie es auch die Übersetzung von Buber/Rosenzweig zum Ausdruck bringt: „Lebensersatz für Leben, Augersatz für Auge, Zahnersatz für Zahn ...“

Das „Auge um Auge“ muss also zunächst aus dem Kontext der damaligen Zeit heraus verstanden werden und darf nicht gleich aus neutestamentlicher (Mt 5,38ff.) oder gar moderner Perspektive beurteilt werden. Dies ist ein entscheidender Grundsatz der historischen Bibelexegese. Ihre Notwendigkeit ergibt sich aus der Einsicht, dass die alttestamentlichen Texte in einer vergangenen Lebenswelt entstanden und in einer fremden Sprache geschrieben sind. Missverständnisse sind daher unvermeidlich.

Doch wird mit einer solchen historischen Kontextualisierung biblischer Worte nicht ihr theologischer Wert in Frage gestellt? Kann man dann noch vom Wort Gottes sprechen? Ein fundamentalistisches Bibelverständnis ist mit der historischen Exegese tatsächlich nicht vereinbar. Bibelworte sind gewiss nicht Gottes Worte in dem Sinn, als wären sie von Gott gewissermaßen „diktiert“ worden. Vielmehr haben Menschen verschiedener Zeiten und in ganz unterschiedlichen Situationen ihre Erfahrungen mit Gott, mit seinem Zuspruch und Anspruch, in menschliche Worte gefasst. Es handelt sich also um Gottes Wort in Menschenworten. In ihnen widerspiegelt sich die unbedingte Wirklichkeit Gottes nur gebrochen, da unsere Wahrnehmungs- und Verständnisfähigkeit für das Unbedingte nicht ausreicht. Nach Paulus vermögen wir in unserer irdischen Existenz Gottes Wirklichkeit nur wie in einem Spiegel „undeutlich" und „stückweise" (1 Kor 13,12) zu erkennen. Dies ist eine grundlegende Einsicht für das Bibelverständnis.

Von Gott kann daher nur in menschlichen Bildern und Gleichnissen, also metaphorisch, geredet werden, wodurch immer nur Aspekte von Gott in oft verzerrter Weise zur Sprache kommen. Es bedarf möglichst vieler menschlicher Erfahrungen mit Gott, um uns seiner Wirklichkeit anzunähern. Das Alte Testament enthält davon eine bunte und vielgestaltige Fülle. Was der Mensch da mit Gott erfährt, hat G. Theißen treffend als „Resonanzerfahrungen" beschrieben.[1] Dahinter steht das Bild eines Klangkörpers, der die Schwingungen einer Saite aufnimmt und zu einem klaren Ton verstärkt. Bei der religiösen Erfahrung werden im Menschen also tief gehende Schwingungen ausgelöst, vergleichbar mit dem musikalischen Erlebnis, von denen er sich in unbedingter Weise umgetrieben und verpflichtet fühlt. Wie die Schwingungen dann für andere hörbar zum Klingen kommen, ist individuell sehr verschieden, je nach Klangkörper. Nicht zufällig haben Musik und Religion eine starke Affinität. Die Gotteserfahrung drängt geradezu zu musikalischer Gestaltung (vgl. das Mirjamlied Ex 15,20 f.).

Das Alte Testament ist wie ein Orchester vorstellbar, in dem sich viele Stimmen bzw. Klangkörper zu einem großen Klangerlebnis vereinen, wobei nicht nur Harmonien, sondern auch Dissonanzen zu hören sind. Der Zweck dieser kleinen Einführung wäre erfüllt, wenn die Leserinnen und Leser durch die Lektüre motiviert würden, eine eigene Erkundungsreise in die faszinierende Klangwelt des Alten Testaments zu beginnen, um den Reichtum und die Vielgestaltigkeit der biblischen Botschaft zu entdecken. Das Büchlein ist gewissermaßen als biblischer Konzertführer zu verstehen. Wer diesen Konzertbesuch nicht scheut, wird am Ende feststellen, dass das Alte Testament nicht nur für den christlichen Glauben unverzichtbar ist, sondern für unsere menschliche Kultur insgesamt.

1 G. Theißen, Argumente für einen kritischen Glauben, München 1978, 48 f.

2 Überblick zur Geschichte Israels

„Ich ziehe es vor, von einem Israeli umgebracht zu werden, weil ich ihm Jerusalem genommen habe, statt von einem Palästinenser getötet zu werden, weil ich Jerusalem aufgegeben habe." Diese Worte Jassir Arafats nach den gescheiterten Friedensverhandlungen im Herbst 2000 charakterisieren die Unversöhnlichkeit zwischen Arabern und Juden im Streit um den Besitz Jerusalems und um das heilige Land. Eine friedliche Lösung des Konflikts scheint angesichts solcher Worte unmöglich zu sein. Immer wieder kommt es zur Eskalation der Gewalt in einem Land, welches einem religiösen und politischen Pulverfass gleicht. Juden und Araber leiten ihre Ansprüche aus der Geschichte und den heiligen Schriften ihrer jeweiligen Religion ab. Die Schatten einer mehrtausendjährigen wechselvollen Geschichte sind in Jerusalem und in Israel wie an kaum einem anderen Ort der Welt in unheilvoller Weise präsent. Wenn man den aktuellen mörderischen Konflikt um das heilige Land begreifen will, so muss man seine Entstehungsgeschichte verstehen lernen. Seine Wurzeln reichen tief in die Vergangenheit zurück, bis zu den Ursprüngen Israels im zweiten Jahrtausend v. Chr.

2.1 Die Quellen

Das AT ist die wichtigste Quelle für die Rekonstruktion der Geschichte Israels zwischen der zweiten Hälfte des zweiten Jahrtausends v. Chr. und dem 2. Jh. v. Chr. Allerdings ist es erforderlich, diese über einen Zeitraum von 1000 Jahren gesammelten Texte im Hinblick auf ihren historischen Quellenwert kritisch zu hinterfragen, da den alttestamentlichen Schriften die Kriterien und Intentionen der modernen Historiographie fremd sind. Zwar erscheint das AT in großen Teilen als Geschichtsbuch, doch ist die Geschichtsdarstellung in erster Linie theologisch zu verstehen: Das AT will die Geschichte Gottes mit seinem Volk Israel darstellen und dabei JHWH, Israels Gott, als Lenker der Geschichte erweisen. Die Ereignisse der Geschichte Israels werden dabei als gnädige Zuwendung oder als Strafe Gottes gedeutet. Zudem ist die Geschichtsdarstellung von der Schöpfung bis zum babylonischen Exil aus der Rückschau konzipiert und hat in erster Linie die Situation der Israeliten in exilisch-nachexilischer Zeit im Blick.

Es handelt sich also bei den alttestamentlichen Texten nicht um Geschichtsschreibung im modernen Sinne, sondern um Glaubenszeugnisse. Daher gibt es in der modernen Forschung einen heftigen Streit um den Quellenwert der verschiedenen alttestamentlichen Geschichtsüberlieferungen. Bei manchen radikalen Exegeten geht die Skepsis so weit, dass sie grundsätzlich bezweifeln, den alttestamentlichen Texten noch historische Fakten entnehmen zu können. Doch die Mehrzahl der Forscher geht mit guten Gründen nach wie vor davon aus, dass die alttestamentliche Überlieferung viele wertvolle historische Informationen über die erzählten Ereignisse erhält, auch wenn die Darstellung durch das theologische Gegenwartsinteresse späterer Autoren geprägt ist. Wichtig ist weiterhin die Erkenntnis, dass die alttestamentliche Geschichtsdarstellung in einem langen Überlieferungsprozess entstanden ist, also nicht in einem Guss konzipiert wurde. Der ursprüngliche Aussagegehalt der alttestamentlichen Texte wurde häufig durch Neuinterpretation für die jeweils aktuelle Situation verändert. Will man daher zu den historischen Fakten zurückfinden, welche in alttestamentlichen Texten erzählt werden, so muss man versuchen, den Prozess der Überlieferung zu rekonstruieren.

Für die frühen Phasen der Geschichte Israels ist die Quellenlage schwierig, da aus dieser Zeit fast ausschließlich sagenhafte Überlieferungen vorliegen, deren historischer Wert sehr umstritten ist. Dagegen ändert sich mit der Entstehung der Monarchie in Israel die Situation grundlegend, denn mit dem Königtum entstand eine Institution, die ein großes Interesse an offiziellen Aufzeichnungen hatte (Annalen, Verwaltungstexte, Listen, etc.). In der Königszeit wurden auch die ersten Literaturwerke geschaffen, in denen die Entstehung des Königtums und die Thronnachfolge Davids dargestellt werden. Für die exilische und nachexilische Periode, in der Juda eine Provinz fremder Großreiche war, sprudeln die biblischen Quellen leider nicht sehr ergiebig. Erst in der hellenistischen Epoche, vor allem für die Zeit der Makkabäeraufstände im 2. Jh. v. Chr., verbessert sich die Quellenlage wieder erheblich.

Neben dem AT sind vor allem die durch archäologische Ausgrabungen zu Tage geförderten außerbiblischen Quellen für die Rekonstruktion der Geschichte Israels von großer Bedeutung, da Israel in vielfältiger Weise mit der Geschichte seiner Nachbarn verflochten war. Freilich gilt die Notwendigkeit einer kritischen Prüfung gleichermaßen für die außerbiblischen Texte. Schließlich sind auch die nichtschriftlichen archäologischen Entdeckungen wie Gebäude, Mauern, Artefakte usw. durchaus keine stummen Zeugen im Hinblick auf ihren Beitrag zur Rekonstruktion der Geschichte Israels.

Ein schwieriges Problem stellt die Datierung der geschichtlichen Ereignisse dar (Chronologie). Während wir für die vorstaatliche Zeit im Allgemeinen nur sehr vage Datierungen vornehmen können, stehen wir ab der Königszeit auf relativ sicherem Boden. In den Rahmenangaben der Königsbücher finden wir synchronistische Daten zur Regierungszeit der Könige von Juda und Israel, die allerdings nur eine relative Chronologie ergeben, etwa: „Im siebenten Jahr Jehus wurde Joasch König und regierte vierzig Jahre zu Jerusalem." (2 Kön 12,2) Aufgrund von Datumsangaben in Aufzeichnungen aus Mesopotamien und Ägypten und durch astronomische Berechnungen ist es möglich, die relative biblische Chronologie in unser Datierungssystem umzurechnen. Besonders viele chronologische Daten stehen uns aus der neuassyrischen Epoche zur Verfügung, in der es zwischen Israel und Assyrien zahlreiche Beziehungen gab. Allerdings gibt es bislang keine allgemein anerkannte Chronologie für die Geschichte Israels. Die Datumsangaben der verschiedenen Berechnungssysteme können zuweilen um ein Jahrzehnt differieren.

2.2 Das Land – Schauplatz der Geschichte

Die Geschichte Israels ist ganz wesentlich durch die geographische Gestalt und Lage Palästinas im Vorderen Orient bestimmt.[2] Palästina bildet zusammen mit Syrien das territoriale Verbindungsstück zwischen Mesopotamien und Kleinasien im Nordosten bzw. Nordwesten und Arabien und Ägypten im südlichen Bereich. Als relativ schmales Durch-

2 Wir haben hier auf die Wiedergabe einer Palästinakarte verzichtet, da in jeder Lutherbibel – aber auch in den meisten anderen Bibelausgaben – instruktive farbige Karten von Palästina und dem Alten Orient zu finden sind, deren Verwendung zum besseren Verständnis der folgenden Ausführungen empfohlen wird.

gangsland, welches im Westen vom Mittelmeer und im Osten von der Wüste begrenzt wird, war Palästina stets von großer strategischer Bedeutung und ständiger Zankapfel zwischen den Großmächten im Norden und Süden. Durch seine geographische Lage zwischen Ägypten und Mesopotamien wurde der größere Teil der Geschichte Israels von außen bestimmt. Nur in den kurzen Schwächephasen der politischen Riesen konnte das kleine Israel eine eigenständige Machtpolitik entfalten.

Besonders zwei große Nord-Süd-Verbindungen durchzogen das Land, die als Heerstraßen für die Armeen der Großmächte oder als Handelsstraßen für Karawanen dienten: Der „Weg am Meer" durch die Küstenebene im Westen und der „Königsweg" durch das Ostjordanland. Aufgrund seines Transitcharakters ist Palästina treffend als „Land der Völkerbegegnung" bezeichnet worden, die freilich häufig kriegerischer Art war. Palästina wird vor allem durch das tief eingeschnittene Tal des Jordan strukturiert, der in das Tote Meer einmündet (Wasserspiegel 392 m unter N.N.).

Das Gebiet westlich des Jordan wird von einem Mittelgebirge durchzogen, das im Süden bei Hebron (1019 m) und im Norden zwischen Bethel und Silo (1016 m) seine höchsten Erhebungen erreicht. In diesen gebirgigen Gegenden lag auch das Kerngebiet der israelitischen Besiedlung, besonders im Raum des zentralpalästinischen Berglandes („Gebirge Ephraim") und in der südlicheren Landschaft Juda. Diese Gegenden stellten somit den Hauptschauplatz der Geschichte Israels dar, wobei mit Jerusalem und Samaria die Hauptstädte der beiden Landeshälften (Nordreich und Südreich) entstanden. Die Küstenebenen und die Jesreel-Ebene waren dagegen schon lange vor der Entstehung Israels Zentren der städtischen Besiedlung. So gelangte die südliche Küstenebene denn auch nie ganz unter israelitischen Besitz, und auch die Jesreel-Ebene wurde erst unter David von den Israeliten erobert. Im Osten geht das Ostjordanland in die damals nahezu unüberbrückbare syrisch-arabische Wüste über. In der Geschichte Israels war das Ostjordanland vor allem Schauplatz von Konflikten mit den dort ansässigen Ammonitern und Moabitern. Der östliche Gebietsstreifen wird im Norden durch das beeindruckende Hochgebirgsmassiv des Hermon (2814 m) begrenzt, dessen schneebedeckter Gipfel weithin sichtbar ist.

Das Land der Bibel ist also in sehr unterschiedliche Landschaften gegliedert. Der vielgestaltige Charakter der Landschaft hatte deutliche Auswirkungen auf die politischen Strukturen. Er begünstigte Sonderentwicklungen und kleinräumige politische Gebilde. So war das Land in der kanaanäischen Epoche der Mittel- und Spätbronzezeit in zahlreiche Stadtstaaten zersplittert. Erst die Israeliten vermochten nach biblischer Darstellung unter David einen umfassenden Territorialstaat zu schaffen, der jedoch nicht lange Bestand hatte. Nach nur knapp acht Jahrzehnten zerfiel das sog. Einheitsreich Davids und Salomos im 10. Jh. v. Chr. Die Teilung Israels in ein Nord- und Südreich widerspiegelt in gewisser Weise auch die geographischen Gegebenheiten (mittelpalästinisches Bergland im Norden und Landschaft Juda im Süden).

Nach dem Alten Testament ist Israel das „Land, darin Milch und Honig fließt“ (vgl. Ex 3,8). Diese überschwängliche Rede ist wahrscheinlich aus der Perspektive des nomadischen Lebens in der Wüste oder Steppe entstanden, denn Palästina war und ist ein karges Land, welches wie viele Regionen im Vorderen Orient von Wüsten begrenzt wird (syrisch-arabische Wüste im Osten, Wüste Juda, Negev-Wüste). Die Randzonen zwischen Kulturland und Wüste bzw. Steppe waren der Lebensbereich von Vieh züchtenden Nomaden, die mit der sesshaften, landwirtschaftlich tätigen Bewohnerschaft des Kulturlandes vielfältige Kontakte pflegten. Die Hauptprodukte der palästinischen Landwirtschaft, die vor allem in den fruchtbaren Ebenen, aber auch in agrarisch erschlossenen Gebirgsregionen betrieben wurde, waren Getreide, Wein und Öl. Außerdem spielte die Viehzucht eine wichtige Rolle. Im Unterschied zum Bewässerungsfeldbau in Ägypten und Mesopotamien war die Landwirtschaft in Palästina ganz vom regelmäßigen Regen abhängig, der überwiegend in der Zeit zwischen November und März fällt, während in den anderen Monaten extreme Trockenheit herrscht.

2.3 Epochen der Geschichte Israels

Ab wann kann man von der Geschichte Israels sprechen? Die alttestamentliche Darstellung setzt mit der Geschichte der Erzväter Abraham, Isaak und Jakob ein, schildert dann die Entstehung der zwölf Stämme aus den Söhnen des Stammvaters Jakob-Israel, den Auszug des Volkes Israel aus der ägyptischen Sklaverei, seine Errettung am Schilfmeer, die 40-jährige Wanderung durch die Wüste einschließlich der Gottesbegegnung am Sinai, die Durchquerung des Ostjordanlandes und die kriegerische Inbesitznahme des Westjordanlandes.

Historisch betrachtet ist diese Darstellung jedoch außerordentlich unwahrscheinlich. So kann sich Israel kaum als Volk in Ägypten formiert haben und auch eine 40-jährige Völkerwanderung gewaltigen Ausmaßes (600 000 Männer! Ex 12,37; Num 11,21) durch die Wüste nach Palästina ist schwer vorstellbar. Unter den zahllosen alten Texten, die in Ägypten gefunden wurden, befindet sich jedenfalls keiner, der auch nur eine Anspielung auf die in der Bibel geschilderten Ereignisse enthielte. Die neuere Forschung betrachtet die biblischen Erzählungen vielmehr als Glaubensdarstellungen, die leidvolle Erfahrungen von Ausbeutung und Versklavung in Fremdländern – aber auch in Israel – in überhöhter und verdichteter Weise zur Sprache bringen und die rettende Macht des Gottes Israel in aussichtslosen Situationen rühmen. Das bedeutet jedoch nicht, dass die biblischen Texte reine Fiktion sind. Es stehen durchaus reale Befreiungserfahrungen einzelner Gruppen im Hintergrund der Erzählungen. Doch in ihrer jetzt vorliegenden Gestalt sind sie unmöglich als historische Tatsachenberichte zu verstehen. Was lässt sich angesichts dieser schwierigen Quellenlage historisch überhaupt zur Vorgeschichte Israels sagen?

2.3.1 Der Name „Israel"

Der Begriff „Volk Israel" taucht in der Bibel erstmals in Ex 1,9 als Bezeichnung für die in Ägypten zahlreich gewordenen Nachkommen Jakobs auf. Der Name „Israel" wird jedoch schon in Gen 32,29 u.ö. sowie für die Nachkommen Jakobs in Gen 47,27 erwähnt. Prinzipiell tritt nach dem Zeugnis des AT das „Volk Israel" allerdings erst mit den Ereignissen um den Exodus aus Ägypten in die Geschichte ein. Der Name Israel = „El herrscht" oder auch „El kämpft" weist allerdings auf eine Zeit, die älter ist als das Exodusgeschehen, denn offenbar waren die Träger dieses Namens noch nicht Verehrer JHWHs, sondern des kanaanäischen Hauptgottes El (vgl. Gen 33,20), der später erst mit JHWH gleichgesetzt wurde. Eine noch wichtigere frühe außerbiblische Bezeugung des Namens findet man in einer Stele, die den Sieg des ägyptischen Pharao Merenptah um 1208 v. Chr. über einige Städte Palästinas und damit zusammenhängend über „Israel" rühmt: „Israel ist verwüstet; es hat kein Saatgut." (TUAT I/6, 552) Mit „Israel" ist hier allerdings wahrscheinlich noch nicht das in der alttestamentlichen Überlieferung bekannte Volk Israel im Blick.

2.3.2 Gab es eine Patriarchenzeit?

Nach dem Buch Genesis reichen die Wurzeln Israels jedoch noch weiter in die Vergangenheit zurück: Die Erzelterngeschichten in Gen 12–50 erzählen von den Anfängen des Volkes Israel in Form von Familiengeschichten. Nach der alttestamentlichen Überlieferung verließ Abraham seine Heimat Ur in Chaldäa und wanderte mit seiner Sippe über Haran in Nordmesopotamien nach Kanaan. Die Wanderungen des Erzvaters werden in der Forschung ganz unterschiedlich historisch situiert (zwischen 3000 und 1000 v. Chr.!) und religionsgeschichtlich eingeordnet. Zudem ist äußerst umstritten, ob es die Erzväter als historische Gestalten, die eine ganze Epoche der Vorgeschichte Israels prägten („Patriarchenzeit"), überhaupt gegeben hat. Die Geschichten sind zuweilen so anachronistisch erzählt, dass man sie in der vorliegenden Gestalt kaum an den Anfang des 2. Jt. v. Chr. datieren kann. Sie sind wohl später, frühestens nach der Gründung Israels als politischer Größe, entstanden und dienten besonders zur Legitimation des israelitischen Anspruchs auf das Land Kanaan.

Der historische Kern der Erzelterngeschichten ist vor allem in den Namen und Orten gegeben, die in diesen Geschichten vorkommen. Die biblischen Überlieferungen sind mit den Stätten Hebron, Beerscheba, Mamre, Sichem, Pnuel usw. verbunden. Es spricht einiges dafür, dass an den genannten Orten die Erzväter bestimmter Sippen als bedeutende Ahnen göttlich verehrt wurden. Abram (bis Gen 17,5) entspricht z.B. dem geläufigen westsemitischen Personennamen Abiram, was bedeutet „der Vater ist hoch/erhaben", d.h., er gehört zu den erhabenen Verstorbenen. Der Ahnenkult spielte im Alten Orient eine außerordentlich wichtige Rolle. Von den Ahnen erhoffte man vor allem Kindersegen und Wohlergehen der Sippe. Die Sicherung der Nachkommenschaft ist auch in den biblischen Erzelterngeschichten ein zentrales Thema (vgl. Gen 17). In den Erzelternerzählungen sind die Väter jedoch keine vergöttlichten Ahnen mehr, sondern nur noch vom einzigen Gott besonders erwählte und gesegnete Ahnen. Die Väterüberlieferungen der Genesis setzen also in ihrer vorliegenden Gestalt den Monotheismus, den Glauben an den einzigen Gott, voraus, der erst in der Exilszeit zum Durchbruch kam.

In historischer Hinsicht ist auch die Herkunftsangabe der Erzeltern aus Nordmesopotamien (Haran, vgl. Gen 12,4 f.) interessant. Diese Überlieferungen wollen die Ursprünge Israels in der „aramäischen Wanderung" betonen, bei der es sich um eine Völkerbewegung größeren Ausmaßes im 2. Jt. v. Chr. gehandelt haben soll, die auf die Kulturländer des alten Vorderen Orients einwirkte. Auch im sog. „kleinen geschichtlichen Credo" wird diese Herkunft Israels ausgesagt: „Ein umherirrender Aramäer war mein Vater ..." (Dtn 26,5). Leider wissen wir über diese aramäische Wanderung nur sehr wenig. Eine andere Hypothese sieht den historischen Hintergrund der Erzelterngeschichten in den Ereignissen während der Zeit der Hyksosherrschaft in Ägypten (17./16. Jh. v. Chr.). Nach der Vertreibung dieser fremden Gruppen aus Ägypten im 16. Jh. v. Chr. habe die im Buche Exodus beschriebene Zeit der Unterdrückung für die im Nildelta verbliebenen Stämme begonnen (► vgl. auch 2.3.4).

Insgesamt lassen sich aus den Erzelterngeschichten in Gen 12–36 also kaum sichere historische Informationen gewinnen. Immerhin vermitteln uns diese Familiengeschichten jedoch einen guten Eindruck von einem bestimmten kulturgeschichtlichen Milieu ab 1200 v. Chr., nämlich dem der patriarchalen Großfamilien. Sie lebten vor allem im palästinischen Bergland und betrieben Viehzucht und Ackerbau. Das Sippenoberhaupt war zugleich Richter und Priester. Der Gott dieser Großfamilien war noch nicht JHWH, sondern der kanaanäische „El" (= Gott), der an verschiedenen Orten mit unterschiedlichen Beinamen verehrt wurde, z.B. El-Eljon in Jerusalem, El Bet-El in Bet-El (Gen 31,13) oder El-Olam („Gott der Ewige") in Beerscheba (Gen 21,33).

2.3.3 Die Zeit der ägyptischen Hegemonie über Syrien/Palästina

Doch was wissen wir sonst über die Verhältnisse Palästinas im 2. Jt. v. Chr.? Zunächst muss man sich klar machen, dass das Land bereits eine jahrtausendelange wechselvolle Geschichte hinter sich hatte, ehe sich die israelitischen Stämme dort formierten. Insgesamt bietet Palästina im 2. Jt. v. Chr. das recht uneinheitliche Bild einer bunten „Zwergstaaterei". Es existieren zahlreiche Stadtstaaten, die sich nur selten zu einer übergreifenden politischen Ordnung zusammenschließen, etwa als Koalition gegen gemeinsame Feinde (vgl. Gen 14). An der Spitze dieser Stadtstaaten stand in der Regel ein König oder Stadtfürst, der jedoch an modernen politischen Größenordnungen gemessen eher als Bürgermeister bezeichnet werden müsste.

Im 2. Jt. (mittlere Bronzezeit und späte Bronzezeit) stand Kanaan-Palästina vor allem unter mehr oder weniger starkem politischem und kulturellem Einfluss Ägyptens. Besonders in der zweiten Hälfte des 2. Jt. gelangte das politisch zersplitterte Kanaan unter permanente ägyptische Oberherrschaft. Die wichtigsten Zentren erhielten ägyptische Garnisonen, während die übrigen kanaanäischen Vasallen den Treueid auf den Pharao schwören mussten. Die politische Stabilität bewirkte einen zunehmenden Wohlstand in den Stadtstaaten. Unter dem politisch schwachen „Ketzerkönig" Amenophis IV. – Echnaton (1364–1347) kam es allerdings in Kanaan zu heftigen Aufständen gegen Ägypten und zu politischen Wirren, wovon die Amarna-Briefe Zeugnis geben. Erst unter der Dynastie der Ramessiden (ab 13. Jh. v. Chr.) konnten die Ägypter Kanaan wieder unter ihre feste Kontrolle bringen. Doch auch die Hethiter im Norden versuchten, ihren Herrschaftsbereich in Syrien-Palästina auszudehnen. 1285 v. Chr. kam es bei Kadesch am Orontes in Nordsyrien zu einer gewaltigen Schlacht zwischen den beiden Großmächten, die jedoch unentschieden ausging. 1269 v. Chr. schlossen die Ägypter und Hethiter einen „ewigen Frieden" und bestimmten ihre Interessensphären. Von Gaza bis Bet Schean wachten ägyptische Gouverneure über die kanaanäischen Stadtkönige. In der Folgezeit blühte Kanaan auf und wurde ein „Land, in dem Milch und Honig fließen" (Ex 3,8).

2.3.4 Die Entstehung Israels

Wenige Jahrzehnte später ist das Gleichgewicht der Mächte im Nahen Osten schon wieder gründlich gestört. Das Seevolk der Philister beherrscht die Küstenebenen Palästinas; die ägyptische Herrschaft über Kanaan bricht zusammen, aber auch das Hethiterreich ist im Verfall begriffen. In dieser Situation betritt Israel die Bühne der Geschichte. Nach dem Buch Exodus beginnt Israels Einzug auf dieser Bühne mit dem Auszug (Exodus) aus der ägyptischen Sklaverei. Er gilt als Urdatum der Volksgeschichte Israels und als entscheidende Befreiungstat seines Gottes JHWH. Was lässt sich in historischer Hinsicht zu diesen Erzählungen sagen?

Zunächst kann man mit Sicherheit davon ausgehen, dass nicht ganz Israel in Ägypten war, sondern nur bestimmte Gruppen, die später in das sich herausbildende Israel eingingen. Die Befreiungserfahrung dieser Gruppen wurde zu einer prägenden Tradition für ganz Israel und für seinen Gottesglauben. JHWH ist für Israel seither ein Gott, der rettet. Doch welche durch außerisraelitische Quellen belegten Ereignisse könnten den historischen Kern der Exodusüberlieferung bilden? Historische Voraussetzung dieser Überlieferung ist zunächst die Präsenz von semitischen „Asiaten" in Ägypten. Genau dies geschah während der Herrschaft der asiatischen Hyksos im 17./16. Jh. v. Chr., einer für Ägypten traumatischen Erfahrung. Seitdem war es ein wesentlicher Bestandteil der ägyptischen Außenpolitik des Neuen Reiches (ab 1550 bis 1070 v. Chr.), die „Asiatengefahr" in ihren Entstehungsgebieten in Syrien/Palästina auszumachen und unter Kontrolle zu bringen. Bei militärischen Operationen der Ägypter in Vorderasien wurden auch Gefangene ins Nilland gebracht.

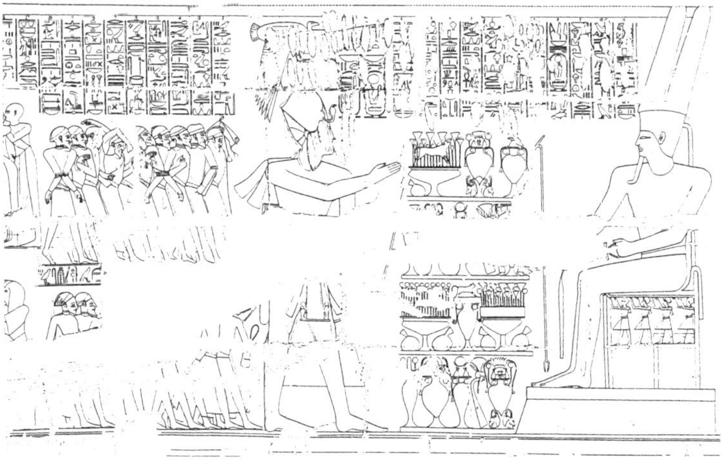

Deportation gefangener Asiaten – Monumentalszene an der Nordwand des Säulensaals im Amun-Tempel von Karnak aus der Regierungszeit Sethos I. (1293–1279)

Die Flucht von Gruppen deportierter Gefangener aus Ägypten zurück in ihre Heimat erscheint auf dem Hintergrund der ägyptischen Deportationspraxis plausibel, besonders in der Zeit des bedeutenden Pharaos Ramses II. und seines Sohnes Merenptah.

Historisch wahrscheinlich ist weiterhin die biblische Nachricht, dass eine solche Fluchtaktion von deportierten Asiaten unter Leitung einer Führergestalt wie Mose stattgefunden hat, der zugleich im ägyptischen Machtsystem Insiderkenntnisse besaß. Freilich besitzen wir außerhalb der Bibel keinen sicheren Hinweis auf die Existenz und das Wirken des Mose. Der Name Mose kann jedoch lautlich ohne Probleme mit ägyptischen Namensbildungen in Verbindung gebracht werden, etwa mit Namen wie Tuthmose oder Ptahmose. Allerdings reichen diese Nachrichten nicht aus, den biblischen Mose historisch zu verifizieren. Angesichts dieser Informationslage kann man immerhin sagen, dass bestimmte Kernelemente der Exodustradition historisch nicht unwahrscheinlich sind. Auch wenn sich um die Gestalt des Mose verschiedene Erzählungen ranken, die mit der historischen Persönlichkeit nichts zu tun haben, dürften doch an seiner Existenz und seiner wichtigen Rolle in den Anfängen der JHWH-Religion keine Zweifel bestehen.

Was die in der Bibel breit geschilderten Ereignisse während des Wüstenaufenthaltes, vor allem am Gottesberg Sinai bzw. Horeb, betrifft, so ist zunächst festzustellen, dass eine Fülle späterer Vorstellungen und Überlieferungen an das Sinai-Ereignis herangetragen wurden, etwa die viel jüngere theologische Vorstellung eines Bundesschlusses zwischen Gott und seinem Volk oder die zahlreichen Gesetzesbestimmungen (Ex 19–Num 10). Auf jeden Fall scheint JHWH ursprünglich ein Berggott gewesen zu sein, der an einem heiligen Berg der südlichen Wüste von den Midianitern (und den Kenitern) verehrt wurde. Damit enthält die biblische Überlieferung deutliche Erinnerungen daran, dass JHWH ursprünglich nicht von den Frühisraeliten verehrt wurde. Die genaue Lokalisierung des Gottesberges ist allerdings trotz der traditionellen Verortung im Südteil der Sinai-Halbinsel unsicher. Wahrscheinlicher ist eine größere Nähe zu Palästina, nämlich im Bereich der unmittelbar sich im Süden anschließenden Wüste (vgl. Ri 5,4f.; Dtn 33,2).

Der biblischen Darstellung zufolge gelangen die Israeliten nach 40-jährigem Wüstenaufenthalt, bei dem sich das Volk auf der Basis des göttlichen Gesetzes als Kultgemeinschaft formiert, Kämpfe mit feindlichen Völkern ausgetragen und schwere innere Konflikte bewältigt werden müssen, über das Ostjordanland ins gelobte Land. Die Wüste ist so nach biblischem Verständnis die Wiege Israels als Volk JHWHs.

2.3.5 Die „Landnahme"

In Jos 1–12 wird die Landnahme des Westjordanlandes als ein großer gemeinsamer Eroberungsfeldzug des Zwölfstämmeverbandes Israel dargestellt. Unter Führung Josuas hätte das siegreiche Heer der Israeliten die Städte der Kanaanäer nach und nach erobert, zerstört und mit dem Bann belegt (vgl. Jos 11,23). Auch diese biblische Darstellung ist historisch zweifelhaft. So finden wir schon innerhalb der Bibel in Ri 1 eine ganz andere Darstellung, in der eine Reihe von kanaanäischen Städten aufgelistet wird, die nicht erobert werden konnten. Vor allem aber bestätigt die Archäologie nicht dieses Bild der Landnahme. So war etwa die nach Jos 8 eroberte Stadt Ai in der Zeit der Landnahme schon längst ein Trümmerhaufen und das nach Jos 6 von den Israeliten eroberte Jericho war in der vorausgesetzten Epoche des Übergangs von der Spätbronzezeit zur frühen Eisenzeit (um 1200 v. Chr.) eine seit langem zerstörte und von den Einwohnern verlassene Stadt. Die komplette Zerstörung der kanaanäischen Städte und die damit verbundene totale Ausrottung ihrer Bewohner ist weder archäologisch noch durch außerbiblische Quellen zu belegen – glücklicherweise, muss man aus heutiger Perspektive sagen!

Dagegen kann zugunsten der militärischen Darstellung im Josuabuch auf den archäologischen Befund hingewiesen werden, dass am Ende der Spätbronzezeit ein allgemeiner Niedergang der kanaanäischen Stadtkultur festzustellen ist. Auch hat man bei Ausgrabungen zahlreicher kanaanäischer Städte Brandschichten aus dieser Zeit entdeckt. Allerdings sind dafür auch andere Ursachen anzunehmen (Straffeldzüge der Ägypter, natürliche Feuersbrünste, Kämpfe kanaanäischer Stadtstaaten untereinander, Einfall der Philister, die sich in den Küstenebenen ansiedelten). Außerdem erfolgte die Zerstörung dieser Stadtstaaten über einen längeren Zeitraum während des 12. Jh. v. Chr. Trotz des allgemeinen Niedergangs der kanaanäischen Städte lebte nachweislich in einzelnen Städten (z.B. Megiddo, Geser, Bet-Schean, Achschaf) die kanaanäische Bevölkerung und Kultur bis in die Königszeit fort. Es gab also keinen totalen Genozid an den Kanaanäern! Die Eroberungsberichte des Josuabuches sind nach den Erkenntnissen der sog. form- und gattungsgeschichtlichen Forschung als ätiologische Sagen zu verstehen, die Gegebenheiten der Gegenwart der Tradenten (etwa eine Ruinenstätte namens Ai = „Trümmerhaufen") auf Ereignisse der Vergangenheit zurückführen, so dass man sie nicht unkritisch als authentische Geschichtsquellen der Frühgeschichte Israels verwerten darf.

Nach heutigen Forschungsergebnissen war die Landnahme ein sehr lang andauernder komplexer Vorgang. Vor allem drei „Landnahmemodelle" werden momentan diskutiert:

- *Das Einwanderungsmodell* (auch Infiltrations- oder Penetrationsmodell): Die Landnahme ist das Ergebnis einer weitgehend friedlichen Besiedlung des Landes in der Zeit des Niedergangs der kanaanäischen Stadtstaaten und nach dem Zusammenbruch der ägyptischen Oberherrschaft. Im Zuge des Weidewechsels (Transhumanz) nomadischer Sippen kam es allmählich zur Sesshaftwerdung der Kleinviehnomaden aus den Randzonen des Kulturlandes. Dabei ließen sich die israelitischen Sippen zunächst in den schwach besiedelten Gebirgsregionen nieder und blieben sozusagen vor den Toren der Städte wohnen. Erst allmählich begannen die israelitischen Stämme ihre Siedlungsgebiete auszuweiten, so dass es vereinzelt auch zu kriegerischen Auseinandersetzungen mit kanaanäischen Stadtstaaten kam. Dieses insgesamt relativ friedliche Bild der Landnahme wurde von dem großen deutschen Alttestamentler Albrecht Alt in der ersten Hälfte des 20. Jahrhunderts entwickelt und von Martin Noth weiter ausgebaut.
- *Das Revolutionsmodell:* Diese Konzeption erklärt das Werden Israels vor allem aus der sozialen Situation der spätbronzezeitlichen kanaanäischen Gesellschaft heraus. Starke soziale Gegensätze zwischen den Städten und der abhängigen Landbevölkerung führten zu wachsenden Spannungen, die durch den wirtschaftlichen und kulturellen Niedergang der Stadtstaatengesellschaft noch verschärft wurden, da sich sozial Deklassierte aus der urbanen Feudalordnung ausgliederten. Dies mündete schließlich in eine Revolte größeren Ausmaßes gegen die Städte ein, welche von der aus der ägyptischen Sklaverei entronnenen Moseschar angeführt bzw. unterstützt wurde.

Der von der Exodusgruppe verehrte Befreiungsgott JHWH avancierte zum göttlichen Schirmherrn und Garanten dieser revolutionären innerkanaanäischen Bewegung. So konstituierten sich die „Israeliten" im Kontrast zur feudalen Ordnung der Stadtstaaten in einer egalitären Stämmeverfassung. Nach diesem Modell gab es keine Landnahme von außen, sondern nur einen sozialen Umschichtungsprozess innerhalb des palästinischen Kulturlandes. Vertreter dieses Modells: G. Mendenhall (1962) und N.K. Gottwald (1979).

▷ *Das Evolutionsmodell:* Auch dieses Modell erklärt das Werden Israels aus den innerkanaanäischen Verhältnissen, lehnt aber die Theorie einer allgemeinen Revolutionsbewegung ab. Danach entstand Israel aus einer weitgehend friedlichen kanaanäischen sozialen Entwicklung („evolution"), bei der sich unfreie Bauern und Pächter in die geringer besiedelten zentralen Gebirgsregionen absetzten und dort um 1200 v. Chr. agrarische Gemeinschaften bildeten („retribalization"). Die sich dabei formierenden Stämme seien mit der ethnischen Größe „Israel" identisch, die in der bereits erwähnten Merenptah-Stele genannt wird. Religiöse Faktoren spielen in diesem vor allem von N. Lemche (1985) vertretenen Modell keine wesentliche Rolle. Die entscheidenden Merkmale der JHWH-Religion stammten vielmehr aus der kanaanäischen Religion.

▷ In der *gegenwärtigen Forschungsdiskussion* schält sich eine Konzeption heraus, die sich irgendwo in der Mitte zwischen diesen drei hier skizzierten Modellen bewegt. Der kanaanäische Anteil an der Entstehung Israels wird heute höher bewertet als in der älteren Forschung. In archäologischer Hinsicht ist vor allem der Befund wichtig, dass im 12. Jh. zahlreiche neue Siedlungen entstanden, die sich vorwiegend in Gebieten außerhalb der kanaanäischen Städte befanden und sich von diesen auch grundlegend unterschieden (z.B. im Hausbau-Typ). Über die ethnische Herkunft ihrer Bewohner gibt die materielle Kultur leider keine Auskunft, doch spricht einiges dafür, dass neue nichtsesshafte Bevölkerungselemente mit dem Bau dieser Siedlungen zur Sesshaftigkeit übergangen sind. Auch dürften Kanaanäer daran beteiligt gewesen sein, die entweder den Untergang ihrer Städte überlebt oder sich aus der feudalen kanaanäischen Stadtzivilisation aus sozialen Gründen abgesetzt hatten. Gemeinsam formierten sich die Neusiedler wohl später zu den israelitischen Stämmen, die zwar einerseits wichtige Elemente kanaanäischer Kultur und Religion übernahmen und fortführten, andererseits jedoch eine neue religiöse und kulturelle Identität ausbildeten. Diese neue Identität war vor allem mit dem Aufstieg des aus den südlichen Wüstenregionen stammenden Berggottes JHWH verbunden (vgl. Dtn 33,2; Ri 5,4).

2.3.6 Die „Richterzeit" (12./11. Jh. v. Chr.)

Über das Leben der israelitischen Stämme in der Zeit vor der Entstehung des Königtums (12./11. Jh. v. Chr.) wissen wir relativ wenig. Zwar erfahren wir aus dem Richterbuch einige Begebenheiten aus dieser Periode, doch liegen die Geschichten in so stark bearbeiteter späterer Fassung vor, dass auch hier der historische Quellenwert kritisch hinterfragt werden muss. Zutreffend dürften jedoch die Nachrichten sein, wonach charismatische Heldengestalten in Bedrohungssituationen auftraten und zeitweise einen oder mehrere Stämme zu militärischen Aktionen gegen Feinde anführten. Die Erzählungen über Gideon und Jeftah (Ri 6–8; 10–12) sind dafür gute Beispiele.

Eine institutionalisierte militärische oder politische Organisation der Stämme gab es noch nicht. Wahrscheinlich existierte jedoch das Amt eines „Richters Israels", der als Rechtswahrer für verschiedene Stämme fungierte, also Streitigkeiten unter den Stämmen schlichtete oder schwierige Rechtsfälle entschied (vgl. die Listen der „kleinen Richter" in Ri 10,1–5; 12,7–15). Der bedeutendste und zugleich letzte Richter Israels war Samuel (1 Sam 7,15–17a), dem noch zahlreiche andere Ämter und Funktionen zugeschrieben wurden. Die Richter sind jedoch von den spontan auftretenden charismatischen Heldengestalten (auch „große Richter" genannt – Otniel, Ehud, Schamgar, Debora und Barak, Gideon, Jeftah, Simson) zu unterscheiden, die in militärischen Bedrohungssituationen wirkten. Erst in der späteren Ausformung der Heldensagen wurden die israelitischen Helden unzutreffenderweise auch „Richter" genannt, passender wäre die Bezeichnung „Retter" (vgl. Ri 3, 9.15).

Die Stämme mussten jedenfalls ihre Existenz gegen den Druck der Stadtstaaten oder gegen Angriffe von Nachbarvölkern verteidigen, vgl.

etwa Ri 4–5. Die eigentliche Gefahr für Israels Existenz kam jedoch aus einer anderen Richtung: Gegen Ende des 13. und zu Beginn des 12. Jh. erschütterte der sog. Seevölkersturm die Mittelmeerwelt. Im Zusammenhang damit kamen auch die Philister ins Land und siedelten sich in den südlichen Küstenebenen an. Die kriegerischen Neuankömmlinge erhoben schon bald Anspruch auf die Hegemonie über ganz Palästina, nachdem sie die schwache ägyptische Oberherrschaft abgeschüttelt hatten. Schnell brachten sie die noch verbliebenen kanaanäischen Stadtstaaten unter ihre Kontrolle und übernahmen dabei die bodenständige kanaanäische Kultur.

Der überlegenen militärischen Streitmacht der Philister – sie verfügten bereits über Eisenwaffen, Streitwagen und ein Heer gut ausgebildeter Berufskrieger (vgl. Goliath, 1 Sam 17,4) – hatten die israelitischen Stämme nicht viel entgegenzusetzen. In der Schlacht bei Afek (um 1060 v. Chr.) erlitt der israelitische Heerbann eine vollständige Niederlage und verlor die im Kampf mitgeführte Lade (1 Sam 4). Die Philister legten Garnisonen im israelitischen Gebiet an und kontrollierten nun das Land. Diese Notlage führte in Israel zur Entstehung des Königtums, denn nur eine politisch-militärische Zentralinstanz konnte die Stämme erfolgreich in den Kampf um die Befreiung von der Philisterherrschaft führen.

2.3.7 Die Entstehung des Königtums in Israel (11. Jh. v. Chr.)

Am Beginn des israelitischen Königtums steht nach biblischer Überlieferung die tragische Gestalt des Königs Saul. Über seinen Aufstieg vom Bauern (1 Sam 11,5) zum König existieren verschiedene Überlieferungen. Wahrscheinlich verdankte er seine Erhebung zu königlicher Würde seinem energischen Handeln beim Entsatz der israelitischen Stadt Jabesch-Gilead, die von den Ammonitern belagert wurde (1 Sam 11). Seine wichtigste Aufgabe war jedoch die Befreiung Israels von der Philisterherrschaft. In einer Situation der permanenten Bedrohung sollte mit Sauls Thronerhebung das bewährte Charisma des heldenhaften Retters gewissermaßen institutionalisiert werden. Sauls Königtum war somit vor allem auf den Oberbefehl über den Heerbann der Stämme konzentriert („Heerkönigtum"), während es kaum nennenswerte innenpolitische Funktionen hatte.

Trotz anfänglicher Erfolge und zahlreicher Feldzüge scheiterte er jedoch an seiner militärischen Hauptaufgabe. Am Gebirge Gilboa zersprengten die Philister das israelitische Stämmeaufgebot, wobei auch Saul sowie seine drei Söhne ums Leben kamen (1 Sam 31). Sauls „Heerkönigtum" war der überlegenen militärischen Macht der Philister nicht gewachsen. Die Strukturen seines Königtums waren insgesamt noch zu unentwickelt, seine Machtmittel zu begrenzt. Spätere theologische Begründungen für Sauls Scheitern findet man in 1 Sam 13,7b–15a und 1 Sam 15, wo es um die sakrale Kompetenz des Königs geht. Auch die negative Darstellung Sauls als eines launischen Despoten (vgl. 1 Sam 18,10–12) dürfte als spätere Stilisierung zu verstehen sein: Der gescheiterte Saul muss als dunkle Folie zu dem erfolgreicheren David herhalten. Wann und wie lange Saul regierte, wissen wir nicht genau (vgl. 1 Sam 13,1), doch dürfte ein Zeitraum im letzten Viertel des 11. Jh. v. Chr. wahrscheinlich sein. Eine Dynastiebildung gelang nicht. Sauls Sohn Eschbaal wurde schon nach kurzer Zeit ermordet, so dass Davids Herrschaft über Israel nichts mehr im Wege stand.

2.3.8 Das Königtum unter David und Salomo (10. Jh. v. Chr.)

Auf dem dunklen Hintergrund der gescheiterten Gestalt Sauls geht nun in der biblischen Darstellung David als der Erwählte JHWHs wie die Sonne auf (vgl. 2 Sam 23,3 f.). Ihm gelingt es, das israelitische Königtum zu konsolidieren und während seiner Herrschaftszeit (1004–965 v. Chr.) ein Großreich zu errichten, welches in der Geschichte Israels einmalig blieb. So erzählt es jedenfalls die Bibel. Außerbiblische Belege für ein davidisches „Großreich" gibt es nicht.

David ist das Urbild des erfolgreichen israelitischen Königs, auf das sich später in Zeiten der Bedrängnis und Trübsal messianische Hoffnungen richten. Trotz der religiösen Idealisierung Davids in der späteren Überlieferung wird der König in den Geschichten der Samuel- und Königsbücher sehr menschlich, ja zuweilen sogar ausgesprochen negativ dargestellt (vgl. 2 Sam 11).

Aus den David-Überlieferungen in den Büchern Samuel und 1. Könige ergibt sich folgendes Bild über den ersten israelitischen Dynastiegründer: Geboren in Bethlehem, tritt David zunächst als Berufskrieger in den Dienst König Sauls und erlangt eine einflussreiche Position. Nach dem Bruch mit ihm wird David sozusagen „freischaffender" Krieger. Er baut eine schlagkräftige Söldnertruppe auf und tritt in den Dienst der philistäischen Feinde, hält aber gleichzeitig gute Kontakte zu den israelitischen Sippen aufrecht. Die Judäer erheben ihn nach Sauls Tod zum König in Hebron (2 Sam 2,1–4). Nach der Ermordung des Saulsohnes Eschbaal tragen auch die Ältesten der Nordstämme David das Königtum über ihren Bereich an (2 Sam 5,3). In der Person Davids wird nun eine Einheit zwischen den israelitischen Stämmen im Norden und Juda im Süden hergestellt – für die Philister eine ernsthafte Bedrohung, die sie zu beseitigen trachten. Der nun folgende militärische Vorstoß der philistäischen Heere gegen Israel misslingt jedoch. David und seine Berufskrieger, die als ehemalige philistäische Söldner mit der Kampftechnik und Organisation der Feinde bestens vertraut sind, machen nach zwei Schlachten der philistäischen Hegemonie in Palästina ein Ende (2 Sam 5,17–25).

Neben diesem großen Erfolg gelingt David ein weiteres militärisch-politisches Meisterstück: Er erobert die kanaanäische Stadt Jerusalem, die auf neutralem Gebiet zwischen den Bereichen der Nord- und Südstämme liegt, und macht sie zu seiner neuen Residenz (2 Sam 5,6–12). Sie wird somit zu seinem persönlichen Besitz, zur „Stadt Davids", was ihm die Unabhängigkeit von den israelitischen Stämmen sicherte. Zugleich konsolidiert er seine Macht auch in religiöser Hinsicht, indem er die Lade von Schilo nach Jerusalem überführt und in einem Zeltheiligtum aufstellen lässt (2 Sam 6). Damit verbindet er die religiösen Traditionen Israels mit seiner neuen Hauptstadt und legt das Fundament für die Entwicklung Jerusalems zur heiligen Stadt (Zion). Im Jerusalemer JHWH-Kult verbinden sich fortan auch die religiösen Traditionen und Vorstellungen der Kanaanäer mit denen der israelitischen JHWH-Religion.

Nach biblischer Überlieferung expandierte im Laufe der folgenden Jahrzehnte Davids Herrschaftsbereich über den israelitischen Kernbereich zu imposanter Größe. Er fügte die noch selbstständigen kanaanäischen Stadtstaaten seinem Staatsgebiet ein, machte Moab zu einem tributpflichtigen Vasallenstaat, zerschlug das Königreich Ammon und verleibte sich das Aramäerreich von Damaskus und das Reich der Edomiter als Provinzen mit israelitischen Statthaltern ein. Merkwürdig ist allerdings, dass in keinem außerbiblischen Bericht von der Existenz des davidischen Großreichs Kenntnis genommen wird. Daher wird in der Forschung zunehmend bezweifelt, ob es die in der Bibel berichtete Macht- und Prachtentfaltung Davids und Salomos je gegeben hat. Von den salomonischen Prachtbauten fehlt bisher jedenfalls jede archäologische Spur. Saul, David und Salomo versteht man nun als mächtige „Häuptlinge", die noch in Stammesstrukturen lebten und kein eigentliches Staatswesen aufgebaut hätten. Das davidisch-salomonische Großreich sei eine Idealvorstellung aus dem 7. Jh. v. Chr., die man in die Anfangszeit zurückprojiziert habe. Freilich ist dies in der Forschung noch sehr strittig.

Das Ende der langen Herrschaftszeit Davids ist durch heftige Konflikte um das Thronerbe gekennzeichnet (vgl. 2 Sam 13 – 2 Kön 2), aus denen schließlich Salomo als Thronfolger hervorgeht. Ohne Vereinbarung mit den Stämmen hatte der greise David auf Anraten des Hofpropheten Natan seinen Sohn zum Nachfolger eingesetzt. Damit setzt sich wie in der Umwelt Israels das dynastische Prinzip auch in Israel durch. Salomo (965–926 v. Chr.) war im Unterschied zu seinem Vater kein Eroberer, sondern ein Mann, der nach biblischer Überlieferung das neue Staatswesen organisatorisch konsolidierte und nach außen hin auf diplomatische Weise absicherte. Kriege führte er nicht, auch dann nicht, als sein Herrschaftsgebiet an der Peripherie zu bröckeln begann. Sein Hauptaugenmerk galt der Innenpolitik: Nachdem er sich seiner innenpolitischen Gegner entledigt hatte (1 Kön 2,13–46), widmete er sich dem Ausbau des Landes. Als Vorbild hatte er dabei offenbar das pharaonische Ägypten vor Augen. Unter seiner Herrschaft entstanden neue befestigte Städte, der Handel blühte auf, Verwaltung und Heer wurden neu organisiert, das Reich in Provinzen aufgeteilt.

Das berühmteste Projekt Salomos war jedoch der Tempelbau zu Jerusalem (1 Kön 6–8) und eine damit verbundene Erweiterung des Palastkomplexes.

Palast und Tempel wurden nach syrischem Muster gebaut (1 Kön 5,15–32), wobei Salomo die Lade als Repräsentation der Gegenwart JHWHs im Tempel aufstellen ließ. Das königliche Heiligtum erlangte seither zunehmende Bedeutung für Israels Religion insgesamt. Die mit Salomos ehrgeizigen Bauunternehmungen verbundenen Abgabenbelastungen und Fronarbeiten verschärften jedoch die Unzufriedenheit in der Bevölkerung. Ein Putsch gegen Salomos Herrschaft (1 Kön 11,26.40), der von den Nordstämmen ausging, konnte niedergeschlagen werden. Jerobeam, der Anführer des Aufruhrs und späterer König des Nordreiches, musste ins ägyptische Exil flüchten. Der Nachwelt galt Salomo als kluger Herrscher, der seinem Reich eine Periode der Stabilität und des Friedens sicherte. In der Tradition wurde er zum Typus des Weisen par excellence, auf den man einige weisheitliche Schriften zurückführte (► s. 3.5.3–3.5.5).

Grundriss und Querschnitt des Salomonischen Tempels

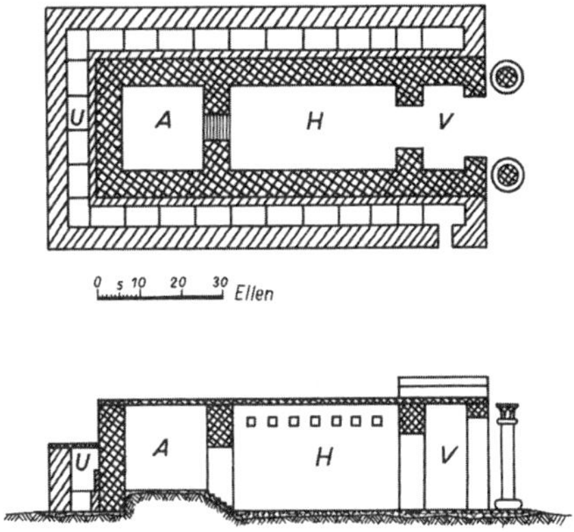

U = Umgang A = Allerheiligstes („Chor")
H = Heiliges V = (Vor=)Halle

2.3.9 Die Reichsteilung und die frühe Königszeit (10.–8. Jh. v. Chr.)

Schon unter Salomos Sohn Rehabeam (926–910 v. Chr.) zerfiel das israelitische Großreich wieder in ein Nord- und ein Südreich: Die Nordstämme spalteten sich aufgrund der hohen Abgabelasten und Frondienstverpflichtungen von der Jerusalemer Regierung ab und wählten einen eigenen König, Jerobeam I. (926–907 v. Chr.). Auch die Randprovinzen lösten sich wieder aus dem Staatsverband. Jerusalem war fortan nur noch Hauptstadt und kultischer Mittelpunkt von Juda. Um die Tempelfahrten zur Gotteslade nach Jerusalem zu unterbinden, wurden für das Nordreich JHWH-Kultstätten in Bethel und Dan errichtet. Israel im Norden und Juda im Süden existierten nun nebeneinander bis zum Ende ihrer staatlichen Existenz.

Außenpolitisch wurden die beiden Kleinstaaten Israel und Juda zu Spielbällen der Großmächte. Innenpolitisch kam es zu einer deutlichen Differenzierung der Machtverhältnisse zwischen den beiden Staaten: Während in Juda die Davidsdynastie bis zum Ende der Monarchie weitgehend unangefochten regierte, wurde die Königsherrschaft in

Israel durch ständige Machtwechsel erschüttert. Die innenpolitische Instabilität schwächte das Nordreich immer wieder erheblich. Nur zweimal gelangen zeitweise Dynastiebildungen: zum einen unter den Omriden (882/878–845 v. Chr.) und zum anderen unter der Jehu-Familie (845–747 v. Chr.). In diesen Zeiten kam es im Nordreich auch zum wirtschaftlichen Aufschwung, besonders unter Ahab (871–852 v. Chr.) und Jerobeam II. (787–747 v. Chr.). Der Dynastiegründer Omri gründete auch die neue Königsstadt Samaria (1 Kön 16,24), die bis zum Untergang des Nordreiches Residenz blieb.

Omri und Ahab waren in politisch kluger Weise bestrebt, gute Beziehungen zu den Nachbarstaaten aufzubauen, vor allem zu den wirtschaftlich starken phönizischen Stadtstaaten. Auch im Inneren betrieben die Omriden eine Ausgleichspolitik, indem sie die Spannungen zwischen den israelitischen und den traditionell kanaanäischen Bevölkerungsteilen abzubauen versuchten. Allerdings wird ihre damit zusammenhängende tolerante Religionspolitik in der biblischen Überlieferung heftig kritisiert (vgl. 1 Kön 16,29–33). JHWH-treue Kreise, deren Exponenten die Propheten Elia und Elisa waren, sagten dem Königshaus wegen der Förderung kanaanäisch-phönizischer Kulte den Kampf an (vgl. 1 Kön 18).

Diese prophetische Opposition war ein wichtiger Grund für den Untergang der Omridendynastie: Der Offizier Jehu, auf Veranlassung des Propheten Elischa zum König gesalbt, stürzte den amtierenden omridischen König Joram und ließ das ganze Königshaus ermorden (vgl. 2 Kön 9 f. mit Hos 1,4). Jehu (845–818 v. Chr.) gelang die zweite Dynastiebildung in der Geschichte des Nordreiches Israel (845–747 v. Chr.). Diese Epoche war geprägt von einer permanenten Bedrohung des Nordreiches durch die Aramäer. Auch die Assyrer spielen eine zunehmend wichtigere Rolle im Vorderen Orient. Als der Assyrerkönig Salmanassar III. 841 v. Chr. mit seiner Streitmacht in Syrien erscheint, unterwirft sich Jehu und leistet ihm Tribut – eine Szene, die auf dem berühmten schwarzen Obelisken zu sehen ist (s. Abb.).

Eine letzte längere Periode des Friedens und der Prosperität wurde dem Nordreich noch einmal unter Jerobeam II. (787–747 v. Chr.) aufgrund der Schwäche der Aramäer und Assyrer beschert. Jerobeam gelang es offenbar, das Gebiet Israels im Norden wieder zu erweitern (vgl. 2 Kön 14,25). Unter seiner Herrschaft traten die Propheten Amos und

Jehu vor Salmanassar

Hosea auf, um gegen das soziale Unrecht und kultische Missstände Anklage zu erheben. Gegen Ende der Regierungszeit Jerobeams kommt es wieder zu Konflikten mit den Aramäern im Norden und den Ammonitern im Osten. Noch bedrohlicher ist jedoch das Wiedererstarken Assurs, das zum Untergang des Nordreichs führen sollte.

In Juda verläuft die historische Entwicklung nicht so ereignisreich, da das dynastische Prinzip stabilere innenpolitische Verhältnisse bewirkte und die geographische Lage Judas mehr Schutz vor äußeren Feinden bot. So bildete das Nordreich eine Pufferzone zum Reich der Aramäer, welches eine ständige Bedrohung darstellte. Ein innenpolitischer Einschnitt war der „Staatsstreich" der Königinmutter Atalja (2 Kön 11). Nach dem gewaltsamen Tod des Davididen Ahasja (während der Ereignisse des Jehu-Putsches) ergriff seine Mutter Atalja die Zügel der Macht. Ihr Enkel, Prinz Joas, überlebte Ataljas Versuch, die davidische Dynastie auszurotten, und wurde nach sechsjähriger Herrschaft der Usurpatorin von der Priesterschaft und der Armee zum König eingesetzt, während man Atalja tötete. So wurde mit Joas (840–801 v. Chr.) die Davididenherrschaft wiederhergestellt.

2.3.10 Das neuassyrische Zeitalter (745 - 612 v. Chr.)

In Israel beginnt nach der langen stabilen Herrschaft Jerobeams II. eine turbulente Zeit. Ein Putsch löst den anderen ab, innerhalb von 20 Jahren herrschen sechs Könige (!). Doch die eigentliche Bedrohung kommt von außen: Die Thronbesteigung des Assyrerkönigs Tiglatpilesar III. (745–727 v. Chr.) markiert den Beginn einer Epoche konsequenter Großmachtpolitik des neuassyrischen Reiches. Der drohenden Unterwerfung und Eingliederung in das neuassyrische Großreich versuchen Israel und das Aramäerreich von Damaskus durch ein antiassyrisches Bündnis zu begegnen. Dies wird Israel zum Verhängnis: 732 wird Damaskus und anschließend Israel von den Assyrern erobert. Tiglatpilesar beschränkt Israels Territorium auf ein Rumpfgebilde um die Hauptstadt, während ein Teil des Landes nach üblicher Praxis dem assyrischen Provinzsystem eingegliedert und die Oberschicht deportiert wird (vgl. 2 Kön 15,29 f.). Nach dem Tode Tiglatpilesars im Jahre 727 sieht der letzte israelitische König Hosea (730–722 v. Chr.) die Gelegenheit gekommen, von Assur abzufallen. Daraufhin wird Samaria drei Jahre lang belagert. Im Jahre 722, wahrscheinlich zu Beginn der Regierung Sargons II. (722–705), fällt die Hauptstadt. Ein großer Teil der Bevölkerung wird deportiert und durch ausländische Siedler ersetzt (vgl. 2 Kön 17). Es entsteht die Mischbevölkerung der Samaritaner. Hier liegen die Wurzeln für die spätere Feindschaft zwischen Juden und Samaritanern, die wir noch zur Zeit Jesu beobachten können.

Die weitere Geschichte Israels beschränkte sich nun auf Juda. In den folgenden Jahrzehnten gab es in der Region zahlreiche Versuche, die assyrische Fremdherrschaft abzuschütteln. Nach dem Tode des Assyrerkönigs Sargon II. im Jahre 705 v. Chr. sah auch König Hiskia (725–697 v. Chr.) seine Chance gekommen, denn an vielen Stellen des Großreiches waren Unruhen ausgebrochen. Hiskia versicherte sich der Unterstützung Ägyptens und schmiedete ein Bündnis gegen Assur. Doch der neue Großkönig Sanherib (705–681 v. Chr.) handelte schnell und warf alle Aufstände nieder. 701 v. Chr. marschierte er gegen Juda und belagerte Jerusalem. Erstaunlicherweise wurde die Stadt jedoch nicht erobert. Die Assyrer zogen unverrichteter Dinge ab. Es entstand die Überzeugung von der Uneinnehmbarkeit der Stadt, in 2 Kön 19,35 wird von einem Wunder erzählt. 2 Kön 18,14–16 berichtet dagegen von der Unterwerfung Hiskias. Sanherib beließ Hiskia jedenfalls das Königtum, verlangte aber hohe Tributzahlungen. In der späteren Überlieferung wird Hiskia eine Kultreform zugeschrieben (2 Kön 18,3 f.). In seine Herrschaftszeit gehört auch die Wirksamkeit des Propheten Jesaja, der mit seiner Botschaft einen eminenten politischen Einfluss ausübte.

Von 701 v. Chr. bis zum Zusammenbruch des neuassyrischen Reiches blieb Juda nun ein treuer Vasallenstaat, vor allem unter Hiskias Sohn Manasse (696–642 v. Chr.), der über ein halbes Jahrhundert regierte. In kultureller und religiöser Hinsicht ist eine starke Zunahme des assyrischen Einflusses zu beobachten (vor allem Gestirnkulte), aber auch kanaanäische Kulte leben wieder auf. Aus diesem Grunde wird Manasse ein äußerst schlechtes Zeugnis für seine Herrschaft von den biblischen Geschichtsschreibern ausgestellt (vgl. 2 Kön 21), obwohl er Juda die längste Phase innen- wie außenpolitischer Stabilität gesichert hatte.

Der letzte bedeutende König Judas war Joschija (639–609 v. Chr.), der im Kontrast zu Manasse im AT eine sehr positive Bewertung erfährt. Als sich das neuassyrische Großreich nach dem Tode Assurbanipals (668–632? v. Chr.) aufzulösen begann, stellte Joschija die Tributzahlungen ein, entfernte die Kultgegenstände assyrischer und kanaanäischer Gottheiten aus dem Tempel von Jerusalem und verordnete, dass nur noch im Jerusalemer Tempel dem Gott Israels Opfer dargebracht werden dürfen. Diese Reform und Zentralisation des Kultes ist der Grund für das äußerst günstige Urteil der biblischen Geschichtsschreiber (vgl. 2 Kön 22+23). Neben diesen kultischen Maßnahmen konnte er aufgrund der Schwäche des assyrischen Großreiches auch die assyrisch verwalteten Provinzen des einstigen Staates Israel zurückgewinnen. Im Jahre 612 erlag das Assyrerreich ganz einem Bündnis der Meder und Babylonier, die Hauptstadt Ninive wurde eingenommen und zerstört. Joschija war auf dem Höhepunkt seiner Macht. Drei Jahre später jedoch fiel er in einer Schlacht gegen die Ägypter bei Meggido. Damit war der letzte Versuch einer Restauration des „Davididischen Großreiches" in der Epoche der Monarchie gescheitert. Joschijas Nachfolger machten seine Reformen teilweise wieder rückgängig.

2.3.11 Der Untergang des Staates Juda und des israelitischen Königtums (608–587 v. Chr.)

Nun geht auch Juda mit schnellen Schritten seinem Ende entgegen. Necho setzt Jojakim, den zweiten Sohn Joschijas, als König von Pharaos Gnaden ein (608–597 v. Chr.). Schon im Jahre 605 v. Chr. wechselt erneut die Oberherrschaft: Die Ägypter werden bei Karkemisch von den

Babyloniern unter Kronprinz Nebukadnezar vernichtend geschlagen, so dass Syrien/Palästina wieder einmal unter mesopotamischer Herrschaft steht. In falscher Einschätzung der Lage stellt Jojakim die Tributzahlungen im Jahre 598 v. Chr. ein, woraufhin Nebukadnezar Jerusalem belagert. Während der Belagerung stirbt Jojakim, so dass seinem erst 18-jährigen Sohn Jojachin die undankbare Rolle zufällt, Jerusalem den babylonischen Truppen zu übergeben (597 v. Chr.). Jojachin wird mit seiner Familie und der Oberschicht Israels (2 Kön 24) in die babylonische Gefangenschaft deportiert, der Tempel- und Palastschatz kommt als Kriegsbeute nach Babylon. Unter den deportierten Gefangenen ist auch der Prophet Ezechiel, der im babylonischen Exil die Hoffnung auf baldige Rückkehr seiner Landsleute im Namen JHWHs zurückweist und sogar die endgültige Vernichtung Jerusalems ankündigt.

Dieses Ereignis tritt tatsächlich wenig später ein. Der von Nebukadnezar eingesetzte König Zedekia (597–587 v. Chr.) wagt im trügerischen Vertrauen auf ägyptische Hilfe den Abfall von Babylon. Die Reaktion Nebukadnezars lässt nicht lange auf sich warten: Seine Truppen besetzen 588 v. Chr. Juda, belagern Jerusalem und erobern die ausgehungerte Stadt im Jahre 587. König Zedekia wird geblendet und in Ketten nach Babylon verschleppt. Die Babylonier plündern und zerstören Jerusalem, der Tempel und der Königspalast gehen in Flammen auf. Mit dem Tempel wird auch die Lade vernichtet. Die überlebenden Hauptstädter werden nach Babylon deportiert. Mit dem Fall Jerusalems endete die politische Selbstständigkeit Israel-Judas, welches ja ohnehin nur noch aus Jerusalem und Restjuda bestand. Fortan gehörte Juda bis zur Makkabäerzeit (2./1. Jh. v. Chr.) als Provinz zum Herrschaftssystem fremder Großmächte. Ein Zeuge der dramatischen Ereignisse um das Ende der israelitischen Monarchie war der Prophet Jeremia, der den Untergang vorausgesagt (vgl. z.B. Jer 36) und immer wieder zur Umkehr aufgerufen hatte.

2.3.12 Die Exilszeit (587–539 v. Chr.)

Nach dem Untergang Judas lebten die Judäer vor allem in drei Siedlungsgebieten: in Palästina (Großteil der Bevölkerung), im Exil in Babylon (Oberschicht) und in Ägypten, wohin viele aus Angst vor den Babyloniern ausgewandert waren (vgl. Jer 41–44). Die Zerstörung Jerusalems bedeutete für die Überlebenden auch den Zusammenbruch ihrer Glaubensüberzeugungen. Richteten sich doch alle religiösen Sicherheiten und Hoffnungen des Volkes auf diese Stadt. Hier, so glaubte man, wohne JHWH selbst. Darum sei die Stadt für Feinde unüberwindlich (vgl. Ps 46; 48; 76; 89).

Doch nun hatte offenbar JHWH, der Gott des Zion, das Feld vor dem babylonischen Götterkönig Marduk räumen müssen. Wie konnte man angesichts dieser Katastrophe noch auf JHWH vertrauen? Große Teile der alttestamentlichen Literatur tragen den Stempel dieser fundamentalen religiösen Krise. Man fragte sich im babylonischen Exil, warum es so weit kommen konnte. Die Antwort lautete: Nicht war JHWH den babylonischen Göttern unterlegen, sondern JHWH selbst hat Israel aufgrund seiner großen Schuld bestraft. Die Gottesdienste der Exilszeit waren wohl vor allem Klagegottesdienste (► s. Klagelieder). Als Ersatz für den Tempelkult bilden sich im Exil die Vorstufen der Synagoge („Versammlung") heraus, in der „Wortgottesdienste" gehalten wurden.

Die theologische Bewältigung der Krise erfolgte besonders im babylonischen Exil. Zum einen war man dort unmittelbar mit der scheinbar überlegenen Religion und Kultur der Siegermacht konfrontiert, was in besonderer Weise zur Auseinandersetzung herausforderte. Zum anderen lebte dort in verschiedenen Kolonien die schriftkundige gesellschaftliche und geistige Elite Judas, während in der judäischen Heimat im Wesentlichen die in der Landwirtschaft tätige Unterschicht zurückblieb. Zwischen den Siedlungen der Exulanten und den in Juda Zurückgebliebenen bestanden offenbar Kommunikationsmöglichkeiten (vgl. Jeremias Brief an die Exulanten, Jer 29).

Um im großen babylonischen Völker- und Religionsgemisch nicht gänzlich aufzugehen, war es für die Exulanten eine religiöse Überlebensfrage, sich von ihrer Umwelt abzugrenzen und unverwechselbare Identitätsmerkmale herauszubilden. Da nun der Tempelkult, das Zentrum der vorexilischen königlichen JHWH-Religion, nicht mehr existierte, traten andere identitätsstiftende religiöse Bestimmungen in den Vordergrund: die Feier des Sabbats (vgl. Ez 20,12.20), die Einhaltung der Reinheits- und Speisegebote und wahrscheinlich auch die Beschneidung. Allerdings hat sich Israel im Exil nicht nur abgegrenzt, sondern auch viele Elemente seiner religiösen Umwelt aufgenommen, etwa den babylonischen Kalender oder sogar bestimmte Aspekte des Gottesbildes.

Besonders ein in der prophetischen Tradition Jesajas stehender anonymer Exilsprophet – in der Forschung hat er den Namen „Deuterojesaja" (► s. 3.6.2) erhalten – setzt sich argumentativ mit der Religion der Sieger auseinander und verkündet seinen Landsleuten im Exil den nahen Untergang des neubabylonischen Reiches und das Ende der Gefangenschaft. Das Werkzeug für diese erneute Befreiungstat JHWHs (analog dem Exodus aus Ägypten) wird nach Deuterojesaja der persische König Kyros II. sein.

2.3.13 Die Epoche der persischen Herrschaft (538 – 333 v. Chr.)

Kyros hatte in einem unaufhaltsamen Siegeszug ab 550 v. Chr. innerhalb kurzer Zeit ein Großreich aus Persien, Medien und Lydien (Kleinasien) geschaffen und bedrohte nun auch Babylonien. Im Jahre 539 v. Chr. öffnete ihm die als uneinnehmbar geltende Metropole Babylon kampflos die Tore. Der letzte neubabylonische König Nabonid (555 – 539 v. Chr.) hatte sich nämlich das Wohlwollen der führenden Priesterschaft seines Landes verscherzt. Daher wurde Kyros bei seinem Einmarsch als Befreier begrüßt. Kyros, der Begründer des Weltreiches der Achämeniden, teilte sein Herrschaftsgebiet in Satrapien auf. Den zahlreichen Völkern seines Großreiches beließ der Großkönig nicht nur ihre eigene Kultur, ihre Sprache und Religion, sondern ordnete sogar den Wiederaufbau aller von den Babyloniern zerstörten Tempel auf Staatskosten an. So wurden auch der Wiederaufbau des Jerusalemer Tempels und die Heimkehr rückkehrwilliger Judäer in einem Edikt angeordnet (vgl. Esra 1 und 6,3 – 5). Allerdings kam es nicht zu einer Massenheimkehr, sondern lediglich zu einer schubweisen Rückkehr einzelner Gruppen im Laufe der Jahre. Auch die Wiederaufbauarbeiten am Jerusalemer Tempel gingen nur langsam voran, da die Judäer in dem verarmten Land um ihr nacktes Überleben zu kämpfen hatten.

Nach Kyros' Tod unterwarf sein Sohn Kambyses (530 – 522 v. Chr.) im Jahre 525 v. Chr. auch die Ägypter. Sein Nachfolger Darius I. (521 – 486 v. Chr.) musste zunächst zahlreiche gefährliche Aufstände niederschlagen, ehe seine Macht gefestigt war. Unter einem der beiden Großkönige kam eine größere Heimkehrergruppe mit dem Davididen Serubbabel nach Jerusalem. Serubbabel nahm in seiner Vollmacht als persischer

Repatriierungskommissar den Tempelaufbau gegen den Widerstand der Provinzverwaltung in Samaria und gegen wirtschaftliche Schwierigkeiten wieder auf. Dabei erhielten er und der Hohepriester Josua geistlichen Rückenwind durch die Propheten Haggai und Sacharja, die eindringlich zum Wiederaufbau des Heiligtums aufriefen. Im Jahre 515 v. Chr. konnte der neue Tempel eingeweiht werden.

Damit begann eine neue Epoche der Geschichte Israels, die Zeit des zweiten Tempels. Der Tempel wurde der religiöse wie politische Mittelpunkt des sich nun formierenden Judentums. Freilich stellten sich schon bald schwere Missstände im sozialen und kultischen Bereich ein. Erst durch die politischen, sozialen und religiösen Reformen Esras und Nehemias wurden ab der Mitte des 5. Jh.s v. Chr. die Verhältnisse und die Gestalt des nachexilischen Judentums konsolidiert. Wann die beiden bedeutenden Reformer genau wirkten, ist in der Forschung umstritten. Nehemia – ehemals judäischer Mundschenk des persischen Großkönigs im Palast von Susa – konnte von seinem königlichen Herrn den Wiederaufbau der Jerusalemer Stadtmauer erwirken und veranlasste als Statthalter Judas (vgl. Neh 5,14) soziale und religiöse Reformen. Der Priester Esra hingegen hatte als Kommissar für jüdische Religionsangelegenheiten den Auftrag, das „Gesetz Gottes" (Esra 7,12–26) zum verbindlichen Staatsgesetz zu erheben (Neh 8). Ob damit die Tora (= Pentateuch) insgesamt oder nur bestimmte Teile (z.B. Priesterschrift, Deuteronomium) gemeint sind, wissen wir leider nicht. Auf jeden Fall formte das Gesetz ab Esra entscheidend die sich um den Jerusalemer Tempel scharende Gemeinschaft der Israeliten. Die Zugehörigkeit zu „Israel" wurde nicht mehr in erster Linie durch die ethnische Abstammung bestimmt, sondern vor allem durch die Befolgung des Gesetzes als Willenskundgebung JHWHs. Mit Nehemia und Esra beginnt die Gestaltwerdung des Judentums.

2.3.14 Die hellenistische Zeit (333–63 v. Chr.)

Die Epoche der persischen Oberherrschaft war für Juda eine weitgehend ruhige und friedliche Zeit. Dies änderte sich mit dem Aufstieg des mazedonischen Königs Alexander d. Großen (356–323 v. Chr.), der in einem beispiellosen Siegeszug die damals bekannte Welt eroberte. Im Jahre 333 v. Chr. besiegte Alexander bei Issos die Heere des Perserkönigs Dareios III. und zog daraufhin an der Küste entlang nach Ägypten; seine Heerführer besetzen das Binnenland. Damit begann die hellenistische Epoche in Palästina.

Nach Alexanders frühem Tod im Jahre 323 v. Chr. teilten sich seine Feldherren, die Diadochen, das Weltreich, welches nun in drei Teile zerfiel. Für die Geschichte Israels sind nur das Reich der Seleukiden (mit Kleinasien, Syrien und Babylonien) einerseits und das Reich der Ptolemäer (mit Ägypten und Palästina) andererseits von Bedeutung. Juda war nun wieder Zankapfel zwischen den Großmächten im Norden und Süden: Bis ans Ende des 2. Jh. v. Chr. stand Palästina unter ptolemäisch-ägyptischer Herrschaft. 198 v. Chr. besiegte der Seleukide Antiochos III. die Ptolemäer, womit Palästina in den Besitz der Seleukiden überging. Unter Antiochus IV. Epiphanes (175–163 v. Chr.) kam es zu Auseinandersetzungen zwischen prohellenistischen und konservativen Juden sowie zu Machtkämpfen um das hohepriesterliche Amt. Der seleukidische Herrscher nahm dies zum Anlass, schwere Repressionsmaßnahmen gegen Jerusalem durchzuführen: Im Jahre 169 v. Chr. beraubte er den Tempelschatz und betrat sogar das Allerheiligste – für gesetzestreue Juden ein Sakrileg! 168 ließ er bei Todesstrafe die spezifisch jüdischen Bräuche und Riten verbieten und weihte schließlich 167 im Tempel einen Altar dem „Zeus Olympios“ (vgl. Dan 11,31; 12,11).

Das war das Signal zum Aufstand der Frommen (Chasidim). An ihre Spitze stellte sich die Priesterfamilie der Hasmonäer (bzw. Makkabäer nach dem Beinamen des Judas Makkabäus). Über diese Ereignisse berichten ausführlich die Makkbäerbücher. Obwohl der ungleiche Kampf zunächst aussichtslos erschien, konnten die Makkabäer immer erfolgreicher gegen die Besatzungsmacht agieren. Im Jahre 164 v. Chr. gelang es Judas Makkabäus, Jerusalem zu erobern. Der Tempel wurde gereinigt und neu geweiht. Diese Tempelweihe feierte man später am Chanukkafest.

Im Laufe der folgenden Jahre konnten die Makkabäer die Unabhängigkeit von der seleukidischen Fremdherrschaft erlangen. Unter Simon Makkabäus (142–134 v. Chr.) erreichte Juda praktisch wieder die politische Selbstständigkeit, auch wenn es noch nominell dem Seleukidenhof unterstand. Wie schon zur Zeit Davids bot auch jetzt wieder die Schwäche der Großmächte die Chance zur Eigenstaatlichkeit. Die einstigen Freiheitskämpfer bildeten nun wieder eine Dynastie, die jedoch immer mehr despotische Züge annahm. Simons Nachfolger Johannes Hyrkan I. (134–104 v. Chr.) und Alexander Jannai (103–76 v. Chr.) vermochten es, das Reich durch zahlreiche Feldzüge in das Ostjordanland, in den Negev und nach Samarien erheblich zu vergrößern. Doch nach Alexanders Tod neigte sich die Phase der politischen Selbstständigkeit schnell dem Ende zu. Eine neue Großmacht erschien auf der Bühne der Geschichte: die Römer. Im Jahre 63 v. Chr. zog der römische Feldherr Pompeius in Jerusalem ein – und betrat den Tempel!

Syrien und Palästina werden nun zur römischen Provinz Syria zusammengefasst. Die Römer wiederholen später das, was die Babylonier 587 v. Chr. taten: Sie zerstörten nach einem großen jüdischen Aufstand gegen ihre Besatzungsherrschaft im Jahre 70 n. Chr. Jerusalem mit dem Tempel und errichteten im Jahre 130 n. Chr. auf dem Platz des zerstörten Tempels ein Jupiter-Heiligtum. 132 n. Chr. brach ein zweiter Aufstand aus, den die Römer bis 135 niederschlugen. Den Juden wurde fortan das Betreten der Stadt bei Todesstrafe verboten. Das jüdische Exil dauert nun nicht nur 50 Jahre, sondern etwa 18 Jahrhunderte!

An dieser Stelle soll der kurze Überblick zur Geschichte Israels abgeschlossen werden. Es ist über weite Strecken eine äußerst blutige Geschichte, wobei Jerusalem stets im Mittelpunkt der Auseinandersetzungen stand. Dies gilt auch für die weitere Geschichte. Ein besonderer Einschnitt war die Ablösung der byzantinisch-christlichen Herrschaft durch die muslimische Herrschaft: 638 n. Chr. fällt Jerusalem nach einjähriger Belagerung durch die Truppen des Kalifen Omar I. Muslime nennen die Stadt seither el-Quds („die Heilige"). Der Kalif Abd el-Malik (685–705 n. Chr.) lässt an der Stelle des Tempels den Felsendom errichten. Erst im Jahre 1855 gründet Sir Montefiore wieder eine jüdische Siedlung außerhalb der Altstadtmauer. Im Jahre 1949 wird nach schweren Kämpfen Jerusalem zwischen Israelis (Westjerusalem) und Jordaniern (Ostjerusalem) aufgeteilt. Im Sechstagekrieg des Jahres 1967 besetzen die Israelis Ostjerusalem und erklären 1980 das wiedervereinigte Jerusalem zur „ewigen Hauptstadt Israels", was von der UNO freilich nicht anerkannt wird. Die immer wieder eskalierende Gewalt macht schmerzlich bewusst, dass Jerusalem noch immer darauf wartet, dass die aus ihrem hebräischen Namen erschlossene Verheißung Wirklichkeit wird: „Stadt des Friedens".

3 Das Buch der vielen Bücher – ein bibelkundlicher Überblick

In allen Epochen der eben beschriebenen Geschichte Israels haben die Menschen ihre Erfahrungen mit „Gott und der Welt", ihre Rückblicke auf die Geschichte oder ihre Vorstellungen von einer besseren Zukunft erzählt und – später – aufgeschrieben. Im Laufe der Zeit sind daraus zunächst kleinere Textsammlungen wie etwa Erzählungen über den Erzvater Abraham oder Sprüche des Propheten Hosea entstanden. Sie bildeten den Grundstock für größere Werke, etwa die Vätergeschichten der Genesis oder die Prophetenbücher. Erst am Ende dieser Entwicklung – deren Einzelheiten in der Forschung umstritten sind – steht die hebräische Bibel wie wir sie heute kennen.

Die Bibel lässt sich also als Büchersammlung verstehen, als Anthologie von Texten, die Menschen unterschiedlicher Zeiten als legitime Äußerung über ihr Verhältnis zu Gott wichtig waren. Das aber bringt Probleme mit sich: Das erste besteht darin, dass die einzelnen Bücher auf unterschiedliche Weise angeordnet werden können. Darin besteht ja der wesentliche Unterschied zwischen jüdischem *Tanach* und christlichem AT (► s. Kap. 1.2). Im Folgenden wird dem klassischen Aufbau der christlichen Tradition gefolgt.

Das zweite Problemfeld liegt darin, dass uns heute die Sammlungs- und Aufbauprinzipien der biblischen Bücher nicht mehr unmittelbar einleuchten. Wie Jugendliche, die mit schnell geschnittenen MTV-Clips groß geworden sind, sich erst an die bedächtigen, langen Einstellungen älterer Filme gewöhnen müssen, so müssen wir uns langsam in die Sprach- und Denkwelt alttestamentlicher Texte einfinden. Wir müssen lernen, zu welchen Zeiten der Geschichte Israels welche Themen wichtig waren, müssen die einzelnen Wachstumsebenen der Texte und ihr innerbiblisches Gespräch erkennen, dürfen aber gleichzeitig das gemeinsame Ganze nicht aus den Augen verlieren.

So kann man sich den folgenden Überblick über die Bücher des Buches wie einen Reiseführer vorstellen, mit dem in der Hand man eine über Jahrhunderte hinweg erstellte Kathedrale besichtigt. Unterschiedliche Baustadien, Materialien und Kunststile werden sich erkennen lassen, die erst in ihrem manchmal kunstvollen, manchmal auch weniger gelungenen Arrangement das Gesamtbild ergeben. Doch gilt andersherum auch: Wenn man sich in den Details nicht auskennt, nicht die interne Kommunikation der einzelnen Elemente nachvollziehen kann, dann bleibt die Besonderheit der Kathedrale verschlossen, ist ihr Besuch nur eine lästige Pflicht ohne Gewinn. Genau das sollte die Lektüre der Bibel nicht sein.

3.1 Der Pentateuch – die Tora

Am Anfang jeder Geschichte steht eine Exposition, in der die grundlegenden Ereignisse und Voraussetzungen des folgenden Geschehens dargelegt werden. So auch in der Bibel: Die Sammlung der fünf Buchrollen (griech. *Pentateuch*) ist als eine groß angelegte Erzählung über die Geschichte Israels zu verstehen; in der Lutherbibel gehört der Pentateuch daher zu den *Geschichtsbüchern:*

Von der Schöpfung der Welt (Gen 1–3) über ihre Gefährdung in der Sintflut (Gen 6–9) konzentriert sich der Blick auf die Vorväter des Volkes Israel und ihre Wanderungen zwischen Mesopotamien, Palästina und Ägypten (Gen 10–50). Erst im „Sklavenhaus Ägypten" werden sie zu einem Volk (Ex 1), hier tritt Mose als zentrale Figur auf (Ex 2ff.). Nach dem Auszug aus Ägypten (Ex 13–15) verpflichtet sich das Volk am Sinai zur Bundestreue gegenüber Gott; hier empfängt Israel die Gebote als Grundlage für ein gottgefälliges Leben (Ex 19–Num 10). Vom Sinai aufgebrochen, beginnt der Weg Israels bis an die Grenzen des gelobten Landes (Num 10–32). Hier jedoch wird das Geschehen unterbrochen, viele Gebote werden mit charakteristischen Veränderungen wiederholt, andere neu hinzugefügt (Dtn 5–26). Schließlich stirbt Mose (Dtn 31–34); sein Nachfolger Josua leitet Israel in sein Land und damit in den nächsten Abschnitt der Geschichte mit Gott hinein.

In der wissenschaftlichen Beschäftigung mit der Bibel findet sich wegen der Sonderstellung des fünften Buches auch die Bezeichnung *Tetrateuch* (griech. *tetra* = vier), die das Deuteronomium ausgliedert. Der ebenfalls übliche Name *Hexateuch* (griech. *hexa* = sechs) versteht auch das Josuabuch als notwendigen Bestandteil der Geschichtsdarstellung, weil erst hier die Einwanderung in das gelobte Land und damit die Erfüllung der Verheißung erfolgt.

Die jüdische Bezeichnung *Tora* setzt demgegenüber einen anderen Akzent: Sowohl die Erzählungen als auch die langen Reihen von Vorschriften sind als heilvolle *Weisung* (hebr. *Tora*) zu verstehen. Sie geben anhand von Beispielerzählungen und klaren Geboten an, wie man ein bundesgemäßes, gottgefälliges Leben führen kann. Daher kommt der Tora ein höheres Gewicht als den anderen Schriften zu.

Die einzelnen Bücher werden auf unterschiedliche Weise bezeichnet: Neben der klassischen Zählung als 1.–5. Buch Mose ist vor allem die Verwendung beschreibender Namen üblich: *Genesis* steht für das Buch der Anfänge, *Exodus* für den Auszug aus Ägypten, *Leviticus* für die levitischen Gesetze, *Numeri* wegen der Zählung der Israeliten beim Aufbruch vom Sinai; *Deuteronomium* wegen der Wiederholung der Gebote. In der gegenwärtigen Forschung ist die Entstehung des Pentateuch stark umstritten, ► s. dazu Abschnitt 4.1.

3.1.1 Genesis

Die Erzählungen der Genesis gehören sicher zu den bekanntesten der Bibel; sie haben auf vielfältige Weise Eingang in unsere Kultur gefunden. Bis heute können sie als archetypische Modelle dienen, vgl. etwa die Turmbaugeschichte Gen 11 als Modell für menschliche Überheblichkeit. So ist gerade bei diesen Texten die durch eigenes Lesen erworbene Vertrautheit mit dem Stoff unersetzlich.

Klassisch ist die Gliederung in drei Hauptabschnitte:

Gen 1–11	Gen 12–36+38	Gen 37+39–50
Urgeschichte	Vätergeschichte	Josefsnovelle

▷ *Die Urgeschichte* (Gen 1–11)
Hier wird ein Erzählbogen von der Erschaffung der Welt bis zu Abram/Abraham gezogen, am Ende geschieht in 11,27–32 der Übergang zur Vätergeschichte. Die wichtigsten Texte sind die beiden

Schöpfungsberichte in 1,1–2,4a und 2,4b–3,24: Der erste Bericht bezeugt den durch sein schöpferisches Wort tätigen Gott, dessen Werk im Sabbat zu seinem Ziel kommt: Die Welt ist sehr gut (1,31). Demgegenüber ist der zweite Bericht skeptischer, die Erzählung vom „Sündenfall" im Paradies weiß zu berichten, dass und warum die von den Menschen bewohnte Welt nicht (mehr) sehr gut ist, warum es Mühsal und Schmerzen gibt (► s. dazu unten 8.4).

Dieser Gedanke wird in der Geschichte von Kain und Abel (4) fortgeführt, er erreicht einen Höhepunkt in der Sintfluterzählung (6–9): Die Welt ist eigentlich dem Untergang geweiht und wird nur wegen Noahs Gerechtigkeit gerettet. Doch schon unter Noahs Söhnen gibt es neuen Ungehorsam gegen Gott. Die Kapitel 6–9 sind erkennbar aus verschiedenen Erzählungen zusammengesetzt (vgl. etwa die Zahl der Tiere, die Dauer der Flut), in der heutigen Form zielen sie auf den Bund Gottes mit der ganzen Menschheit (9,9ff.), für den der Regenbogen als Zeichen steht.

Die Geschichte vom Turmbau zu Babel (11) ist gewiss unter dem Eindruck des babylonischen Exils entstanden; die Tempeltürme des Zweistromlandes werden als Hybris gegen den wahren Gott gedeutet. Das Motiv von der Verwirrung der Sprachen und Völker wird im NT in der Apostelgeschichte (2. Kapitel) wieder aufgenommen; hier wird die christliche Ökumene als gottgewolltes Ende dieser Verwirrung aufgefaßt. Die Stammbäume und Genealogien (Gen 5, 10, 11) ziehen die Linie der Menschheit von Adam bis zu den Stammvätern Israels; der Fokus verengt sich von der Welt zur

▷ *Vätergeschichte* (Gen 12–36+38)
Hier ist die Erkenntnis wichtig, dass die Erzählungen von Abraham, Isaak und Jakob aus verschiedenen Erzählkreisen entstanden, die wie Sagenkränze langsam gewachsen sind. Sie haben ursprünglich von nicht miteinander verwandten Sippenoberhäuptern erzählt, die ganz unterschiedliche Kultorte (Beer Scheba, Bethel, Sichem) hatten; erst später wurde der Verwandtschaftszusammenhang hergestellt. Durch dieses besondere Wachstum erklärt sich, weshalb manche Themen doppelt oder mehrfach berichtet sind, klassisch die dreifache Erzählung von der Gefährdung der Ahnfrau (Kap. 12+20+26).

Abraham	Isaak	Jakob / Esau
Gen 11,27–25,18	25,19–26,35; 35,27–29	27,1–36,43; Kap. 38

Erneut gilt, dass die inhaltliche Fülle der Texte nur durch eigenes Lesen erschlossen werden kann. Die wichtigsten Texte beschäftigen sich mit dem Bund, den Gott mit Abra(ha)m schließt (Gen 15 und 17). Dazu kommt als durchgehendes Thema das der Verheißungen Gottes, das einen großen kompositionellen Bogen bis in das Josuabuch schlägt. Gen 12,1–3 ist die klassische Verheißung an Abraham, die in 26,24 für Isaak und 28,13f für Jakob wiederholt wird; die letzten Verse der Genesis, 50,24ff., unterstreichen nochmals die Bedeutung der Verheißung.

Die Verheißung Gottes ist durch verschiedene Gefahren bedroht: die Erzmütter Sara, Rebekka und Rahel sind zunächst unfruchtbar. Die Verheißung könnte so Israel verloren gehen und auf ein anderes Volk übergehen (Ismael, Gen 16+21); Gott selbst scheint die Existenz Isaaks aufs Spiel zu setzen (Gen 22); Jakob und Esau streiten um den Segen und damit die Wirksamkeit der Verheißung. Doch gerade im Jakob-Esau-Kreis zeigt sich schon die Perspektive des späteren Israel: In den Söhnen Jakobs wurzeln die zwölf Stämme Israels (Gen 29–30), der Stammvater selbst wird nach dem Kampf am Jabbok zu Israel („Gottesstreiter“) umbenannt. So bezeugen diese Erzählungen das Wirken Gottes für sein Volk von dessen Anfängen an.

▷ *Die Josefsnovelle* (Gen 37+39–50)
Auch sie dient dem eben für die Vätergeschichte erkannten Ziel, doch die stärkere inhaltliche Geschlossenheit und die kunstvolle Sprache erweisen die Novelle als Produkt einer späteren Zeit. An ihrem Ende sind Elemente der Jakobsgeschichte (46–50) eingebunden worden, außerdem die Sprüche über die zwölf Stämme (Gen 49). Im heutigen Pentateuch erfüllt die Josefsnovelle eine wichtige Funktion: Sie sorgt für den Ortswechsel des Geschehens hin nach Ägypten und ist damit das verbindende Element zwischen Väter- und Volksgeschichte. Theologisch ist bedeutsam, dass nicht mehr das direkte Eingreifen Gottes in den Geschichtslauf geschil-

dert wird; Gott wirkt nun durch Josef. Jener erscheint als vorbildlich weise, durch seine Gottesfurcht geraten ihm alle Dinge zum Guten. So wird er, ähnlich wie Daniel (Dan 2; 4; 5), zum Ratgeber der fremden Macht und auf diese Weise zum Retter seines Volkes - bevor dessen eigentliche Geschichte überhaupt begonnen hat.

3.1.2 Exodus

Das Buch vom Auszug aus Ägypten (Exodus) enthält einige der bekanntesten und wichtigsten Texte des AT, vom kleinen Mose im Schilfkörbchen (Ex 2) über die Offenbarung des Gottesnamens (3,14) hin zu den zehn Geboten (Ex 20), von der Talionsformel „Auge um Auge ..." (21,24) bis zur Erzählung vom Goldenen Kalb (Kap. 32–34). Der Aufbau des Buches lässt sich leicht einprägen:

Ex 1–18 Exodus und Wüstenwanderung		**Ex 19–40** Gottesoffenbarung und Gesetzgebung	
Ex 1–15 Gott führt Israel durch Mose aus Ägypten	**Ex 16–18** Israel wandert durch die Wüste zum Sinai	**Ex 19–24+32–34** Gottesoffenbarung, Bundesschluss und Bundesbruch, erneuerter Bund	**Ex 25–31+35–40** Das Priestergesetz: Anweisung und Bau der Stiftshütte

Die Struktur des Buches ist für die Vorstellung von der Tora aussagekräftig: Zunächst wird Gottes grundlegende Rettungstat geschildert, dann folgt die Verpflichtung des Volkes, die Gebote zu halten.

Die erzählenden Abschnitte Ex 1–18 nehmen den Erzählfaden vom Ende der Genesis wieder auf, allerdings ist jetzt die Perspektive die des *Volkes* Israel und seiner Anführer Mose und Aaron. Für beide gibt es Berufungserzählungen (Ex 3; 4; 6), die ihre Autorität zweifelsfrei herausstellen sollen. In diesem Zusammenhang finden sich in 3,14 die Selbstvorstellung Gottes mit der Erläuterung seines Namens: JHWH = „Ich werde sein, der ich sein werde" und in 6,2f. der Hinweis, dass Gott sich den Vätern unter anderen Namen mitgeteilt hat. Erneut können die Erzählungen nicht aus einer Hand stammen, was in der Plagenerzählung (Ex 7–11) oder der Rettung am Schilfmeer (Ex 13–14) zu Wiederholungen und Unstimmigkeiten führt.

Die Frage, ob es den Exodus Israels wirklich gegeben hat, ist kaum zu beantworten (► s. Kap. 2.3.4). Die Rettungserfahrung einer kleinen Gruppe ist wohl später in das kollektive Gedächtnis „ganz Israels" aufgenommen worden; das Passafest (Ex 12+13) bekam erst dann seine erinnerungsstiftende Funktion.

Hier ist nun auf ein Faktum hinzuweisen, das beim Verstehen der biblischen Texte häufig Probleme bereitet: Die Texte stammen nicht aus der Zeit, über die sie berichten; es ist also zwischen *Erzählzeit* und *erzählter Zeit* zu unterscheiden. Ein Beispiel: Die berühmte Erzählung vom Goldenen Kalb (Ex 32–34) spielt zwar in der Zeit der Wüstenwanderung, zielt aber auf die Stierbilder, die nach 1 Kön 12 um 900 in den Heiligtümern von Dan und Bethel installiert wurden. Ihren Verehrern galten sie als legitimer Ausdruck des JHWH-Glaubens, ihren Kritikern jedoch waren sie Zeichen eines ungeheuerlichen Abfalls von Gott, der einem Bruch des Bundes (Ex 32) gleichkommt. Die Polemik gegen diese Götterbilder wurde daher in die Ur-Geschichte Israels mit hineingenommen.

Das gleiche Problem begegnet auch bei den Gesetzeskorpora, die nun im Ablauf der biblischen Bücher folgen: Bei kontinuierlichem Lesen erhält man den Eindruck, dass alle Gesetze dem Mose am Sinai offenbart worden seien. Am Anfang würden dann die zehn Gebote (Ex 20 / Dtn 5) stehen, darauf folgen differenziertere Anweisungen für das Wüstenheiligtum (Ex 25–40) und seinen Kult (Lev + Num), die erst später auch in dem dann zu bauenden Tempel gelten sollen (vgl. Dtn 12). So entsteht ein klar strukturiertes Bild, das auch zu dem Eindruck vom Judentum als einer Gesetzesreligion geführt hat.

Literaturhistorisch ist der Vorgang allerdings ein anderer: Über Gesetze aus der Frühzeit Israels kann man wenig Genaues sagen. Sicher scheint nur, dass es erst unter dem Eindruck der prophetischen Kritik des 8. Jh. Gesetzessammlungen wie das Bundesbuch (Ex 20,22–23,33) gegeben hat. Danach, im 7. Jh., ist wohl der Grundstock des *Deuteronomiums* (Dtn 12–26) entstanden, noch später, im Exil, das *priesterliche Gesetz* (Ex 25 – Num 10*[3]) und das *Heiligkeitsgesetz* (Lev 17–26). Verwirrend ist also, dass die biblische Reihenfolge der Gesetzescorpora nicht die historische Entstehung widerspiegelt. Mit diesen Rechtssammlun-

3 *(nach Kapitelangaben o.ä.) bedeutet im Folgenden: nur ein Teil des angegebenen Textkomplexes ist gemeint.

gen reagierte man auf geschichtliche Erfahrungen wie etwa den Untergang des Tempels. Die Gesetze sollten sicherstellen, dass *wenigstens in Zukunft* das Volk gottgefällig lebt. So ist das Zeltheiligtum des Priestergesetzes kein Relikt der Wüstenwanderung, sondern antwortet auf ein theologisches Problem der Exilszeit: Gott hat offenbar seinen Tempel in Jerusalem verlassen, auch seine Verehrer sind im Exil. Wie nun sollen sie dort Gott verehren? Eine der Antworten dieser Zeit ist, dass das deuteronomische Denkmodell „Ein Gott – ein Kultort" (so Dtn 12) aufgegeben wird: Der rechte Gottesdienst kann überall sein. Die gesetzgebenden Stoffe des Exodusbuches haben also mit dem Exodus selbst nichts zu tun, sie erhalten aber ihre Bedeutung dadurch, dass sie auf die Sinaioffenbarung zurückgeführt werden.

3.1.3 Leviticus

Beim Lesen des nach den levitischen Geboten benannten dritten Buches des Pentateuch betritt man eine fremde Welt: Ausführlich werden zunächst Vorschriften für Opfer aller Art geschildert, getrennt nach Laien und Priestern (Lev 1–5 + 6–7). Doch hat dies im Erzählzusammenhang der Tora seinen guten Sinn: nachdem zuerst die Ausstattung des Heiligtums (Ex 25 ff.) und nun die Regularien des Kultus bekannt gegeben werden (Lev 1 ff.), können Mose und Aaron den Gottesdienst beginnen lassen (Lev 8–10).

Darauf stellt sich die Frage, welche Tiere zum Kult zugelassen sind, und ob es auch bei der menschlichen Gottesdienstgemeinde Ausschlussgründe gibt. Dies wird in umfangreichen Reinheitsvorschriften (Lev 11–15) erläutert, die im Judentum zur Grundlage eines Lebens nach den Regeln der *Kaschrut* wurden. (Bekannteste Gebote: Verbot des Essens von Schweinefleisch [Lev 11,7], kein gleichzeitiger Verzehr von milch- und fleischhaltigen Speisen [Ex 23,19]).

Im Anschluss erhebt sich das Problem, wie das Heiligtum von Sünden des Volkes gereinigt, entsühnt werden kann. Dazu dient das Ritual des *Jom Kippur,* des Versöhnungstages (Lev 16), an dem die Sünden des Volkes einem Sündenbock aufgeladen werden. Es ist bezeichnend, wie häufig auch in den Gesetzespartien vom Bruch des Bundes (vgl. 26,40), von menschlichen Fehlern und Sünden die Rede ist. Dieses Wissen spricht gegen das vielfach kolportierte Bild von der unbarmherzigen

Härte der alttestamentlichen Gebote, es zeigt die Angewiesenheit der Menschen auf göttliche Unterstützung.

Es folgt das als eigener Block eingefügte *Heiligkeitsgesetz* (Kap. 17–26), das wohl als Programm für den Kult des nachexilischen Tempels gedacht war. Es gibt Regelungen für ein in allen Dimensionen heiliges, bundesgemäßes Leben der Menschen, was das Gebot der Nächstenliebe (Lev 19,18) einschließt. Wie ein Nachtrag lesen sich dann in Lev 27 die Gebote über Gelübde und die Gabe des Zehnten.

3.1.4 Numeri

Die Auszugsgeschichte Gottes mit seinem Volk kommt in diesem Buch ein gutes Stück voran: Nach der Zählung der Stämme folgen Gebote hinsichtlich der Leviten (Num 3–4+8), die Einweihung des Altars (Num 8) und einzelne Gebote. Mit der Anordnung über die Posaunen wird dann in Num 10 der Aufbruch vom Sinai eingeleitet, damit kommt auch das Priestergesetz zu seinem Ende.

Num 1,1–10,10	**Num 10,11–32,42** (Kap 33–36: Nachträge)		
Abschluss der Sinaiperikope	Wanderung vom Sinai in das Ostjordanland		
	10–21	**22–24**	**25–32**
Musterung Israels und der *Leviten*, Vorbereitungen zum Aufbruch	Wanderung nach *Moab*, Gemeindekonflikte, Tod Mirjams und Aarons	Bileam soll Israel verfluchen und segnet es durch Gottes Eingreifen	Josua wird zu Moses Nachfolger bestimmt, Aufteilung des Ostjordanlandes

Im zweiten Buchteil wandert Israel bis an die Grenzen des gelobten Landes. Kundschafter erkunden das Land, das von Milch und Honig fließt (Num 13+14); Ruben, Gad und der halbe Stamm Manasse erhalten ihren Erbbesitz zugewiesen (Num 32). Damit wird noch in der Tora die Erfüllung der Verheißung an Abraham berichtet; ein vorläufiger Höhepunkt ist erreicht.

Das Buch weiß aber auch von verschiedenen Gefährdungen Israels zu berichten: Kleinmut, Neid und Herrschsucht bedrohen die Gemeinde von innen (Num 11 f.; 17), Feinde bedrohen es durch Krieg und Magie (Num 20; 22–24; 31), aber auch durch die Verlockung fremder Kulte

(Num 25). Erneut spiegeln sich in diesen Erzählungen Probleme späterer Zeiten. Sie werden in die Anfangsgeschichte Israels zurückprojiziert, damit die erzählerischen Lösungen, v.a. die Vorrangstellung der Priester, auch später als Vorbild gelten.

Die bekannteste Passage dieses Buches ist gewiss die vom fremden Seher Bileam und seiner Eselin. Wider Willen wird er zum Werkzeug Gottes, damit Israel gesegnet und sein Anspruch auf das Land vor aller Augen begründet sei.

3.1.5 Deuteronomium

Schon der Name „zweites Gesetz" deutet an, dass es sich bei diesem Buch um eine Art von Wiederholung handelt. Und wie immer, wenn Sachverhalte in zwei Versionen berichtet werden, sind die Differenzen aufschlussreich. Das lässt sich leicht bei einem Vergleich der beiden Listen der Zehn Gebote in Ex 20 und Dtn 5 selbst feststellen. Wichtig ist auch, dass das ganze Buch als eine Rede Moses gestaltet ist. Durch die ständige direkte Anrede Israels mit „du", „ihr" und „heute" (vgl. 6, 4–6) erhält das Buch über die Zeiten hinweg einen aktuell-auffordernden Charakter.

Würde man das Buch aus dem Pentateuch entfernen, würden viele Christen gewiss sein Fehlen nicht bemerken. Doch damit hätte man ein Herzstück alttestamentlicher Theologie herausoperiert, ohne das die folgende Darstellung der Geschichte Israels nicht denkbar ist. Seinen Aufbau vergegenwärtigt man sich am leichtesten mit dem „Zwiebelmodell": Um den Kern der deuteronomischen Weisung in Kap. 12–26* legen sich wie Schalen zunächst die Einleitungs- und Schlussreden in Kap. 4–11 und 27–30, dann die erste Rede, ein Rückblick auf die bisherige Geschichte in Dtn 1–3, und die Berichte um Moses Tod und Nachfolger in 31–34. Wichtigster Einzeltext dieses Buches ist gewiss

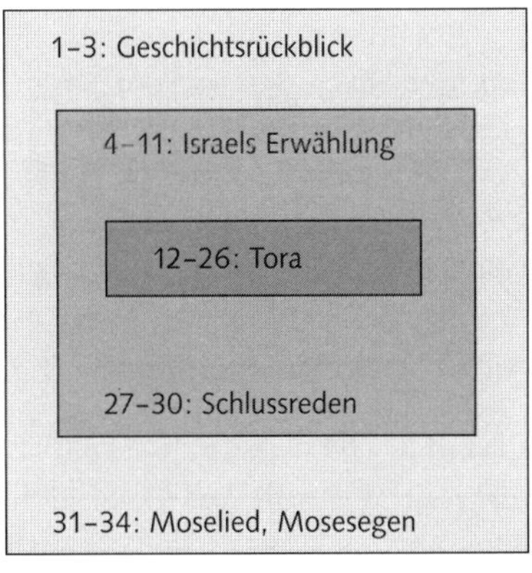

das *Sch^{e}ma Israel* in 6,4 f., das als Grundgebot Israels gilt: Es gibt nur einen Gott, der von Israel Liebe und Verehrung mit der gesamten Existenz als Zeichen des Dankes für die Heilstaten fordert. Dieser Gedanke wird in Kapitel 12 weitergeführt; hier kommt die theologische Grundidee des Dtn am eindeutigsten zum Ausdruck: Der *eine* Gott Israels kann von seinem erwählten Volk nur an *einem* Ort, Jerusalem, verehrt werden. Der Alleinverehrung entspricht also die Kultzentralisation.

Auch dieses Programm stammt nicht aus der Zeit der Wüstenwanderung Israels, sondern ist wohl im 7. Jh. unter dem Eindruck der Propheten und ihrer Kritik am Kultus entstanden. Zugleich setzte sich in dieser Zeit langsam die Idee durch, dass nur ein Gott zu verehren ist. Alle Einzelweisungen, etwa zu den fremden Kulten in Kap. 7, zu den Festen und den Ämtern Israels in Kap. 16–18, sind vor diesem Hintergrund zu sehen, auch wenn sie ältere Ursprünge haben können.

Die Theologie des Dtn ist deshalb so bedeutsam, weil sie im AT zur umfassenden geschichtlichen Deutekategorie geworden ist: Alle Generationen werden künftig daran gemessen, wie sie sich zu diesen Forderungen der zweiten Tora verhalten. Da das Ergebnis meist negativ ist, sind auch die Strafen Gottes verständlich. Diese ereignen sich in Form geschichtlicher Katastrophen, etwa den Bedrohungen der Richterzeit (Ri 2 f.), dem Untergang des Nordreiches (2 Kön 17) oder gar der Tempelzerstörung (2 Kön 25). So waltet in der Geschichte ein Zusammenhang von Tun und Ergehen, der paradoxerweise Israel gerade in den Krisenzeiten die Zuversicht gegeben hat, nicht von Gott verlassen zu sein.

Erzählerisch wird am Ende des Buches (Kap. 31–34) nur ein vorläufiger Abschluss des Pentateuch erreicht: Das Volk ist mit allem ausgerüstet, was es für das Leben im gelobten Land braucht, doch es darf noch nicht hineinziehen. Selbst Mose darf das Land nur von Ferne sehen, erst sein Nachfolger Josua kann die endgültige Erfüllung der Verheißungen erleben. Damit weist das Buch über sich selbst hinaus.

3.2 Das Deuteronomistische Geschichtswerk (DtrG)

Obwohl es im Hebräischen kein Wort für „Geschichte“ gibt, ist es doch ein zentrales Anliegen vieler biblischer Bücher, die gottgewirkte Geschichte des Volkes Israel darzustellen. Damit soll die Vergangenheit erinnert und gegenwärtig erhalten werden, um so zur Orientierung in Gegenwart und Zukunft zu dienen.

Die Darstellung der *Geschichte* geschieht dabei so, dass sie in viele Geschichten aufgelöst wird. Solche Geschichten würden wir heute als *Sagen* bezeichnen: Sie haben einen historischen Kern, dienen aber nicht einer objektiven Geschichtsdarstellung, sondern gehorchen eigenen Erzählinteressen. So gilt König Manasse von Juda als kritikwürdig (2 Kön 21,11 ff.), obwohl er nach heutigen Maßstäben eine positive Herrschaftsbilanz vorlegen konnte. Maßstab solcher geschichtstheologischer Bewertungen ist stets das Deuteronomium, daher rührt der in der Wissenschaft übliche Name „deuteronomistisches Geschichtswerk" für die Bücher Josua, Richter, Samuel und Könige.

Das Wachstum dieser Bücher ist strittig, ebenso die Frage, wie viel altes Material, etwa aus Annalen oder Archiven, verwendet wurde. Eine wichtige Diskrepanz gibt es beim Gottesbild: Während die Texte voraussetzen, dass Israel von Anfang an nur JHWH verehrt hat (vgl. Jos 24), weiß man durch außerbiblische Funde, dass sich die Alleinverehrung erst im 7. Jahrhundert durchgesetzt hat, der Monotheismus gar noch später. Auch dadurch wird deutlich, dass diese Bücher nicht „Geschichtsschreibung" im heutigen Sinne sind.

An verschiedenen Wendepunkten der Geschichte Israels haben die Redaktoren, die die Stoffe zusammengestellt haben (in der Forschung werden sie „Deuteronomisten" genannt), umfangreichere Deutetexte in die Darstellung eingefügt. Zu nennen sind Jos 1+24 vor und nach der Landnahme; Ri 2 zu Beginn der Königszeit; 1 Kön 8 zur Einweihung des Tempels; 2 Kön 17 zum Untergang des Nordreiches; 2 Kön 25 nach der Tempelzerstörung. Es empfiehlt sich, die Kapitel einmal im Zusammenhang zu lesen, um einen Eindruck von dieser theologischen Denkwelt zu erhalten.

3.2.1 Das Buch Josua

Im Josuabuch kommt der Erzählfaden zum Ende, der sich von Gen 12 an durch den gesamten Pentateuch gezogen hat: Den Nachkommen Abrahams ist verheißen, dass sie zu einem Volk werden und das Land Israel besitzen können. Das spiegelt sich auch in der Anlage des Buches: Noch im Ostjordanland wird die Verheißung wiederholt, dann beginnt der Einzug in das gelobte Land. Dieser wird im ersten Hauptteil des Buches stellvertretend für das Gebiet des Stammes Benjamin berichtet, im zweiten Teil finden sich dann Listen, die die Verteilung des Landes an alle Stämme festhalten. Am Ende des Buches wird die Erfüllung der Verheißung bestätigt, das Volk trennt sich von den fremden Göttern und bekennt sich ausschließlich zu JHWH.

Jos 1–12	**Jos 13–22**	**Jos 23+24**
Durchzug durch den Jordan, *Eroberungen* im gelobten Land	*Listen:* Verteilung des Landes an die Stämme Israels	*Schlussrede* Josuas (23) und „*Landtag* zu *Sichem*" (24)

Verschiedene Erzählfäden verbinden das Buch mit dem Rest der Bibel: Die Gabe des Manna wird beendet (5,12), wie vor dem Exodus (Ex 12) wird nun ein Passa gefeiert (5,10), die Israeliten werden beschnitten (5,2), wie es dem Abraham befohlen war. Am Ende (24,32) werden die Gebeine Josefs begraben, wie Gen 50,24 f. versprochen worden war.

Die Lokalisation der 12 Stammesgebiete sollte man sich am besten mittels einer Karte vergegenwärtigen. Im Süden werden Simeon, Juda und Benjamin lokalisiert. Dann folgen Dan (der später ganz in den Norden ziehen soll), Ephraim und die Hälfte Manasses (beide zusammen werden auch Josef genannt). Nördlich des Karmelgebirges folgen Issachar, Sebulon, Ascher, Naphtali (und Dan). Im Ostjordanland waren bereits Ruben, Gad und die andere Hälfte Manasses angesiedelt.

Für das historische Verständnis dieser Zeit ist von Bedeutung, dass es eine „Landnahme" Israels in der hier beschriebenen Weise nicht gegeben haben kann. Zu Beginn des Richterbuches findet sich eine Liste von Orten, die Israel nicht erobern konnte; sie widerspricht dem Josuabuch an vielen Stellen. Doch der Kern des Erzählten ist zuverlässig: Auf bislang ungeklärte Weise bildet sich am Ende des 2. Jt. eine Ansammlung von Stammesverbänden, die langsam zusammenwachsen und später in der „Richterzeit" zu „Israel" werden.

3.2.2 Das Buch der Richter

Als „Richter" werden Personen bezeichnet, die in der Zeit zwischen „Landnahme" und Beginn des israelitischen Königtums (12./11. Jh.) für Frieden und Ordnung sorgen. Das gilt sowohl für innere Probleme wie auch für Bedrohungen von außen. Das gleichnamige Richterbuch berichtet von insgesamt 13 solcher Anführer, die in der Forschung in „große" und „kleine" Richter differenziert werden: Große Richter waren wohl militärische Führer, die den Widerstand gegen äußere Feinde organisiert haben; kleine Richter demgegenüber lokale Herrscher, die auch Rechtsgewalt hatten. Der Letzte dieser Richter war wohl Samuel (1 Sam 7,15 ff.). Von den anderen kleinen Richtern sind nur kurze Notizen überliefert: Über Tola und Jaïr in Ri 10,1–5; über Ibzan, Elon und Abdon in Ri 12,8–15. Von den großen Richtern werden unterschiedlich ausführliche Sagen über ihre Heldentaten berichtet. Diese Erzählungen bilden den Hauptteil des Buches, das zudem zwei Einführungen und zwei Nachträge aufweist:

Ri 1,1–3,6	**Ri 3,7–16,31**	**Ri 17–21**
Einführungen in die Richterzeit: 1,1–2,5: Gebiete, die Israel *nicht erobert* hat 2,6–3,6: Die *Zustände in der Richterzeit*	*Richtererzählungen:* 3,7–31: *Otniël, Ehud* und *Schamgar* Kap. 4+5: *Debora* und *Barak* Kap. 6–8: *Gideon* 10,17–12,7: *Jiftach* Kap. 13–16: *Simson*	Nachträge über die königslose Zeit: Kap. 17+18: Der Stamm Dan Kap. 19–21: Die schlimme Tat der *Benjaminiten* und ihre Bestrafung

Die bis heute spannend zu lesenden Erzählungen dienen zwei Hauptzielen, wobei erneut festzuhalten ist, dass es sich nicht um historische Berichte handelt. Die einzelnen Geschichten folgen dem Schema, dass Israel seinen Gott verlässt und andere Götter verehrt. Daraufhin ergeht die gerechte Strafe in Form von Übergriffen fremder Mächte. Sie bedrohen die Stämme so lange, bis die Israeliten Gott um Hilfe rufen und er ihnen einen Richter – Retter sendet. Unter ihrer Herrschaft hat dann das Land 40 Jahre Ruhe (vgl. 3,1; 5,31; 8,28). Dieses Erzählschema geht auf die oben geschilderte deuteronomistische Theologie zurück, die die

Geschichte Israels als Geschichte des Abfalls von Gott versteht. Dieses Schema wird durch einen zweiten grundlegenden Gedanken ergänzt: Die Kriege, die hier berichtet werden, gelten als heilige Kriege Gottes. Die großen Richter werden durch Gottes Geist geleitet, vgl. besonders Simson und Gideon. Damit werden die Macht und Fürsorge Gottes für Israel ausgedrückt und der Kontrast zum Ungehorsam des Volkes noch erhöht.

Das letzte wichtige Thema des Buches verknüpft es zugleich mit dem Samuelbuch: Es geht um die Frage, ob Israel einen König brauche. Die zunächst gegebene Antwort: Nein! Denn Könige sind überheblich und parasitär wie Gideons Sohn Abimelech (Ri 9), dessen Herrschaftsansprüche mit der berühmten Jotamsfabel (9,7–15) abgewehrt werden. Doch durch die beiden Nachträge erhält das Buch eine andere Ausrichtung: Schlimme Dinge geschehen in der Zeit, in der Israel keinen König hat: Jeder tut, was ihm in den Sinn kommt (21,25 u.ö.). Mit diesem Urteil endet das Buch, so dass man sich fragen muss, wie die Geschichte Israels weitergeht. Auf die Antwort müssen wir etwas warten, denn der Lauf der Geschichte wird unterbrochen:

3.2.3 Das Buch Rut

Ein kleines Schmuckstück liegt eingebettet zwischen den beiden großen Komplexen des Richter- und Samuelbuches: die Erzählung von der Moabiterin Rut, die ihre Heimat verlässt und ihrer Schwiegermutter Noomi in das Land ihres verstorbenen Mannes folgt: „Wo du hingehst, da will ich auch hingehen; wo du bleibst, da bleibe ich auch. Dein Volk ist mein Volk, und dein Gott ist mein Gott“ (1,16; vgl. 2,12). In Bethlehem lernt sie Boas kennen, der in die Erblinie ihres verstorbenen Mannes eintritt (zur sog. Leviratsehe vgl. Dtn 25,5ff.) und Rut heiratet. So wird die Moabiterin Rut zur Urgroßmutter des Königs David (4,21).

Es lohnt sich sehr, dieses Büchlein ganz zu lesen. Nur selten wird man so in die Alltagswelt Israels hineingenommen, nur selten finden sich im AT Texte, die so von weiblicher Perspektive geprägt sind.

Die Geschichte spielt in der Richterzeit, will aber offenkundig ein Problem klären, das spätere Zeiten hatten: Wie kommt es, dass David ausländische Vorfahren hatte? Die Antwort dieser kleinen Novelle ist erstaunlich aufgeschlossen: Die Herkunft der Rut ist kein Makel, wichtig ist ihre vorbildliche Haltung gegenüber den Überlieferungen der Väter. – Die Stellung des Buches Rut zwischen Richter- und Samuelüberlieferungen ist folglich gut nachzuvollziehen. In der jüdischen Tradition zählt es jedoch zu den fünf *Megillot* und findet sich daher im hinteren Teil der Bibel unter den Schriften. *Megillot* sind die Schriftrollen, die zu den Festen vorgelesen werden. Das Buch Rut ist dem Wochenfest zugeordnet, bei dem das Ende der Getreideernte begangen wird. Das entspricht der Schlüsselszene des Buches in Kap. 2+3, als Rut den Boas bei der Getreideernte kennen lernt und verführt.

3.2.4 Die Samuelbücher

Das nach dem letzten Richter Israels, Samuel, benannte Buch beginnt mit einer Geschichte, die im Heiligtum in Silo (1 Sam 1–3) spielt, und endet damit, dass der Engel des Herrn David den Ort in Jerusalem anzeigt, an dem später der Tempel gebaut wird (2 Sam 24). Schon mit dieser Beobachtung wird eine der Hauptlinien des Buches deutlich: Der Fokus der Geschichte richtet sich nun zunehmend auf *Jerusalem* als den Ort, an dem das rechte *Königtum* und der rechte *Kultus* ihren Ort haben. Diese beiden Themen werden im wichtigsten Kapitel des Buches, der *Natanweissagung* in 2 Sam 7, miteinander verknüpft.

Erneut gilt, dass man die spannend erzählten Geschichten des Buches (die Trennung in zwei Teile ist sekundär) selbst gelesen haben sollte. Dabei ist das Wissen um die Grobstruktur hilfreich:

1 Sam 1–8	**1 Sam 9–15**	**1 Sam 16–2 Sam 5**	**2 Sam 9–1 Kön 2**
Der Richter *Samuel*, die *Lade* und die *Philisternot*	*Sauls* Aufstieg zum König Israels	Die Geschichte von *Sauls Niedergang* und *Davids Aufstieg*	Die *Thronnachfolgegeschichte:* David und Batseba; die *Aufstände* gegen David

Wieder ist strittig, aus welcher Zeit die Texte im Einzelnen stammen, wie genau sie die damaligen historischen Gegebenheiten wiedergeben und wann es zur heutigen Anordnung gekommen ist. Man wird aber davon ausgehen können, dass bei der Zusammenstellung des Buches ältere Sammlungen verarbeitet wurden, die sich etwa in der *Aufstiegs-*

geschichte Davids oder der *Thronnachfolgegeschichte* spiegeln. Auch die Geschichte von der *Lade* als Heiligtum (1 Sam 4–6+2 Sam 6) war wohl ursprünglich ein eigener Erzählkreis.

Die erzählten Geschichten haben sich, so die Darstellung, in einem Zeitrahmen von ca. 50 Jahren abgespielt, dies etwa um 1000 v. Chr. Unter dem Eindruck der von der Küstenebene her vordringenden Philister (1 Sam 4+17) scheint ein Stämmebund mit nur zeitweiliger Führung nicht mehr ausreichend. So kommt es im Norden Israels zum *Königtum Sauls* (1 Sam 9–15). Dieser wird dann von *David* abgelöst, der zunächst im Süden vom Stamm Juda und später von den Nordstämmen zum König ausgerufen wurde. Das „neutrale" Jerusalem kann dann von Davids Truppen erobert werden und wird zu seinem Eigentum, zur „Stadt Davids" (2 Sam 2–5, ► s. oben 2.3.8). Aufstände am Ende seiner Herrschaft (2 Sam 13–20) belegen die Brüchigkeit des jungen Staates.

Beim Durchgang durch das Buch sind verschiedene Einzelheiten von Interesse: So stehen in den ersten Kapiteln königsfreundliche (1 Sam 9–11) und -kritische Texte nebeneinander; am deutlichsten ist hier das Königsgesetz (1 Sam 8, vgl. auch Kap. 12), das den Wunsch nach einem König als Abfall von Gott versteht.

Nachdem David König wurde, lässt er die Lade nach Jerusalem überführen (2 Sam 6). An dieser entscheidenden Stelle tritt ein Prophet namens Natan auf, der zwar den geplanten Tempelbau verhindert, Davids Dynastie aber ewigen Bestand zusichert (2 Sam 7, vgl. Ps 89). Damit weist die Passage nach vorne: sowohl auf den Tempelbau durch Salomo (1 Kön 6–8) als auch auf die davidische Dynastie, was sich über Texte wie Jes 11,1 noch in heutigen jüdischen und christlichen Messiaserwartungen spiegelt (vgl. Mt 1).

Das Thema der umstrittenen Nachfolge Davids und seine bisweilen ambivalente Persönlichkeit sind in der Geschichte vom Ehebruch mit Batseba (2 Sam 11 f.) greifbar. Erneut tritt der Prophet Natan auf, um David zu verurteilen, erneut handelt es sich um einen Wendepunkt in der Geschichte Israels: Das erste Kind der beiden stirbt zwar, doch das zweite Kind ist der künftige König, Salomo (2 Sam 12,24). Dessen Geschichte wird erst im nächsten Buch erzählt, im Samuelbuch folgen nur noch die letzten Kämpfe Davids und die eingangs erwähnte Bestimmung des Bauplatzes für den Tempel.

3.2.5 Die Königsbücher

Während sich die Samuelbücher mit einer Periode von etwa 50 Jahren beschäftigt hatten, geht es in den Königsbüchern um einen deutlich längeren Abschnitt der Geschichte Israels: Sie schildern Ereignisse aus über 400 Jahren, vom Tod Davids bis hin zum Untergang des Tempels im Jahr 587/586 (► s. 2.3.9). Dies macht erneut deutlich, dass die Darstellung bestimmten Aussageabsichten folgt, dass wir es nicht mit wirklicher Geschichtsschreibung zu tun haben.

Auch diese Bücher sind in einem längeren Prozess entstanden; auf die sog. deuteronomistischen Deutetexte (1 Kön 8; 2 Kön 17+25) war bereits hingewiesen worden. Andere Stellen (etwa 1 Kön 14,19+29) weisen auf ältere Chroniken hin, die jedoch nicht erhalten sind. In der Forschung gibt es zwar mehrere Modelle, wie die Bücher entstanden sein können; keines hat sich jedoch durchgesetzt.

1 Kön 1+2	**1 Kön 3-11**	**1 Kön 12-2 Kön 17**	**2 Kön 18-25**
Davids Tod; *Salomo* wird König	Das Königtum *Salomos*	Die Reiche *Juda* und *Israel*	Geschichte *Judas* bis zum *Exil*
	darin: Kap. 5-8: Der *Tempelbau*	darin: 1 Kön 17- 2 Kön 1*: *Elija;* 2 Kön 2-13*: *Elischa*	darin: 2 Kön 18-20: *Hiskija;* 2 Kön 22-23: *Joschijas Reform*

Beim Lesen der Kapitel fällt auf, dass die Erzählung einzelnen Personen oder Ereignissen mehr Interesse entgegenbringt als anderen. Diesen Texten soll daher etwas genauer nachgegangen werden. Dabei ist Folgendes zur Orientierung wichtig: Im Mittelpunkt des Interesses steht das Südreich Juda. Das Nordreich Israel wird als illegitim betrachtet, seine Geschichte kaum dargestellt. Das entspricht nicht den historischen Tatsachen, denn zeit seiner Existenz war das Nordreich reicher und mächtiger.

Auch das Südreich Juda wird unter theologischen Gesichtspunkten gesehen. Entscheidend ist erneut die Frage, wie es zum Untergang Jerusalems und des Tempels kommen konnte. Die Antwort wird nach dem Muster des Zusammenhangs von Tun und Ergehen gegeben: Weil sich die Könige – von Salomo an – nicht an die Weisungen Gottes gehalten haben, ist das Unglück mit Recht eingetreten. Gott hat also sein Volk zwar bestraft, aber nicht verlassen. Damit hat auch diese Geschichtsdarstellung eine Heilsperspektive, die gewiss auf die Zeit des Exils zurückgeht. Dies wird an den merkwürdigen letzten Versen des Buches deutlich: König Jojachin von Juda wird von den Babyloniern begnadigt und darf in Frieden leben (2 Kön 25,27–30).

König Salomo wird in 1 Kön 3–11 ambivalent dargestellt: Einerseits ist er der vorbildlich weise König (vgl. das „salomonische Urteil" in 1 Kön 3,16 ff. und B. Brechts „Kaukasischen Kreidekreis"), den selbst die Königin von Saba bewundert (1 Kön 10). Die spätere Tradition rechnet zu seinen Liedern auch das Hohelied, die Sprüche und das Predigerbuch. Zweimal erscheint ihm Gott (1 Kön 3,5 + 9,2), vor und nach dem Tempelbau, der das Zentrum seiner Wirksamkeit darstellt. Ausdrucklich wird betont, dass die ewige Verheißung eines davididischen Königs gilt, dass aber die Existenz des Tempels von der Treue der Menschen zu Gottes Geboten abhängig ist (9,9), andernfalls wird er zur Trümmerstätte.

Doch schon Salomo selbst betritt in den Augen seiner Chronisten den Weg, der in den angedrohten Untergang führt. Seine fremden Frauen verführen ihn, so dass er fremden Göttern opfert (1 Kön 11). Dies ist dann die theologische Begründung der folgenden Teilung des Großreiches in die Staaten Juda und Israel (1 Kön 12).

Etwa 100 Jahre später treten auf dem Gebiet des Nordreiches Israel zwei Prophetengestalten inmitten einer Schülerschar auf, Elija und Elischa. Sie selbst haben offenbar keine schriftlichen Aufzeichnungen hinterlassen, doch sind sie als Wegbereiter der späteren Schriftpropheten zu sehen, die ebenfalls zuerst in Israel wirkten. Wie andere Propheten auch (Natan, 2 Sam 7+12; Micha, 1 Kön 22) stehen sie im engen Kontakt mit den Königen; Elischa bewirkt gar die Revolution des Jehu. Wichtiger ist ihr Einsatz dafür, dass JHWH als Gott Israels verehrt wird, dass die Götter Kanaans nicht übernommen werden (1 Kön 18; 2 Kön 1). Damit wird besonders Elija der Wegbereiter zur *Monolatrie*, der Alleinverehrung eines Gottes in einem polytheistischen Umfeld.

Unter dem Druck der assyrischen Expansion geht Israel im Jahr 722 unter; für 2 Kön 17 ein klarer Beleg dafür, dass Gott die Sünden des Volkes heimgesucht hat. Dieses Ereignis, das von Propheten wie Hosea und Amos vorausgesagt worden war, veranlasste dann die judäischen Könige Hiskija um 705 (2 Kön 18) und später Joschija um 622 (2 Kön 22f.) zur Durchführung kultischer Reformen, die offenbar fremde Einflüsse auf die JHWH-Religion beseitigen sollten. Der Umfang dieser Maßnahmen ist heute strittig, sicher waren sie jedoch ein wesentlicher Schritt hin zu einem monotheistischen Gottesbild.

Am Schicksal Judas haben auch diese Reformen nichts ändern können. Nach einer ersten Eroberung Jerusalems im Jahr 597 wurde die Stadt 587/6 ein weiteres Mal erobert und dabei zerstört. Der Tempel war untergegangen, der Gott Israels scheinbar besiegt und als machtlos erwiesen. Doch die theologische Deutung der Ereignisse, wie wir sie in den Königsbüchern finden, hat letztlich die Größe und Macht dieses Gottes erwiesen: Selbst die Großmächte hat er als Werkzeug benutzt, um Judas Sünden zu bestrafen (2 Kön 24). Dies war der nächste entscheidende Schritt zu einer universalen Vorstellung von Gott.

3.3 Das Chronistische Geschichtswerk und Ester

In der Forschung werden die Bücher der Chronik, Esra und Nehemia häufig als ein ursprünglich zusammengehörendes Werk gesehen, das die Geschichte der Welt von der Schöpfung bis in die nachexilische Zeit hinein darstellen will. Diese These ist zwar strittig, doch gibt es in den drei Büchern weitreichende Gemeinsamkeiten, so dass man sie gewiss in eine eigene Denktradition stellen kann.

Die Darstellung der Bücher kommt in Neh 11–13 zu ihrem Ziel. Dort wird die Wiederherstellung einer einwandfreien kultischen Umgebung in Jerusalem konstatiert. Sie gilt als Voraussetzung für ein gottgefälliges Leben in der Zeit des zweiten Tempels. Dies alles wird vor dem Hintergrund der Geschichte des untergegangenen salomonischen Tempels gesehen, die in der Chronik berichtet wird.

3.3.1 Die Chronikbücher

Die fremde Welt der Chronik erschließt sich am besten, wenn man sie als Gegenentwurf zur Darstellung der Samuel- und Königsbücher versteht: Wie ein Ereignis, das montags im „Spiegel" steht, donnerstags in der „Zeit“ unter anderen Gesichtspunkten gedeutet wird, so finden wir hier eine Übersicht über die Darstellung der Geschichte Israels, die an entscheidenden Punkten anders ist, als wir es bisher kennen gelernt haben. Aufschlussreich ist erneut der Umfang, der einzelnen Personen und Themen eingeräumt wird:

1 Chr 1–9	**1 Chr 10–29**	**2 Chr 1–9**	**2 Chr 10–36**
„Genealogische Vorhalle“; von Adam bis Saul	*Davids* Königtum, darin: Die Vorbereitung des *Tempelbaus*	*Salomos* Königtum, darin: Der *Tempelbau*	Geschichte Israels bis zur Rückkehrerlaubnis des *Kyros*

Es ist ganz offensichtlich, dass die Chronik ein besonderes Interesse am Tempel und seinen Bediensteten hat. Das hat zu der Einschätzung geführt, dass das Buch im Kreise von Leviten oder Tempelsängern entstanden ist, wahrscheinlich im 4./3. Jh.

Auffällig ist, wie frei mit wichtigen Traditionen umgegangen werden kann: Die Geschichte des Nordreiches wird fast ignoriert. Die Erzväter werden nur beiläufig behandelt, die Ereignisse um Exodus und Sinai fehlen. Alles zielt auf den prototypischen König David, der wie ein zweiter Mose erscheint: Ihm gebührt der Ruhm für den Tempel, schon er hat den Kultus geordnet (1 Chr 23–26).

Bei allen Unterschieden zu den Königsbüchern ist doch das theologische Konzept vergleichbar: Der Jerusalemer Tempel ist als Strafe Gottes für Israels Sünden zerstört worden (2 Chr 36,11 ff.). Nun kommt es darauf an, „gemäß Gesetz und Gebot“ (2 Chr 31,21) zu handeln, damit künftig Gottes Heilshandeln erfahren wird.

3.3.2 Esra und Nehemia

Bei der Lektüre dieser Bücher kann man leicht den Überblick verlieren. Wichtig ist daher die Grundinformation, dass die beiden Schriften ursprünglich zusammengehörten. Außerdem sind im Zuge der Überlieferung einige Kapitel umgestellt worden. Folgende Rekonstruktion der ursprünglichen Darstellung hat sich durchgesetzt:

Voraussetzungen	Das Kyros-Edikt, die Rückkehr nach Jerusalem, der Tempelneubau	Esra 1-6
Esra	Esra zieht nach Jerusalem	Esra 7-8
	Verlesung des Gesetzes und Laubhüttenfest	Neh 8 (+9)
	Die Mischehen	Esra 9-10
	Bußgebet und Verpflichtung des Volkes	Neh (9-)10
Nehemia	Nehemia zieht nach Jerusalem und befestigt die Stadt	Neh 1-7
	Abstellung kultischer Missstände	Neh 11-13

Aus der nachexilischen Zeit stehen der Forschung nur wenige Zeugnisse zur Verfügung, daher ist dieses Buch von großer Bedeutung. Auch wenn einzelne Elemente der Darstellung historisch nicht zuverlässig sind (so der Konflikt mit den Samaritanern, Esra 4), erhält man doch einen wichtigen Einblick in die Lebensbedingungen zur Zeit der Perserherrschaft: In seinem berühmten Edikt (Esra 6,3-5) erlaubt der Perser Kyros im Jahr 538 die Rückkehr der Verbannten und den Neubau des Tempels; dies geschieht in den Jahren 520-515. Später sorgen die von den Persern autorisierten Judäer Esra und Nehemia für die innere und äußere Sicherung der Gemeinde in Israel (► s. 2.3.13).

Weiter kommt hinzu: Esra verpflichtet das Volk auf das „Gesetz des Himmelsgottes" (Neh 8). Zwar ist heute nicht klar, ob es sich dabei um die Tora oder nur um Teile, etwa die Priesterschrift, handelt. Doch ist zutreffend, dass in persischer Zeit die Tora weitgehend ihre heutige Form erhalten hat und so zum Grunddokument israelitisch-jüdischen Glaubens wurde. Auch damit wurde die Lösung der Religionsausübung von Land und Tempel erleichtert, wenn auch der Jerusalemer Tempel bis zu seiner Zerstörung wichtigstes Identifikationsmerkmal blieb.

3.3.3 Ester

Eben war davon die Rede, dass sich eine Gruppe von Juden in der Diaspora eingerichtet hat; Esra und Nehemia hatten gar offizielle Positionen eingenommen. Doch das Leben als Minderheit im fremden Land hat auch dunkle Seiten, die bis in die Gegenwart zur schweren Geschichte des Judentums gehören. Davon erzählt das Esterbuch, das sich noch heute wie ein kleiner Roman liest:

„Da gibt es ein Volk, verstreut und abgesondert unter den Völkern ... Ihre Gesetze sind von denen jedes anderen Volkes verschieden ..." (3,8). So begründet Haman, der Negativheld der Erzählung, weshalb alle Juden des persischen Reiches getötet werden sollen. An einem bestimmten Tag soll das *pur*, ein Los, geworfen werden, damit man das Vorhaben in die Tat umsetzt. Doch Ester (ihr hebräischer Name lautet *Hadassa*, Myrte), die jüdische Frau des Königs Xerxes I., und ihr Vormund Mordechai erreichen die Rettung der Juden, der Intrigant selbst wird gehängt. Statt des ersten antisemitischen Pogroms der Weltgeschichte werden die Juden wunderbar gerettet, „von einem anderen Ort her", wie es 4,14 heißt.

Das Buch gehört im hebräischen Kanon zu den fünf *Megillot*, es begründete das *Purim*-Fest, an dem es zur Erinnerung von Gefahr und Rettung ganz gelesen wird.

Ein weiterer Aspekt des Buches ist, dass die in der Diaspora lebenden Menschen einerseits die Gebote treu zu befolgen haben, sich andererseits aber für ihre Gastländer einsetzen sollen. Dieses Motiv begegnet schon in Jeremias Brief nach Babel (Jer 29,7), ebenso in den Erzählungen über Josef in Ägypten und Daniel in Babylon. Es zeigt sich hier wohl auch das Interesse der Verfasser, die jüdischen Bevölkerungsanteile als loyale Bürger darzustellen, die den Staat auf ganz besondere Weise unterstützen. Wahrscheinlich ist die Ester-Novelle im 3./2. Jh. im Diasporajudentum entstanden, vielleicht zeitgleich mit dem inhaltlich ähnlichen apokryphen Buch Judit.

3.4 Die poetischen Bücher

Zu den „Lehrbüchern und Psalmen" der Bibel gehören Schriften ganz unterschiedlichen Inhalts; von Resten gottesdienstlicher Liturgien bis hin zu erotischen Liebesliedern, von Sprichwörtern bis hin zu vielschichtigen Erörterungen über die Gerechtigkeit Gottes.

Die Stellung dieser poetischen Bücher zwischen den Geschichtsbüchern und den Propheten ist einer der wesentlichen Unterschiede im Aufbau von christlicher und jüdischer Bibel; im Judentum steht der Abschnitt „Schriften" am Ende der Bibel (s. ► 1.2).

Ein gemeinsames Merkmal dieser Schriften ist, dass sie nahezu durchgängig in poetischer Sprache geschrieben wurden. Dies erkennt man an der Verwendung eines besonderen Stilmittels, des so genannten *Parallelismus membrorum*. Dabei besteht ein Vers aus zwei Teilsätzen, in denen eine Aussage wiederholt oder variiert wird: „Er weidet mich auf einer grünen Aue / und führet mich zum frischen Wasser (Ps 23,2, ein *synonymer Parallelismus*). Auf diese Weise lassen sich die Sprüche leichter merken, was besonders für die Gegenüberstellung von richtigem und falschem Verhalten wichtig ist: „Ein Gerechter fällt siebenmal und steht wieder auf, aber die Gottlosen versinken im Unglück" (Spr 24,16, ein *antithetischer Parallelismus*). Dieses Stilmittel wird sowohl in Texten wie den Psalmen verwendet, die aus dem Kultus stammen, als auch in den weisheitlichen Schriften, die im Bereich der Erziehung entstanden sind; es findet sich auch bei den Propheten (vgl. Jes 10,1).

Über die sprachlichen Merkmale hinaus gibt es auch inhaltliche Gemeinsamkeiten. Eine der wichtigen Denkvoraussetzungen ist auch hier das Konzept vom Tun-Ergehen-Zusammenhang: In den Sprüchen wird gelehrt, wie man sich recht zu verhalten hat, um ein gelingendes und gottgefälliges Leben zu führen. Manche Psalmen nehmen dies auf, wenn sie die Teilnahme am Kult von der Untadeligkeit der Menschen abhängig machen (Ps 24,3f.). In Klagepsalmen verweist der Beter auf seine Gerechtigkeit, damit er aus der Not gerettet werde (Ps 7,4ff.).

Doch diese Vorstellung ist in der Exilszeit in eine Krise gekommen: Zu oft ist die Entsprechung zwischen den Taten der Menschen und ihrem tatsächlichen Schicksal nicht sichtbar. Diese *Krise der Weisheit* spiegelt sich vor allem in den Büchern Hiob und Kohelet, aber auch in manchen Psalmen wie 37; 49 oder 73.

Auf den folgenden Seiten können leider nur sehr knappe Hinweise zu Aufbau und Inhalt der einzelnen Bücher gegeben werden. Daher ist dringend angeraten, die Bibeltexte gründlich selbst zu lesen.

3.5.1 Das Buch Hiob

„Wie kann Gott das zulassen?", so titeln sogar Boulevardblätter bei Katastrophenmeldungen. Das ist die populärste Version der Leitfrage des Hiobbuches, in dem es darum geht, Herkunft und Sinn des menschlichen Leidens zu ergründen. Vorausgesetzt ist, dass es um *unverdientes* Leiden geht, dies nämlich stellt den Zusammenhang von Tun und Ergehen und damit die Gerechtigkeit Gottes – die Theodizee – in Frage.

Das Hiobproblem gehört folglich zu den Grundfragen menschlicher Existenz, und so gehört auch der Titelheld zu den bekanntesten biblischen Gestalten überhaupt. Dabei ist zu beachten, dass es zwei verbreitete Bilder von Hiob gibt: Das des frommen Dulders, der das von Gott gesandte Leid folgsam erträgt, und das des Rebellen, der gegen sein Schicksal aufbegehrt und Gott herausfordert. Beide Bilder haben ihren Anhalt in bestimmten Teilen des Buches:

1–2	*Rahmenerzählung:* Prüfung Hiobs durch Satan und Gott
3	Klage Hiobs
4–27	Hiobs *Disput mit den Freunden* Elifas, Bildad und Zofar
28	Lob der Weisheit Gottes
29–31+38–42,6	Hiobs *Disput mit Gott:* Hiob fordert Gott heraus, Gott antwortet aus dem Wettersturm, Hiob widerruft
32–37	Elihus *Disput mit Hiob:* Hiob gibt keine Antwort
42,7–17	*Rahmenerzählung:* Wiederherstellung Hiobs

Vorherrschendes Stilmittel ist nach dieser Übersicht also die Disputation. In den Redegängen geht es um die Frage, ob Hiob gesündigt hat, so dass sein Leiden gerechtfertigt ist. Die drei Freunde versuchen dies nachzuweisen. Hiob aber weiß, dass er unschuldig ist. Folglich muss jemand ihm ungerechtfertigt Leid zufügen. Das kann nur Gott sein, den Hiob deshalb dazu auffordert, sich und sein Tun zu erklären. Bevor es jedoch dazu kommt, ergreift ein vierter Freund, Elihu, das Wort. Er räumt ein, dass Hiob gerecht ist und dennoch leiden könnte. Das aber habe seinen guten Sinn, da es andere vom Sündigen abhalten könne. Dann erst antwortet Gott aus dem Wettersturm und zeigt Hiob, dass er den Lauf der Welt keinesfalls verstehen kann. Die Schöpfung ist die beste aller möglichen Welten, damit – aber das wird nicht deutlich gesagt – gehört auch das Leiden zur Schöpfung.

Die Dispute sind in einen Rahmen eingefügt worden, in dem Hiob als Dulder gezeichnet wird. Auch hier wird das Leiden erklärt: Es resultiert aus dem freien Willen Gottes, der allerdings von Satan (dem „Staatsanwalt") beim Gespräch im Kreis der himmlischen Heerscharen dazu gebracht wurde.

Die Forschung der letzten Jahre hat nun gezeigt, dass das Buch in

Etappen entstanden ist: Zuerst war die Rahmenerzählung, später wurde vielleicht der Satan hinzugefügt, dann kamen die Freundesreden, die Gottesreden, die Elihureden. Das Ganze lässt sich somit als ein Gespräch über die Generationen hinweg begreifen, jeder Schriftsteller hat eigene Vorschläge zur Lösung der Theodizeefrage hinzugefügt. So kommt es, dass es im Hiobbuch nicht *die* Lösung des Hiobproblems gibt, sondern verschiedene Ansätze, die heute gleichberechtigt nebeneinander stehen.

3.4.2 Die Psalmen

Martin Luther hat den Psalter eine „kleine Biblia" genannt, weil „darin alles aufs Schönste und Kürzeste, wie in der ganzen Biblia stehet, gefasset" ist. Tatsächlich finden sich in den 150 Liedern, Gedichten und Gebeten nahezu alle wichtigen Themen des AT, vom Loben Gottes wegen seiner Taten in Schöpfung und Geschichte bis hin zur Klage der Menschen im bittersten Leid. Gerade diese Themenvielfalt macht es aber schwierig, einen Überblick über die Sammlung zu bekommen; wie sonst auch ist das eigene Lesen das beste Mittel dazu.

Dabei helfen folgende Grundinformationen: Der uns geläufige Name „Psalmen" leitet sich von einem griechischen Saiteninstrument, dem *Psalterion* ab; das gesamte Buch wird auch „Psalter" genannt. Der hebräische Titel lautet *sefer tehillim* „Buch der Preislieder", was aber nur einen Aspekt wiedergibt. Die Frage, wie und wann man sich die Entstehung einzelner Psalmen und das Wachstum des gesamten Buches vorstellen kann, wird gegenwärtig intensiv erforscht. Als sicher kann gelten, dass einige Lieder schon aus vorexilischer Zeit stammen und am Tempel in Jerusalem in Gebrauch waren, so etwa Ps 15; 24; 29. Doch die meisten Texte sind kaum sicher zu datieren, zumal sich oft auch bei ihnen spätere Überarbeitungsstufen finden.

Wahrscheinlich in nachexilischer Zeit sind dann die ersten Psalmensammlungen entstanden, die an ihren Titeln erkennbar sind: So gibt es eine ganze Reihe von *Davidspsalmen* (3–41; 51–72; 86; 108–110; 138–145), die auf die 1 Sam 16 belegte Tradition aufbauen, dass David Musiker war – dass er diese Lieder selbst gedichtet hat, ist freilich unwahrscheinlich. Das kann bei einzelnen der *Korachpsalmen* (42–49; 84+85 87+88) oder der *Asafpsalmen* (50+73–83) anders sein, da sowohl

Asaf (1 Chr 25,1 ff.) als auch Korach (1 Chr 26,1 ff.) als Tempelsänger bekannt sind. Andere Psalmensammlungen geschahen offenbar aus inhaltlichen Gründen; so finden sich die *JHWH-König-Psalmen* (47+93–99), die mit „Halleluja!" einsetzenden Lobpsalmen (111–118 und 146–150) und die Wallfahrtslieder 120–134. Die wissenschaftliche Forschung hat außerdem den *elohistischen Psalter* entdeckt, in dem der Gottesname JHWH meist durch „Elohim" ersetzt wurde. In christlichen Kirchen sind außerdem die *sieben Bußpsalmen* (36; 32; 38; 51; 102; 130; 143) bekannt.

Im heute vorliegenden Psalter ist jedoch ein anderes Gliederungssystem vorherrschend, das sich an der Einteilung der Tora orientiert. Insgesamt fünf Psalmbücher unterschiedlicher Länge werden dadurch markiert, dass sie mit besonderen Lobesformulierungen abgeschlossen werden: „Gepriesen sei der HERR, der Gott Israels, von Ewigkeit bis in Ewigkeit! Amen, ja Amen" (41,14). Die fünf Bücher umfassen die Psalmen 1–42; 42–72; 73–89; 90–106; 107–150.

Die einzelnen Psalmen sind in ihrem Aufbau nicht beliebig, sondern folgen, wie die Formgeschichte gezeigt hat, bestimmten Gattungsmerkmalen. So kann man – unabhängig vom Inhalt der Texte – Gattungsgruppen erkennen, etwa die Klagelieder des Einzelnen (s. Ps 6+22), Klagelieder des Volkes (44; 74; 90), Hymnen (8; 104; 136) oder Danklieder (30; 107).

Einzelne Psalmen gehören zu den bekanntesten Texten des AT und haben einen festen Platz im christlichen Gottesdienst und Gebet. Daher ist die Kenntnis folgender Texte unabdingbar: Das Toralob Ps 1; der *Königspsalm* Ps 2 (vgl. Lk 3,22); die *Hymnen* Ps 8 (Was ist der Mensch?), 100, 104 (über die Schöpfung), 136 (über Schöpfung und Geschichte) und 150; die *Klagelieder* Ps 22 (Mein Gott, warum hast Du mich verlassen?), 73 (Dennoch bleibe ich stets bei Dir!), 90 (1000 Jahre sind wie ein Tag), 137 (An den Strömen Babylons ...); die *Weisheitslieder* Ps 14/53 (Es gibt keinen Gott?), 37 (Befiehl deine Wege ...), 139 und die *Vertrauenslieder* Ps 23 (Der Herr ist mein Hirte), 121 (Der Gott Israels schlummert nicht); dazu die auf den *Zion* gedichteten Lieder Ps 24 („Macht hoch die Tür ...") und 46 („Ein feste Burg ist unser Gott ...").

3.4.3 Die Sprüche Salomos / Proverbien

„Und Salomo verfasste dreitausend Sprüche, und die Zahl seiner Lieder war 1005", so ist 1 Kön 5,12 zu lesen – diese Tradition wird weitergeführt, wenn das Buch der Sprüche *(Proverbien)* auf Salomo zurückgeführt wird. Dass er nicht der Autor sein kann, hat die Forschung zweifelsfrei erwiesen, denn auch dieses Buch ist aus einzelnen Sammlungen über Jahrhunderte hinweg gewachsen, zitiert sogar ägyptische Quellen. Doch weist der Bezug zu Salomo auf einen wichtigen Aspekt, denn im Alten Orient wurden die weisheitlichen Traditionen vor allem am Königshof zur Erziehung der Jugend gepflegt.

Damit ist das Grundanliegen des Buches genannt: Es geht darum, Regeln weiterzugeben, die denen, die sie befolgen, ein gelingendes Leben ermöglichen. Das gilt sowohl für den Einzelnen als auch für das Wohl der gesamten Gemeinschaft. Fraglose Grundlage der Bildung ist dabei der Zusammenhang von Tun und Ergehen: Wer anderen eine Grube gräbt (also Böses tut), fällt selbst hinein (erleidet Böses), 26,27. Dabei werden häufig Typen von richtig und falsch handelnden Menschen gegenübergestellt; vgl. 10,31: „Der Mund des Gerechten lässt Weisheit sprießen, aber die Zunge der Verkehrtheit wird abgeschnitten." Bestimmte Lebensweisen werden besonders betont: „Ein weiser Mann ist mehr als ein starker, und ein Mann von Erkenntnis ist besser als ein kraftvoller" (24,5), andere verworfen: „Besser ein Armer, der in seiner Lauterkeit lebt, als einer, der verschlagene Lippen hat und der dabei ein Tor ist" (19,1). Von der Krise des Tun-Ergehen-Zusammenhangs, wie sie bei Hiob oder Kohelet greifbar ist, spürt man hier nichts.

Aus einzelnen Sprüchen wie den eben zitierten besteht der größte Teil des Buches; es wirkt daher sehr unübersichtlich. Tatsächlich lassen sich nur wenige größere Strukturen feststellen, so dass man zu einer groben Dreiteilung kommen kann:

Prov 1–9	**Prov 10–22,16**	**Prov 22,17–31,31**
Lehrgedichte und Reden	Einzelne Sprichworte	Spruchsammlungen

Offensichtlich beginnt das Buch mit dem jüngsten Teil, in dem die Weisheit – als Frau personifiziert – und ihre Lebensregeln als Bestandteil der

Weltordnung gelten: Wer nach diesen Sprüchen lebt, ist in Übereinstimmung mit Gott und seiner Schöpfung. Diese *Lehrgedichte* stellen einen gewissen Höhe- und Endpunkt der weisheitlichen Gattungsgeschichte dar. Die früheren beiden Hauptetappen, nämlich die Sammlung von *einzelnen Sprichwörtern* und ihre *thematisch ausgerichtete Zusammenstellung,* lassen sich in den hinteren Buchteilen ablesen. Hier finden sich auch typische Stilformen der Weisheit: Analogien (26,14); Paradoxien (11,24); Antithesen (10,17) und Seligpreisungen (28,14).

Die Verbindung von Gott und Weisheit, ihre Theologisierung, findet sich auch in den hinteren Teilen des Buches. Hier wurden oft Sprichworte, die keinen Bezug zu Gott hatten, nachträglich ergänzt. So erhält das Stichwort der „Gottesfurcht" Bedeutung, an ihr hat sich das ganze Leben zu bewähren, vgl. 15,33: „Die Furcht des Herrn ist Zucht zur Weisheit, und der Ehre geht Demut voran." Auf diese Weise konnte jeder Lebensvollzug mit Gott in Verbindung gebracht werden. Möglicherweise hat gerade dies mit zur Krise der Weisheit geführt, da sie in schwierigen Lebenslagen – besonders in der Exilszeit – keine verlässlichen Antworten mehr geben konnte.

3.4.4 Der Prediger Salomo / Kohelet

„Alles ist eitel, Haschen nach Wind" (1,14), gibt resignierend der unbekannte Verfasser dieses Buches zu Protokoll. In der jüdisch-christlichen Überlieferung wird er wieder mit Salomo identifiziert, zumal er im Buch als „Sohn Davids" und „König in Jerusalem" bezeichnet wird (vgl. 1,1+16). Doch Stil, Thematik und Sprache sind so eindeutig, dass die Schrift nicht vor dem 4. Jahrhundert entstanden sein kann. Der Autor gilt als *Kohelet,* als Versammlungsleiter; welche Funktion er hatte, wissen wir aber nicht.

Immerhin ist deutlich, dass Kohelet – der Beruf wird hier zum Namen – ein sehr gebildeter Mann war, der sich wohl auch mit den Diskussionsregeln der griechischen Weisheit auskannte. Doch sein ganzes Wissen und Sinnen haben ihm gezeigt, dass der Mensch Gottes Plan nicht durchschauen kann. Alles hat seine Zeit (3,1–8), aber das Geschick der Menschen erkennen zu wollen, ist eitel (3,19). Weise und Toren müssen sterben, ohne Unterschied. Die Krise des weisheitlichen Denkens ist hier wie im Hiobbuch auf ihrem Höhepunkt.

Folglich, so argumentiert das Buch, kommt es darauf an, sich im Leben vor dem Tode einzurichten. Dazu gehören in den Augen Kohelets zwei wesentliche Bestandteile: zum einen die Gottesfurcht und der Glaube an Gottes Allmacht; daran ist nicht zu rütteln (4,17–5,6). Zum anderen aber soll sich der Mensch seines gottgegebenen Lebens erfreuen (8,15); wer mit der Freude seines Herzens beschäftigt ist, denkt nicht an die Tage seines Lebens (5,19). Die der Freude und dem Leben zugewandte Botschaft des Buches führte wohl dazu, dass es im Judentum als Festrolle am Laubhüttenfest gelesen wird.

Wer nun von den weisheitlichen Überlegungen ermattet ist, möge sich an Pred 12,12 erfreuen – auch dieser Zustand war also dem antiken Weisen nicht unbekannt. Doch auch das Weiterlesen ist empfehlenswert, denn nun werden die Lebensgeister in ganz anderer Weise angesprochen:

3.4.5 Das Hohelied Salomos

Kann ein Buch in der Bibel stehen, dessen Texte laut im Wirtshaus gesungen werden? Diese Frage haben die Rabbinen diskutiert, als es um die Aufnahme des „Liedes der Lieder" in den Kanon ging. Glücklicherweise haben sie positiv entschieden, was wohl zwei Gründe hatte: Zum einen wird auch dieses Lied wieder mit Salomo in Verbindung gebracht, da er in 8,11 erwähnt wird. Wichtiger aber war, dass man das Buch in der Antike auch *allegorisch* verstanden hat. Danach beschreibt es nicht, wie die Wirtshaussänger wohl meinten, die Liebe zwischen Mann und Frau, sondern die zwischen Gott und seinem Volk Israel. Folglich wird es als Festrolle am Passafest verlesen, bei dem an Gottes große Heilstat an Israel, den Auszug aus Ägypten erinnert wird. Die christliche Kirche hat dieses Verständnis übernommen und das Buch auf die Liebe zwischen Christus und der Kirche gedeutet.

Das Büchlein kann kaum beschrieben werden, man muss es lesen und sich in die fremde Sprachwelt hineinversetzen. In etwa 30 einzelnen Liedern werden hier deutlich und unverblümt die Liebe, ihre Wünsche und Sehnsüchte beschrieben. Dabei steht, anders als in den meisten anderen Büchern des AT, die Frau im Mittelpunkt; sie besingt die Macht der Liebe, die wie eine Flamme vom Herrn brennen kann (8,6). Zu welchen Zweck diese Sammlung entstanden ist, kann nur vermutet werden. Bekannt ist immerhin, dass es ähnliche Lieder auch bei Israels Nachbarn gegeben hat, möglicherweise wurden auch Teile von dort übernommen.

3.5 Die prophetischen Bücher

3.5.1 Einleitung

Vergleicht man das AT mit anderen Büchern der Antike, so unterscheidet es sich vor allem durch die prophetischen Bücher, zu denen es keine Parallele gibt. Zwar sind auch in anderen Kulturen Propheten aufgetreten, bekannt sind sie aus Mari oder Assyrien, doch nirgendwo sonst wurden deren Aussprüche in so umfangreichen Sammlungen zusammengestellt und überliefert.

Gründe für dieses Phänomen lassen sich nur vermuten. Doch man wird erneut die besondere Bedeutung, die Israel der von Gott gelenkten Geschichte beigemessen hat, verantwortlich machen können. Nicht umsonst hat die Niederschrift der prophetischen Aussprüche offenbar begonnen, nachdem das Nordreich Israel erobert worden war. Genau dies hatten die Propheten Amos und Hosea als gerechte Strafe Gottes vorausgesagt. Ähnlich einschneidende Ereignisse waren wenig später die wunderbare Rettung Jerusalems vor den Assyrern (Jes 36–39) und Tempelzerstörung und Exil.

Geschichte ist aber immer auch gegenwärtig, und so haben sich diejenigen Israeliten, die im Geiste der Propheten dachten, nicht damit begnügt, alte Aussprüche zu konservieren, sondern sie haben sie aktualisiert und ergänzt. So blieben sie auch in der je eigenen Gegenwart eine wichtige Orientierung auf Gottes Wollen und Geschichtsplan hin. Dieser Vorgang kann etwa im Hoseabuch gut beobachtet werden, wo die zunächst nur gegen (Nord-)Israel gerichteten Prophezeiungen später auch auf Juda übertragen wurden (vgl. Hos 5,5). An das ursprüngliche Jesaja- und Sacharjabuch wurden gar ganze Schriften angefügt.

Die Tatsache dieser Zusätze ist in der Forschung zwar unstrittig, nicht jedoch Umfang und Zeitpunkt. So gehen manche Forscher von einem vergleichsweise großen Bestand alter Texte aus, die noch aus der Zeit des jeweiligen Propheten stammen können. Andere führen nur wenige Kernverse auf den jeweiligen Propheten zurück und rechnen mit

Überarbeitungen, die bis in die hellenistische Zeit reichen. Das Verständnis dieser Schriften wird dadurch erschwert, dass Texte aus ganz unterschiedlichen Zeiten nebeneinander stehen, wobei jede Zeit andere Interessen hatte. Grob gesagt, begegnen uns hier nahezu 600 Jahre Literaturgeschichte, von den ältesten Stücken des Hoseabuches bis zu den jüngsten im Danielbuch. Beim Lesen sollte man sich daher stets vor Augen halten, in welcher Zeit das jeweilige Buch anzusetzen ist und um welche Fragen es in dieser Zeit gegangen ist.

So unterschiedlich und vielgestaltig die 16 prophetischen Bücher auch uns heutigen Menschen erscheinen, gibt es doch einige gemeinsame Merkmale. Wichtig ist zunächst, dass die Propheten wie auch spätere Redaktoren ihre eigene Gegenwart einer kritischen Prüfung im Lichte dessen unterzogen haben, was sie als den Willen Gottes begriffen haben. Dieser ist nicht einfach einem „Gesetz" oder der verschrifteten Tora zu entnehmen, sondern wurde den Propheten *intuitiv* zugänglich. Das unterscheidet die biblischen Propheten von Wahrsagern oder Vorzeichenpriestern, wie sie aus anderen Kulturen belegt sind. Diese nämlich suchten aus astronomischen Konstellationen oder irdischen Vorzeichen – etwa bei der Eingeweideschau – zukünftige Geschehnisse zu erfahren (sog. *induktive* Mantik); allerdings sind aus Israels Umwelt auch intuitive Eingebungen bekannt.

Zur Wiedergabe ihrer Visionen oder Auditionen haben sich die Propheten vieler Sprachformen des normalen Lebens bedient. So ist die klassische Einleitung einer Prophezeiung „so hat der Herr gesprochen" (vgl. Jes 1,24 f.) eine übliche, von Boten verwendete Formel. Sie wird in der Prophetie durch einen so genannten *Lagehinweis* ergänzt, in dem der Prophet den Grund für das kommende Heil oder Unheil angibt (vgl. Jes 1,21–23). Die Weheklage, die die Propheten über Städte oder Länder anstimmen können (Jes 1,4), nimmt gar die Totenklage auf.

Die Gegenwartsanalyse der Propheten hat sie häufig dazu geführt, Kritik an den herrschenden sozialen oder kultischen Zuständen zu äußern. Auch hier ist wieder der Zusammenhang von Tun und Ergehen prägend: Weil Israel/Juda die Wege des Herrn verlassen haben, ist die kommende Bestrafung durch fremde Mächte Ergebnis des eigenen Tuns (Jes 1,4; Jer 1,16). Wenn aber die Strafe erfüllt ist, wird in gleicher Weise Heil angesagt (Jes 40,1 f.). So wird Gott zum Lenker der Geschichte. Mit einer gewissen inneren Notwendigkeit wird dann in der Exilszeit auch der Schluss gezogen, dass es außer ihm keinen anderen Gott geben kann (Jes 44,6). Der biblische Monotheismus hat demnach seine Wurzeln in der Prophetie.

3.5.2 Die Jesajabücher

Die unter dem Namen des Propheten Jesaja gesammelten Texte sind wohl das beste Beispiel dafür, dass ein biblisches Buch über Jahrhunderte hinweg gewachsen ist. In der Forschung werden drei Hauptetappen der Entstehung herausgestellt, die im Buch an deutlichen Einschnitten erkennbar sind:

Assyrische Zeit 740-701	**Exilszeit** 550-540	**Nachexilische Zeit** 530-520
(Proto-)Jesaja	Deuterojesaja	Tritojesaja
Jes 1-39	Jes 40-55	Jes 56-66

Nur der Name des ältesten Propheten, Jesaja ben Amoz, ist bekannt. Für die anderen Buchteile behilft man sich daher mit den Namen *zweiter* und *dritter* Jesaja. Dabei ist jedoch nicht sicher, ob es sich wirklich um einzelne Autoren oder um Redaktorengruppen gehandelt hat. Die Lage wird noch komplizierter, weil auch in jedem einzelnen Buchteil Texte aus unterschiedlichen Zeiten nebeneinander stehen können. Das bekannteste Beispiel ist die sog. Jesaja-Apokalypse, die zwar im ersten Buchteil steht (Kap. 24–27), aber wahrscheinlich zu den jüngsten Texten des Buches gehört. Auch die eschatologischen Kapitel 33–35 sind gewiss spätere Zusätze.

Protojesaja

Aus dem Leben des Propheten Jesaja sind einige Details bekannt: Er hatte Zugang zum Königshof und zum Tempel. Seine Frau war ebenfalls Prophetin (8,3), die Kinder trugen offenbar Symbolnamen wie „(nur) ein Rest kehrt um“ (7,3) und „Raubebald-Eilebeute“ (8,3), die die Botschaft des Propheten verdeutlichen sollten: Ohne Umkehr zum Herrn wird das Volk zur Beute der Assyrer.

Jes 1–11	Jes 13–23	Jes 28–31
Prophezeiungen über Israel – es folgt ein Heilspsalm (12)	Prophezeiungen über die Völker – es folgt die Jesaja-Apokalypse (24–27)	Der assyrische Zyklus – es folgen Heilsausblicke (32–35) und Erzählungen (36–39)

Dabei scheint Jesaja in der *ersten Phase* seiner Wirksamkeit (vor 734 v. Chr.) vor allem sozialkritisch argumentiert zu haben, er ist dabei dem Propheten Amos vergleichbar. Der bekannteste Text ist das Weinberglied Jes 5, in dem gleichnishaft gezeigt wird, dass Gott das Recht hat, sein untreues Volk zu bestrafen. Ebenfalls aus dieser Zeit stammt die großartige Vision Jes 6, in der Jesaja den Herrn im himmlischen Heiligtum sieht. Dieser Text steht am Beginn des oft „Denkschrift" Jesajas genannten Abschnitts 6,1–9,1, der sich ab Kap. 7 mit den Ereignissen des syrisch-ephraimitischen Krieges zwischen Juda und Israel (734–732) auseinander setzt; dies ist die *zweite Phase* des Wirkens Jesajas. Hier ergeht das bekannte Wort von der jungen Frau, die ein Kind gebären wird; damit soll wohl dem mutlosen König Ahas angesagt werden, dass seine Herrschaft nicht von Dauer ist.

Das einschneidendste Ereignis dieser Zeit, der Untergang des Nordreiches im Jahr 722, findet keine ausdrückliche Erwähnung. Nur die folgenden Aufstände gegen die Assyrer (721–711) spiegeln sich in den Kap. 18 und 20; sie gehören wohl zur *dritten Wirksamkeitsphase* Jesajas. Möglicherweise sind die bekannten Heilsworte in Jes 9 und 11 an die Überlebenden der Katastrophe von 722 gerichtet, doch ist dies umstritten.

Deutlich ist jedenfalls, dass Jesajas Denken besonders um Jerusalem und den Zion gekreist hat: Hier ist Gott gegenwärtig; durch diese Nähe Gottes ist die Stadt besonders ausgezeichnet, aber auch besonders verpflichtet. Das führt Jesaja zu der Forderung, dass die Israeliten auf die Heilsmacht Gottes vertrauen, ihm glauben sollen (vgl. 7,9). Dieser Zusammenhang kommt besonders im Wort vom Eckstein oder Grundstein zum Ausdruck, den Gott in Zion legen wird; wer daran glaubt, der flieht nicht (28,16).

Dieser Ausspruch stammt wohl aus der letzten, der *vierten Phase* seines Wirkens, aus der Zeit von 705–701. Hier steht der assyrische Angriff auf Juda und Jerusalem im Mittelpunkt. Die Tatsache, dass Jerusalem vor der Eroberung verschont wird, hat offenbar der Zionstheologie ihren entscheidenden Begründungszusammenhang gegeben: Gott schützt tatsächlich den Zion gegen alle menschliche Erwartung und Wahrscheinlichkeit. Der erste Buchteil endet daher mit den Erzählungen in Jes 36–39 (vgl. 2 Kön 18–20), die dieses Ereignis nacherzählen.

Deuterojesaja

„Tröstet, tröstet mein Volk ... seine Schuld ist abgetragen." So beginnt der zweite Hauptteil des Jesajabuches, und es ist, als habe man eine Zeitreise hinter sich. Nicht nur, dass die Tempelzerstörung des Jahres 587/6 schon lange stattgefunden hat, nein, auch die Strafe des Volkes währt schon so lange, dass nun endlich die alten Heilsweissagungen eingelöst werden können. Mit dieser Freudenbotschaft (40,9) werden vor allem die Exulanten in Babylon angesprochen, so dass man in der Forschung davon ausgeht, dass die Texte dort im Exil vor dem Jahr 539/8 geschrieben wurden, als der Perserkönig Kyrus den Israeliten die Erlaubnis zur Rückkehr gab. Erneut ist strittig, wie umfangreich die späteren Zufügungen sind.

Auch wegen dieser Zusätze wirkt das Buch heute etwas unübersichtlich; eine Gliederung ist kaum möglich. Daher soll hier in groben Strichen die theologische Leitlinie nachgezogen werden: Ausgangspunkt der Diskussion ist die Frage nach der Macht Gottes. Hat nicht der Untergang des Tempels seine Machtlosigkeit erwiesen? Die Lösung dieses Problems geschieht auf überraschende, im Horizont des Tun-Ergehen-Zusammenhangs aber überzeugende Weise: Weil mit dem Exil genau das eingetreten ist, was die Propheten als strafenden Willen Gottes angekündigt haben (55,11; vgl. 40,8), hat sich Gott in der Katastrophe als Herr der Geschichte erwiesen. Damit ist er zugleich auch Herr der gesamten Schöpfung (40,22); offenbar wird die Schöpfungsthematik in der Exilszeit wichtiger, weil die Geschichte Israels zur Begründung der Heilsmacht Gottes fraglich geworden war.

Was aber, so mögen die Gegner weiter gefragt haben, ist dann mit den Göttern der Völker? Wie ist es um deren Macht bestellt? Die Antwort ist einfach: Weil der Gott Israels Herr der Schöpfung und der Geschichte ist, kann es keine anderen Götter geben. Er ist der Erste und Letzte, außer ihm ist kein Gott (44,6). Was die anderen Völker, die doch nur Werkzeuge des einen Gottes sind, als ihre Götter ausgeben, sind Götzen, Erzeugnisse von Menschenhand (41,6f.). In der Beantwortung dieser Fragen kommt „Deuterojesaja" also zur Formulierung monotheistischer Aussagen und damit zu einer entscheidenden Neuausrichtung der Religion Israels. Ohne diese theologische Denkleistung, so kann man vermuten, hätte Israels Glauben die Erfahrungen von Tempelzerstörung und Exil wohl kaum überlebt.

Die bekanntesten Stücke dieses Buchteils sind jedoch andere Texte, die vier „Gottesknechtslieder". Das sind vier poetische Stücke (42,1–4; 49,1–6; 50,4–9; 52,13–53,12), in denen vom „Knecht JHWHs" die Rede ist, der im Heilswirken Gottes eine bedeutende Rolle spielt. Besonders das vierte Lied, in dem von der stellvertretenden Bestrafung des Knechts zum Heil aller die Rede ist, hat in der christlichen Tradition durch die Deutung auf Jesu Sühnetod eine große Bedeutung. Strittig ist jedoch, ob ein Einzelner oder das ganze Volk Israel als „Knecht" zu sehen ist.

Tritojesaja

Ein weiterer Zeitsprung und ein weiterer Ortswechsel sind ab Jes 56 festzustellen. Vorausgesetzt ist nun, dass das Exil tatsächlich beendet ist, dass Teile der verbannten Oberschicht nach Israel zurückgekehrt sind. Doch die erwartete Heilszeit ist nicht eingetroffen, schon der erste Vers redet davon, dass sie noch aussteht. Die Israeliten werden erneut dazu gemahnt, Recht und Gerechtigkeit zu üben; die Texte (insbesondere Jes 57+58) fügen sich damit gut in die Tradition der Sozialkritik Protojesajas ein.

Dabei zeigt sich aber eine deutlich veränderte Perspektive, die gewiss vom veränderten Gottesbild herrührt: Denn es stellt sich nun auch die Frage, was mit den Völkern ist, ob sie eine Zugangsmöglichkeit zum Heil Gottes haben. In den einzelnen Kapiteln finden sich verschiedene Antworten, die auf mehrere Autoren zurückgehen. Neben deutlicher Ablehnung der Völkerwelt (63,1–6) finden sich Texte, nach denen der Tempel allen Völkern als Bethaus offen steht (56,7) und sie die Herrlichkeit des Herrn sehen und verkünden (66,18 ff.). Dabei bleibt die Zionstheologie der Angelpunkt: Über Zion strahlt die Herrlichkeit Gottes auf, zu diesem Licht strömen die noch in der Zerstreuung lebenden Israeliten und die Völker der Welt (Jes 60, vgl. 65,17 ff.). In den frühen christlichen Gemeinden haben diese Texte eine große Rolle gespielt.

Die theologische Zentralstellung des Zion bedeutet aber nicht notwendig, dass es auch wieder einen Tempel geben muss. Während Propheten wie Haggai (2,1–9) und Sacharja (6,12f.) vehement seinen Wiederaufbau fordern, haben die Kreise der Jesaja-Schule dies aus theologischen Gründen abgelehnt (nichts Irdisches kann Gott fassen, 66,1f.). Zusätzlich finden sich in der Tradition der Kultkritik auch Passagen, die sich gegen einen leeren Opferkult ohne ethische Verpflichtung zur Gerechtigkeit aussprechen (66,3f.; vgl. 65,7). Wegen dieser Debatte um den Tempel datiert man die Grundschicht dieses Buchteils auf die Zeit vor 520, als mit dem Tempelbau begonnen wurde.

3.5.3 Jeremia

Es ist nicht leicht, Prophet zu sein; auf diesen Nenner könnte man eine erste Lektüre des Jeremiabuches bringen. Stärker als bei anderen Büchern werden hier Botschaft und Biographie des Gottesmannes als Einheit gesehen und dargestellt. Das liegt daran, dass sich eine Reihe von Berichten über Jeremia erhalten hat, die offenbar von Baruch, seinem Sekretär (36,4.32), verfasst wurden. Besonders aufschlussreich ist dafür Kap. 36, in dem berichtet wird, dass Jeremia seine Botschaft auf eine Rolle schreiben und dem König Jojakim zu Gehör bringen soll. Der König lässt die Rolle verbrennen, Baruch und Jeremia müssen sich verbergen. Die Rolle aber wird neu geschrieben, als Zeuge für die Schuld des Königs.

Jeremia, der aus einer Priesterfamilie stammte, hat in der Zeit von 627–587 geweissagt. Er hat wohl die Reform Joschijas miterlebt, kommentiert sie aber seltsamerweise nicht. Einschneidendes Ereignis ist auch die erste Eroberung Jerusalems durch die Neubabylonier mit dem Beginn des Exils. Jeremias Spur verliert sich dann nach dem Untergang des Tempels in Ägypten (42–44).

Jer 1,1–25,14	**Jer 25,15–38 + 46–51**	**Jer 26–35; 36–45; 52**
Prophezeiungen gegen Juda	Fremdvölkersprüche	Jeremia-Berichte, Heilsweissagungen (30–33)

Erneut lassen sich verschiedene Wachstumsspuren feststellen: Neben *Prophezeiungen* des Propheten (1–23 + 46 – 49) finden sich die erwähnten *Baruch-Berichte* (19–20; 26–29*; 36–45); dahinein gearbeitet wurden spätere Interpretationen im Geiste des Deuteronomiums, die sog.

deuteronomistische Redaktion. Die Rekonstruktion dieses Wachstums wird auch dadurch erschwert, dass es offenbar verschiedene Ausgaben des Buches gab. So wird in der griechischen Bibel (und wohl auch in Qumran) eine deutlich kürzere Version überliefert, die zudem einen anderen, klareren Aufbau aufweist.

Jeremia stellte die Heilszuversicht Jerusalems in Frage, die sich auf die herkömmliche Zionstheologie gründete, so besonders in seiner berühmten Tempelrede Jer 7 (vgl. auch den Bericht in Kap. 26). In der Tradition Hoseas stehend, kündigt er einen aus dem Norden kommenden Feind, die Neubabylonier, an. Seine Botschaft hat er in mehreren Zeichenhandlungen und Gleichnissen ausgedrückt, vgl. Kap. 13; 16; 19 und 27 f., dazu das berühmte Töpfergleichnis in Jer 18: Israel ist von Gott abgefallen, daher kann er es nach seinem Willen bestrafen. Nur noch wenige Gruppen wie die Rechabiten (Kap. 35) leben in Treue zu den Überlieferungen der Väter.

Nachdem Jerusalem erstmals im Jahr 597 erobert und Jeremias Botschaft bestätigt worden war, schrieb er einen Brief an die Verbannten in Babylon (29). Er forderte sie auf, sich auf einen längeren Aufenthalt von 70 Jahren einzurichten (vgl. 25,12) und für das Wohl der Stadt einzusetzen. Selbst wenn am Ende noch die Perspektive zur Rückkehr nach Israel geäußert wird, setzt hier doch die theologische Legitimation der Existenz in der Diaspora ein.

Gott bedient sich, so die Botschaft Jeremias, fremder Völker als Werkzeug. Doch auch sie stehen unter seiner Gewalt, haben keine unabhängige Existenz, wie die Fremdvölkersprüche (25*+46–51) anzeigen. Implizit beinhaltet diese Bestrafung der Völker eine Heilsperspektive für Israel. Diese wird in den Kapiteln 30–33, im „Trostbüchlein für Ephraim", auch explizit geäußert. Besonders bekannt ist dabei die Verheißung des neuen Bundes und der individuellen Geltung des Tun-Ergehen-Zusammenhangs in Kap. 31 (vgl. Ez 36); es ist allerdings strittig, wie alt diese Texte wirklich sind.

Die Reaktion der herrschenden Schichten auf diese Botschaft ist eindeutig: Jeremia wird nach der Tempelrede mit dem Tode bedroht (Kap. 26), mehrfach kommt er ins Gefängnis (Kap. 20; 37 f.), zwangsweise wird er nach Ägypten verschleppt (42–44) und prangert auch dort den Abfall der Judäer an. Dies ist der Hintergrund für die wohl ergreifendsten Texte des Buches, die *Konfessionen* in 11,18–12,6; 15,10–21;

17,14–18; 18,18–23; 20,7–18. In diesen Klageliedern bedauert Jeremia sein Schicksal, was sich im fünften Psalm bis zur Anklage an Gott steigern kann. Schon ganz zu Beginn seiner Wirksamkeit hatte er sich gegen seine Berufung gewehrt (1,4–10), gleichzeitig wird schon hier die weltumfassende Bedeutung seiner Botschaft deutlich: Der Gott Jeremias hat nicht mehr nur Israel, sondern die ganze Welt im Blick.

3.5.4 Die Klagelieder

In deutschen Bibeln findet sich direkt an das Jeremiabuch angeschlossen eine Sammlung von fünf Klageliedern. In hebräischen Bibeln stehen sie unter den „Schriften" und bilden eine eigene Festrolle, die zur Erinnerung der Tempelzerstörung gelesen wird. Dies entspricht der historischen Entstehungssituation; die Klagen stammen wohl aus exilischen Klagefeiern (vgl. Sach 7,3), in denen der Untergang des Tempels beklagt wurde, in denen man aber auch der Hoffnung auf gnädige Zuwendung Gottes Ausdruck gab.

3.5.5 Ezechiel / Hesekiel

Bei unserem Gang durch die alttestamentlichen Bücher war immer wieder aufgefallen, welch hohen Stellenwert die Geschichte und ihre Deutung haben. Hier im Ezechielbuch erreicht die theologische Auseinandersetzung mit dem Geschick Israels ihren Höhepunkt. Das Denken Ezechiels kreist dabei um zwei Pole: die unbestreitbare Herrlichkeit des Gottes Israels einerseits und das unbegreifbar scheinende Schicksal Jerusalems und seines Tempels andererseits.

Wenn die biographischen Angaben des Buches verlässlich sind, ist dieses zweipolige Denken gut verständlich: Ezechiel (in der Lutherbibel Hesekiel) war Priester und wurde im Jahr 597 nach der ersten Eroberung Jerusalems nach Babylon deportiert. Damit musste das Welt- und Gottesbild eines Priesters erschüttert gewesen sein. Vier Jahre später (593) erlebte er dann seine Berufung zum Propheten, die in den Kapiteln 1–3 in ungewöhnlicher Breite geschildert wird. Über seine Visionen dringt er zur Klärung der theologischen Problematik durch, die er seiner Umgebung im babylonischen Exil in Prophezeiungen, Bildern (15; 17; 22) und durch Zeichenhandlungen (4+5; 12) mitteilte.

Das Buch in seiner heutigen Form ist sorgsam komponiert, sein Aufbau gibt den ersten Hinweis auf den Ablauf der Geschichte:

Unheil und Strafe (1–32)		Heil (33–48)	
Ez 1–24	Ez 25–32	Ez 33–39	Ez 40–48
Verfehlung und Bestrafung Jerusalems	Unheil über fremde Völker	Die Möglichkeit zur Umkehr	Das neue Jerusalem

In seiner Berufung sieht Ezechiel den Thronwagen Gottes und wird dafür in die Verantwortung genommen, dass ganz Israel Gottes Wort hört (3,16ff.). In den folgenden Kapiteln redet der Prophet dann direkt zu Israel und kündigt den Untergang an. Danach erreicht das Buch seinen ersten Höhepunkt: Ezechiel wird nach Jerusalem entrückt. Dort sieht er die schlimmen Zustände am noch existierenden Tempel. Damit ist das Maß der Schuld voll, Gottes Herrlichkeit verlässt die Stadt. Sie ist nun schutzlos. Trotz aller Warnung hat Israel leichtfertig Jerusalem aufs Spiel gesetzt; Gott selbst hat nur konsequent gehandelt.

Die folgenden Kapitel dienen dazu, diese Schuld Israels weiter zu begründen. Zu den wichtigsten Texten gehören dabei die Reden in Ez 16; 20; 23. Sie zeigen in Gleichnissen, dass die Geschichte Israels als Abfall von Gott zu begreifen ist. Nur wenn Israel dafür bestraft wird, wird es Gottes Gottheit wirklich erkennen können; mit dieser Aussage enden übereinstimmend die drei Geschichtsrückblicke.

Nach eingeschobenen Unheilsansagen an die anderen Völker eröffnet Kap. 33 den Blick auf die neue Heilsperspektive. Wieder wird das Wächteramt des Propheten wie in Kap. 3 besonders betont, nun aber mit der Verheißung der Umkehr. Die Begnadigung Israels wird dann in Ez 36 angekündigt, hier findet sich auch die berühmte Weissagung vom neuen Herzen. Das Volk wird wiederbelebt werden wie Skelette, die auf einem Feld liegen (Kap. 37). Auch dies geschieht alles, damit Israel erkennt, dass Gott der Herr ist.

Einen letzten Ansturm böser Mächte gibt es noch (38+39), dann wird Gott für immer bei seinem Volk sein. Dies entwickeln die Kapitel 40–48, die mit dem Buchanfang korrespondieren: Erneut stehen Jerusalem und der Tempel im Mittelpunkt. Sie werden neu gebaut und so zum Zentrum der gottesfürchtigen Welt werden. Dann zieht auch die

Herrlichkeit Gottes wieder in den Tempel ein (43). Damit ist es nach der Katastrophe des Exils wieder möglich, auf die Gegenwart Gottes und seiner Herrlichkeit zu vertrauen, wie der letzte Satz des Buches verheißt (48,35).

3.5.6 Daniel

Auch Daniel gehörte nach dem biblischen Befund zu denen, die im Jahr 597 nach Babylon verbannt wurden. Doch das ist zweifelhaft; aufgrund inhaltlicher und sprachlicher Merkmale kann als sicher gelten, dass das Buch viel später entstanden ist. Es gehört zu den apokalyptischen Schriften des AT (mit Jes 24–27; Sach 9–14), will also den Geschichtsverlauf bis zum Beginn des neuen Zeitalters deuten. Im späteren Judentum war diese apokalyptische Tendenz umstritten, daher steht Daniel dort bei den Schriften, nicht bei den Propheten.

Auch dieses Buch hat eine komplexe Entstehungsgeschichte hinter sich, die daran erkennbar ist, dass es in zwei Sprachen abgefasst wurde: Kap. 1+8–12 sind hebräisch, 2–7 aramäisch. In der griechischen Bibel finden sich sogar noch Zusätze zum Danielbuch, die im evangelischen Bereich als „apokryph" gelten. Nach inhaltlichen Kriterien ist eine Zweiteilung des Buches sinnvoll:

Legenden Dan 1–6	**Visionen Dan 7–12**
1: Daniel in Babylon	7: Das Kommen des Menschensohns
2: Die Statue aus vier Metallen	8: Der Widder und der Ziegenbock
3: Daniels Freunde im Feuerofen	9: Die 70 Jahre Jeremias
4: Der Traum Nebukadnezzars	10–12: Die Weltgeschichte von den Griechen bis zum Ende dieses Äons
5: Das Gastmahl Belschazzars	
6: Daniel in der Löwengrube	

Die Geschichtsüberblicke im hinteren Buchteil lassen sich so lesen, dass die Ereignisse um die Tempelentweihung des Jahres 167 v. Chr. als Zeichen besonderen Frevels gewertet werden. Dies muss, so die Verfasser, die letzte, schlimme Zeit vor dem nahenden Einbrechen der Gottesherrschaft, der Endzeit (11,40), sein. Dann werden Gerechte und Sünder im Endgericht ihren Lohn erhalten, die Toten werden auferstehen (12,3). Da das Buch die Neuweihung des Tempels nach dem Aufstand nicht erwähnt, ist es wohl kurz vorher abgeschlossen worden, etwa im Jahr 165. Damit ist es das jüngste Buch des kanonischen AT.

Die bekannten Legenden um Daniel und seine Freunde sind wohl etwas älter. Auch sie beschäftigen sich mit der Frage nach der irdischen Herrschaft und deren von Gott gesetzten Grenzen. Gleichzeitig wollen sie beispielhaft zeigen, dass man auch in der fremden Diaspora-Umgebung dem Glauben an den Gott Israels treu bleiben kann.

3.5.7 Hosea

Kommt man vom Danielbuch zu Hosea, so macht man eine Reise von mehr als 500 Jahren von der jüngsten Schrift des AT hin zu einem der ältesten Propheten. Hosea wirkte wohl zwischen 750 und 725 v. Chr. im Nordreich Israel. Dessen baldigen Untergang hat er aufgrund der kultischen und politischen Verfehlungen der Oberschicht angesagt. Als sich die Prophezeiungen wenig später erfüllten, war ihr Prophet – von dessen weiterem Schicksal man nichts weiß – eindrucksvoll bestätigt. Das war wohl der Grund dafür, dass seine Botschaft aufgezeichnet und später in Juda aktualisierend erweitert wurde.

Wie bei vielen anderen Prophetenbüchern ist es schwer, die ursprünglichen Gliederungsprinzipien zu erkennen. Deutlich ist die gemeinsame Thematik der Kapitel 1–3, die Ehegeschichte Hoseas. Seine Hochzeit mit einer Hure gilt als Sinnbild für die Beziehung zwischen Gott und dem untreuen Israel, die Namen der Kinder zeigen das kommende Unheil an.

Den Hauptteil des Buches (4–14) muss man sich durch eigenes Lesen erschließen. Deutlich erkennbar sind die Zeitumstände des 8. Jahrhunderts: Im Nordreich Israel gibt es keine stabile Regierung (8,4), im Bereich des Kultus lassen sich noch Riten feststellen, die aus der Umwelt stammen und in Hoseas Augen die Verehrung JHWHs gefährden (4,4 ff.). Das gilt besonders für die Heiligtümer in Dan und Bethel, vgl. 10,5; 13,2. Daher muss Israel zurück in die Wüste, denn zur Zeit der Erzväter und der Wüstenwanderung war die Gottesbeziehung noch intakt (11+12). Wie weit schon der Prophet selbst angenommen hat, dass es auch eine Wende zum Heil geben wird, ist strittig. Dass er jedoch seine Umwelt auf den verhängnisvollen Lauf der Geschichte hinweisen wollte, ist unzweifelhaft.

3.5.8 Joel

Einen neuen Zeitsprung erfordert der Übergang von Hosea zu Joel. Das Problem ist nur, dass man nicht genau weiß, wie weit man springen muss. Traditionell gilt das Buch als vorexilisch, die kommenden Feinde sind dann die Assyrer. In der neueren Forschung geht man aber eher davon aus, dass das Büchlein in nachexilischer Zeit nach 440 v. Chr. entstanden ist.

Das Buch fällt aus dem Rahmen, weil es eine Liturgie wiedergibt, die an einem Bußtag in Jerusalem zu feiern ist. Diese Volksklage findet wegen einer Heuschreckenplage statt, worauf Gott sein gnädiges Eingreifen zusagt (1+2). In den Kapiteln 3+4 wird dann das Kommen des Tages JHWHs angesagt. Er wird die Ausgießung des Geistes bringen und damit Heil für alle, die Gottes Namen anrufen, Unheil aber für die Feinde. Im christlichen Denken haben die Themen des Joelbuches insofern Aufnahme gefunden, als die Ausgießung des Geistes mit dem Pfingstereignis Apg 2 und der Tag des Herrn als Ansage des „jüngsten Tages" mit dem Gericht über die Menschheit verstanden wurde.

3.5.9 Amos

Zurück ins 8. Jahrhundert! Amos gilt als ältester der Schriftpropheten, der um 750 v. im Nordreich gewirkt hat. Er stammt allerdings aus dem Südreich Juda und wurde durch Gottes Einwirkung in den Norden gesandt. Dort verkündete er zur Zeit des Königs Jerobeam II. den Untergang Israels (7,10–17). Seinen antiken Hörern muss das sehr seltsam vorgekommen sein, war es doch eine Zeit wirtschaftlichen Reichtums und relativer politischer Ruhe. Doch gerade der Wohlstand und die Art, wie er zu Lasten der Unterschicht zustande gekommen ist, sind der Grund für die Sozialkritik des Amos. Das Buch ist klar gegliedert:

Am 1+2	Am 3–6	Am 7–9
8 Zahlensprüche gegen die Nachbarvölker, Israel und Juda	Prophezeiungen gegen Israel, mit „Höret" gegliedert und eingeleitet	5 Visionen über Israels Zukunft, Prophezeiungen und Bericht. 9,5–17: Heilsausblick

Wie Hosea geht auch Amos davon aus, dass es eine spezielle Beziehung zwischen Gott und Israel gibt. Diese bedeutet zwar eine Auszeichnung Israels, aber auch eine besondere Verantwortung: Israel muss sich nach dem Willen Gottes verhalten, Recht und Gerechtigkeit üben (5,7+24). Doch das Recht wird um des Profits willen mit Füßen getreten (2,7), daher muss seine Schuld heimgesucht werden (3,2).

Dabei hat Amos offenbar eine Entwicklung gesehen, was jedenfalls die Visionen nahe legen: In den ersten beiden (Heuschrecken und Feuer) kann er das bei Gott beschlossene Unheil noch bittend abwenden. In der dritten (Gott auf der Mauer) und vierten (Obstkorb) ist das Ende unwiderruflich, was Gott selbst im fünften Gesicht bestätigt.

Ob es für Amos nach dem Gericht eine Heilsperspektive gegeben hat (9,5ff.), oder ob diese später in Juda zugefügt wurde, ist stark umstritten. Ebenso uneins ist sich die Forschung, wie viel Text auf Amos selbst zurückgeführt werden kann. Sicher ist jedoch, dass der Grundbestand des Buches das Phänomen „Schriftprophetie" in Israel begründet hat. Diese Weissagungen und ihre wenig später erfolgte Erfüllung ließen die Brisanz der prophetischen Botschaft unmittelbar deutlich werden. Das führte zum einen dazu, dass man die Worte aufschrieb und weitertradierte. Zum anderen bemühte man sich in Juda offenbar auch um bessere, Gottes Willen gemäßere Verhältnisse, wie die Reformen Hiskijas (um 705 v. Chr.) und Joschijas (622 v. Chr.) zeigen.

3.5.10 Obadja

Ob es den Propheten Obadja je gegeben hat, ist fraglich. Unter seinem Namen wird das kürzeste aller Prophetenbücher überliefert. Sein Text ist fast identisch mit Jeremia 49, so dass in der Forschung hauptsächlich die Frage der gegenseitigen Abhängigkeit diskutiert wird.

Das Büchlein lässt zwei Themenblöcke erkennen: Zunächst wird den benachbarten Edomitern wegen ihres Verhaltens bei der Eroberung Jerusalems der Untergang angedroht (1–15). Im zweiten Teil erwartet Obadja dann das Kommen des Tages JHWHs, der den Völkern das Gericht, Israel aber das Heil und die Wiederherstellung der alten Größe bringen wird (15–21).

3.5.11 Jona

Nach 2 Kön 14,25 hat ein ansonsten unbekannter Prophet namens Jona die Wiederherstellung Israels angesagt. Literarischen Ruhm hat er dadurch erhalten, dass er Jahrhunderte später zum Namensgeber für einen anderen Propheten wurde, dessen Aufenthalt im Wal wohl allen Menschen im christlich-jüdischen Kulturkreis bekannt ist.

Das Jonabuch ist kein Prophetenbuch mehr, man muss es als Novelle bezeichnen. Es enthält nur eine Weissagung, die gegen Ninive gerichtet ist (3,4). Doch zur mutmaßlichen Entstehungszeit im 4. Jh. war Ninive, die alte Hauptstadt der Assyrer, längst zerstört. „Ninive“ war zur Chiffre für die lästerliche, gottlose Großstadt geworden, wie heute „Sündenbabel“.

In diese Stadt wird Jona gesandt, doch er flieht auf einem Schiff vor Gott, wird ins Meer geworfen und auf wundersame Weise durch den großen Fisch gerettet (1+2). Nachdem er wieder am Land ist, zieht er wirklich nach Ninive und erreicht mit seiner Predigt die Umkehr der Menschen zum Herrn (Kap. 3). Doch Jona ist mit diesem Ergebnis nicht zufrieden, sondern hadert mit Gott. Im gleichnishaften Wuchs der Rizinuspflanze wird dem Propheten daraufhin Gottes Heilswille für alle seine Geschöpfe vor Augen geführt (Kap. 4). Hier ist deutlich die ausformulierte monotheistische Theologie spürbar; der Gott des Volkes Israels wird nun als Herr der ganzen Welt begriffen, zu dessen Heil auch Heiden wie der Kapitän oder der König Zugang haben.

3.5.12 Micha

Amos und Hosea haben im Nordreich Israel Kult- und Sozialkritik geübt. Nur wenig später, wohl zwischen 740 und 705, traten auch in Juda im Süden vergleichbare Mahner auf. Jesaja, der offenbar wirkungsvollere, ist bereits vorgestellt worden. Zeitgleich wirkte auch Micha aus Moreschet, doch sind unter seinem Namen deutlich weniger Prophezeiungen überliefert worden; viele von ihnen stehen zudem unter dem Verdacht, nachträgliche Erweiterungen zu sein. Sicher ist, dass der planvolle Aufbau des Buches spätere Schöpfung ist:

Mi 1+2	Mi 3–5	Mi 6+7
Gerichtsworte gegen Juda 2,12 f: Heilsworte	Gerichtsworte gegen die Anführer 4+5: Heilsworte	Gerichtsworte gegen Juda 7,8–20: Vertrauenslied

Micha hat den Herrschenden vorgeworfen, dass sie Zion und Jerusalem mit Unrecht bauen; das Erbrecht der Kleinbauern wird offenbar nicht beachtet. Das führt notwendig zu der Konsequenz, dass Zion und der Tempel zerstört werden (3,12) – unrecht erworbenes Gut kann nicht bestehen. Dieses Tempelwort Michas wird im Jeremiabuch zitiert (26,18); der Erzählung zufolge rettet es Jeremias Leben, der ja ebenfalls den Bestand des Tempels in Frage gestellt hatte (Jer 7). Nur wer Recht und Gerechtigkeit übt, kann sich der Nähe Gottes sicher sein. Dies wird im bekanntesten Wort des Michabuches in 6,8 zusammengefasst: Gottes Wille ist, Recht zu üben, Gutes zu lieben und mit Gott zu wandeln. Selbst wenn diese Sentenz späterer Zusatz sein sollte, ist doch die Aussage des Buches prägnant erfasst.

3.5.13 Nahum

Die Stadt Ninive muss auf die damaligen Menschen eine enorme Anziehungskraft ausgeübt haben. Neben dem Jonabuch beschäftigt sich auch das Büchlein Nahum mit der Hauptstadt der Assyrer. Aber hier gibt es keine heilvolle Zukunft für die Stadt; ihr Untergang wird angesagt. Denn wenn die Hauptstadt des größten Feindes untergeht, bedeutet dies Heil für Juda und Jerusalem. Im Jahr 612 ist Ninive tatsächlich erobert worden, doch kann man nicht entscheiden, ob Nahum vorher geschrieben wurde oder das Ereignis nachträglich deutet.

Das Buch ist wegen seiner Kürze gut zu überblicken: Es setzt mit einem Psalm ein, der Gottes Macht über die gesamte Schöpfung besingt und mit einer Unheilsansage gegen diejenigen endet, die Götzenbilder anbeten (1,1–11+14). Dann wird übergeleitet zur Heilsansage an Juda, die die Vernichtung Ninives ankündigt (1,12–2,14). In 3,1 wird noch einmal neu eingesetzt: Ninive wird erobert werden wie vorher Ägypten, das die Assyrer selbst besiegt hatten. Ohne weiteren Abschluss endet das Buch mit der Aussage: für Ninive gibt es keine Heilung (3,19).

3.5.14 Habakuk

Auch der Prophet Habakuk hat – so legt es das unter seinem Namen überlieferte Buch nahe – gegen die Assyrer geweissagt. Er sieht die babylonische Großmacht gegen diese Feinde Judas heranziehen. Doch so schlimm die Untaten Assurs auch sind (1,2–11), sein Untergang wird nicht das Ende aller Not Israels bringen, denn die heranziehenden Chaldäer werden ebenfalls Untaten verüben (1,12ff. + 2,6ff.)

Gegen die Klagen des Propheten antwortet Gott, dass der Gerechte wegen seiner Treue zu Gott am Leben bleiben werde (2,4); dieser Vers spielt später im NT eine besonders wichtige Rolle (Röm 1,17; Gal 3). Das Buch wird abgeschlossen mit einem Psalm, der als Gebet des Propheten gilt. Hier wird eine Theophanie geschildert; Gott wird mit all seiner Macht kommen und die Not seines Volkes lindern. Wie viele klassische Psalmen endet auch dieser mit einem Vertrauensbekenntnis (3,18f.)

Erneut ist unsicher, wie viel altes Material aus der Zeit der assyrisch-babylonischen Auseinandersetzung in dem Buch erhalten ist, wieder muss aber als sicher gelten, dass es nicht in einem Zuge entstanden, sondern über einen längeren Zeitraum gewachsen ist.

3.5.15 Zephanja

Dieser Eindruck gilt prinzipiell auch für den Propheten Zephanja. Doch kann man hier mit größerer Sicherheit sagen, dass das Buch vorexilische Bestandteile enthält. Sie sind auf die Zeit um 630 zu datieren, als auch in Jerusalem schon erkennbar war, dass das Reich Assur schwächer wurde. In dieser Situation geht Zephanja gegen kultische und soziale Missstände im eigenen Volk vor (1,2–2,3+3,1–8), prophezeit aber auch gegen die Feinde Israels (Kap. 2). Das Buch wird mit einem Heilsausblick geschlossen (3,9ff.), der zunächst nur die Erwartung ausdrückt, dass ein demütiger kleiner Rest Israels gerettet wird (3,12f.). Später wurde er zu einer universaleren Botschaft erweitert: Am Zion werden sich alle Völker sammeln.

Nur kurze Zeit nach Zephanja hat König Joschija in Jerusalem seine Kultreform durchgeführt, bei der es offenbar ebenfalls um eine Lösung von assyrischer Beeinflussung ging. Es ist anzunehmen, wenn auch nicht beweisbar, dass das Auftreten Zephanjas den Weg dieser Reform geebnet hat. Der Prophet hätte demnach die Geschichte nicht nur kommentiert, sondern auch mitgestaltet.

3.5.16 Haggai

In der Zeit nach dem Ende des Exils mussten die Heimkehrer und die in Jerusalem Zurückgebliebenen erfahren, dass die versprochene Heilszeit nicht eingetroffen ist. Dies ist der Hintergrund des kleinen Haggai-Buches, das man um 520 v. datieren kann. Haggais Anliegen ist es, den Wiederaufbau des Tempels zu propagieren, dann werde auch das verheißene Heil kommen. Aus dem Tritojesajabuch weiß man, dass diese Frage seinerzeit durchaus umstritten war, doch Haggais Position ist eindeutig: Wenn der Tempel in aller Pracht gebaut wird, dann werden die Völker zum Zion strömen, wie die früheren Propheten es geschaut haben (1,15–2,9), dann wird es mit Serubbabel, einem Enkel des Königs Jojachin, auch einen gerechten König aus dem Geschlecht Davids geben.

3.5.17 Sacharja

Nahtlos anknüpfen lässt sich die Erwartung des Propheten Sacharja, der wenig später wirkte; Haggai und er werden sogar in Esra 5,1 gemeinsam erwähnt. Das Sacharjabuch ist jedoch nicht nur deutlich länger, es muss auch drei unterschiedlichen Entstehungszeiten zugeordnet werden, so dass man die Teile in der Forschung als Proto- (Kap. 1–8), Deutero- (9–11) und Tritosacharja (12–14) bezeichnet.

Für den ersten Teil sind die 8 Nachtgesichte charakteristisch (1,7–6,8), die zeigen, dass auch für Sacharja der Tempelbau von großer Bedeutung ist. Überdies gilt ihm die Heilszeit als so nahe, dass sich Fasten- und Trauerbräuche (Kap. 7+8) nicht mehr lohnen.

In diesem Buch lässt sich besonders gut erkennen, wie sich die Prophetie hin zur Apokalyptik verändert: Der Prophet kann das Geschaute nicht mehr selbst entschlüsseln, dafür bedarf es jetzt eines Deuteengels. Überdies treten nun negative Mächte wie der Satan (Kap. 3) auf, wobei hier aber noch nicht die heute übliche Teufelsvorstellung gemeint ist.

Diese Linien werden später, im 4. Jh., in den folgenden Buchteilen weiter ausgezogen. Wie bei Sacharja selbst ist der Zion Mittelpunkt des künftigen Heils (Kap. 14). Doch die Gottesherrschaft kommt nicht direkt, denn vorher gibt es einen endzeitlichen Kampf zwischen Gut und Böse (Kap. 12); diese Erwartung wird für die urchristliche Eschatologie grundlegend.

3.5.18 Maleachi

Nach Sach 13,2f. wird es in der Endzeit keine Propheten mehr geben. Diese Stelle hat zu der Tradition geführt, dass mit Maleachi, dem letzten der kleinen Propheten, der prophetische Geist in Israel erloschen ist.

Tatsächlich handelt es sich bei der Schrift nicht mehr um ein Prophetenbuch im alten Sinne: „Maleachi" ist kein Eigenname, sondern heißt einfach „mein Bote". Auch die literarische Form ist anders; es handelt sich nun um Disputationsworte, in denen die drängenden Fragen des 5. Jh. verhandelt werden: Wie ist es mit Gottes Liebe (1,2ff.)? Was ist mit Priestern, die sich falsch verhalten (1,6ff.), mit den Mischehen (2,10ff.), warum bleibt das Heil noch immer aus (2,17ff.)? Der letzte Teil, 3,13ff., liest sich gar wie ein Kommentar zur Hiobproblematik, gegen die der Verfasser die Erwartung des Tages des Herrn stellt, der endlich Gerechte und Ungerechte nach ihren Taten entlohnen wird. Der Tag JHWHs wird durch die Sendung des seinerzeit nicht gestorbenen, sondern entrückten Propheten Elia eingeleitet (3,23, vgl. 2 Kön 2,11). Auf diese Stelle bezieht sich die im NT (Mk 9,11) und im Judentum belegte Erwartung zurück, dass Elia als Vorläufer des Messias die Heilszeit anzeigt.

4 Zur Geschichte der Forschung am Alten Testament

4.1 War Mose der Verfasser des Pentateuch?

Beinahe 15 Jahrhunderte lang war es in der Christenheit eine selbstverständliche Überzeugung: Mose hat die ersten fünf Bücher der Bibel unter Gottes Eingebung geschrieben („Verbalinspiration"). Zwar war man schon früh auf Stellen in den fünf Büchern Mose gestoßen, die schwerlich von Mose selbst stammen konnten, etwa Dtn 34,5ff. Dort müsste ja Mose über seinen eigenen Tod und sein eigenes Begräbnis als Ereignis der Vergangenheit berichten. Doch die Macht der Tradition war so groß, dass man bestrebt war, diese Anstöße durch andere Erklärungen zu beseitigen. So versuchte man schon in der Antike, das Problem mit der Erklärung zu lösen, dass Mose seinen eigenen Tod vorausgesagt habe. Dagegen äußerte Ibn Esra, der große jüdische Gelehrte des Mittelalters, in vorsichtiger Weise Zweifel an der mosaischen Verfasserschaft des Pentateuch, ähnlich der jüdische Philosoph Baruch Spinoza. Freilich waren das vereinzelte kritische Stimmen, die noch keine große Wirkung hatten. Der Umgang mit dem Problem der mosaischen Verfasserschaft zeigt exemplarisch ein bestimmtes Bibelverständnis in der vorkritischen Epoche: Der Wortlaut der Bibel ist von Gott unmittelbar inspiriert und enthält somit die offenbarte, ewig gültige Wahrheit. Die Frage nach der Entstehungsgeschichte der Bibel verbot sich bei einem solchen Bibelverständnis von selbst.

Erst als die Aufklärung in Europa an Boden gewann, war das geistige Klima für eine dogmatisch vorurteilslose Beschäftigung mit Fragen zur Entstehung des Pentateuch geschaffen. In dieser Zeit liegen also die Wurzeln der historisch-kritischen Erforschung der Bibel. Dabei entdeckte man in den fünf Büchern Mose Unterschiede im Stil, Wiederholungen und Widersprüche, die auf mehrere Verfasser wiesen. Eine wichtige Voraussetzung für die Wahrnehmung dieser Textprobleme war die Tatsache, dass man im christlichen Bereich schon seit der Renaissancezeit das AT wieder im hebräischen Urtext las. Die Reformation mit ihrem Grundsatz *sola scriptura* („allein die Schrift" ist Quelle und Kriterium in allen Fragen des Glaubens) unterstützte diese Hinwendung zum hebräischen Urtext des AT ganz erheblich.

Im Jahre 1753 veröffentlichte Jean Astruc, Leibarzt Ludwigs XV., eine Schrift mit dem Titel „Vermutungen über die ursprünglichen Aufzeichnungen, deren sich Mose bei der Abfassung des Buches Genesis bedient zu haben scheint". Er entfaltet darin die These, dass Mose ältere Dokumente benutzte: In einem wird Gott mit dem hebräischen Namen *Elohim* bezeichnet, in dem anderen mit Jehova. Außerdem hat Mose dieser Theorie zufolge neben diesen beiden großen Dokumenten („Elohist" und „Jehovist") noch zehn Fragmente anderer Schriften gekannt. Diese verschiedenen Schriften habe er in vier Spalten nebeneinander gestellt, die erst später zu einem einheitlichen Werk zusammengearbeitet wurden, wie es heute als Buch Genesis vorliegt. Diese sog. *ältere Urkundenhypothese* stieß auf große Resonanz. Andere Gelehrte bauten diese Theorie in den folgenden Jahrzehnten aus und wendeten sie auf die übrigen vier Bücher des Pentateuch an. Die Annahme zweier Hauptquellen beruhte vor allem auf der Beobachtung doppelter Überlieferungen im Buche Genesis: Zweimal wird die Schöpfung erzählt (Gen 1 und 2); zwei Stammbäume der Nachkommen Adams werden aufgeführt (Gen 4 und 5); die Erzählung von der Sintflut ist offenbar aus zwei verschiedenen, sich teilweise widersprechenden Berichten zusammengesetzt, usw.

Freilich bemerkte man bald, dass sich mit der Urkundenhypothese nicht alle literarischen Probleme der fünf „Mosebücher" lösen ließen. So entstanden im 18. und 19. Jahrhundert alternative Entstehungsmodelle des Pentateuch, etwa die *Fragmentenhypothese* oder die *Ergänzungshypothese.* Die Fragmentenhypothese besagt, dass der Pentateuch nicht aus zwei oder drei großen Urkunden bzw. Quellen zusammengesetzt wurde, sondern vielmehr aus vielen kleineren, ursprünglich selbstständigen Überlieferungen (Fragmenten). Dagegen geht nach der Ergänzungstheorie der Pentateuch auf ein einziges großes Werk zurück („Grundschrift"), welches einen Erzählbogen von der Schöpfung bis zum Tod des Mose spannt. Dieses umfassende Werk wurde im Laufe der Überlieferung durch andere Texte und Interpretationen ergänzt („fortgeschrieben"), so dass die heute vorliegende Gestalt der fünf „Mosebücher" entstand.[4]

Durch diese literargeschichtlichen Forschungen wurde jedenfalls eines deutlich: Mose konnte unmöglich der Verfasser des Pentateuch sein. Im Laufe des 19. Jh. erreichte die Pentateuchforschung ihren vorläufigen Höhepunkt: Es wurde die *neuere Urkundenhypothese* entwickelt, die besonders mit dem Namen Julius Wellhausen verbunden ist. Sein Verdienst war es, mit zwei bahnbrechenden Veröffentlichungen (1876 f.: „Die Composition des Hexateuchs", 1878–1883: „Prolegomena zur Geschichte Israels") der Hypothese fast uneingeschränkte Anerkennung in der Forschung verschafft zu haben.

Durch Wellhausens Arbeiten ist das damals gültige Bild der Religions- und Literaturgeschichte Israels grundlegend revidiert worden. Während bis dahin die mit Gen 1 beginnende Quelle, welche den Gottesnamen Elohim verwendet und durch eine priesterliche Theologie gekennzeichnet ist, als älteste und bei vielen noch immer auf Mose selbst zurückgehende Überlieferung galt („Priesterschrift"), wies Wellhausen nach, dass diese Quelle die jüngste im Pentateuch sein müsse. Dies begründete er u.a. damit, dass in den Schriften der vorexilischen Propheten die Gesetzgebung des Mose noch keine Rolle spielt. „Es ist ein leerer Wahn, dass die Propheten das Gesetz erklärt und angewandt haben sollen" – so Wellhausen emphatisch.[5] Wenn das Gesetz des Mose tatsächlich am Beginn der israelitischen Religionsgeschichte gestanden hätte, dann müsste er in der Verkündigung der nach ihm folgenden Propheten doch deutlich präsent sein, was jedoch nicht der Fall ist. Diese eigentlich nahe liegende Einsicht kam einer Revolution in der alttestamentlichen Wissenschaft gleich. So hebt Wellhausen mit seinem Werk ins allgemeine Bewusstsein, dass die Darstellung der Bibel über die Geschichte des alten Israel ein großer Anachronismus ist. Die Bibel datiert zahllose Gesetze und kultische Einrichtungen in die Zeit des Mose, die tatsächlich erst viel später entstanden sind.

Wellhausen stellt somit das bis dahin gültige Bild der biblischen Literaturgeschichte vom Kopf auf die Füße. Er ordnete vier Pentateuchquellen in der folgenden zeitlichen Reihenfolge an:

---

4 Eine anschauliche Darstellung der drei Grundmodelle mit hilfreichen Übersichten findet sich bei E. Zenger, Einleitung S. 103 ff.

5 Prolegomena zur Geschichte Israels, 2. Aufl. Berlin 1883, 423.

1. Jahwist (J) – um 850 v. Chr.
2. Elohist (E) – um 750 v. Chr.
3. Deuteronomium (D) – um 621 v. Chr.
4. Priesterschrift (P) – zwischen 500 und 450 v. Chr.

J und E wurden nach seiner Theorie um 650 v. Chr. von einem Redaktor miteinander verbunden. 100 Jahre später wurde D an das bereits existierende Geschichtswerk JE angehängt. Schließlich verband man um 400 v. Chr. JED mit der Priesterschrift, die zugleich den chronologischen Rahmen des nun vorliegenden Pentateuch bildet.

Das Vier-Quellen-Modell Wellhausens wurde zur klassischen Pentateuchtheorie, welche etwa ein Jahrhundert lang beinahe kanonische Geltung in der alttestamentlichen Wissenschaft besaß. Neben der Erklärung der literarischen Entstehung des Pentateuchs bot diese Theorie auch einfache und überzeugende Lösungen für zahlreiche historische und theologische Probleme. So fallen in theologischer Hinsicht die Unterschiede zwischen dem Gottesbild des Jahwisten und dem der Priesterschrift auf. JHWH ist in der jahwistischen Quelle sehr menschlich vorgestellt. In der nachexilischen Priesterschrift begegnen wir dagegen einem transzendenten heiligen Schöpfergott, der in größter Distanz zum Menschen gedacht wird (► s. dazu Kap. 8). In Wellhausens Modell werden diese Unterschiede durch den großen zeitlichen Abstand der Entstehung beider Quellen (400 Jahre!) verständlich gemacht. Es wird in den vier Quellen also eine Entwicklung des Gottesbildes zu einer abstrakteren Gottesvorstellung hin erkennbar.

Da der Begriff „Entwicklung" bzw. „Evolution" im 19. Jh. eine Art Zauberwort zur Erklärung aller Phänomene war (vgl. Darwins Evolutionstheorie), wird auch von daher verständlich, warum Wellhausens Theorie auf so große Resonanz stieß. Durch seine „Evolutionstheorie" der Bibel und der israelitischen Religion ist das überragende Denkmal des Mose als Gesetzgeber, Gründer Israels und Begründer des Monotheismus endgültig von seinem Sockel gestürzt worden.[6] Wellhausens Theorie wurde in der Folgezeit vielfach modifiziert und verfeinert. Dies war durch die Ergebnisse der sog. *formgeschichtlichen* und *überlieferungsgeschichtlichen* Forschung notwendig geworden (► s. Kap. 5). Vor allem durch die Arbeiten von Hermann Gunkel wurde die große Bedeu-

---

6 „Die israelitische Religion hat sich aus dem Heidentum erst allmählich emporgearbeitet: das eben ist der Inhalt ihrer Geschichte. Sie hat nicht mit einem absoluten Anfang begonnen." Wellhausen, Geschichte, 32.

tung mündlicher Überlieferungen und ihrer Geschichte in den Blickpunkt des wissenschaftlichen Interesses gerückt. Dabei gelangte man zu der Erkenntnis, dass die einzelnen Quellen offenbar auch älteres Material enthielten, das schon lange mündlich oder auch schriftlich überliefert worden war. Nicht alle Spannungen, Risse und Widersprüche konnte man daher literarkritisch auf verschiedene *schriftliche* Quellen zurückführen.

Außerdem fand man zu der Einsicht, dass am Anfang der Überlieferungsbildung kleine Erzählungen standen, die in ganz unterschiedlichen typischen Lebenssituationen („Sitz im Leben") verankert waren. Die einzelnen Überlieferungsthemen (Abraham, Exodus, Sinai, usw.) hatten offenbar ursprünglich auch unterschiedliche regionale und historische Herkünfte bzw. Haftpunkte. Schließlich eröffnete die Entdeckung von Texten aus der Umwelt Israels (Ägypten, Mesopotamien, Ugarit) im 19. und der ersten Hälfte des 20. Jh. ganz neue Horizonte für die Rekonstruktion der Literaturgeschichte des Alten Testaments (► s. Kap. 4.3). So gab es in Mesopotamien bereits Jahrhunderte vor der Abfassung von J verschiedene Versionen der Sintflutgeschichte. Die Autoren der Pentateuchquellen musste man daher eher als Sammler ansehen, welche die gesammelten mündlichen und schriftlichen Überlieferungen ihrer theologischen Intention entsprechend interpretierten. Neben H. Gunkel haben vor allem Gerhard von Rad und Martin Noth – zwei der bedeutendsten Alttestamentler des 20. Jh. – die Wellhausen-Theorie durch form- und überlieferungsgeschichtliche Forschungen modifiziert.

Seit den 70er Jahren des 20. Jh. ist das Vier-Quellen-Modell aufgrund zahlreicher neuer Erkenntnisse zunehmend in die Kritik geraten. Es setzt etwa voraus, dass in der Zeit des Jahwisten (10. oder 9. Jh. v. Chr.) die Alleinverehrung JHWHs in Israel bereits allgemein akzeptiert war. Dem widersprechen neue Erkenntnisse der Monotheismusforschung (► s. Kap. 4.2, 6.6). Momentan befindet sich die Pentateuchforschung wieder in einer Umbruchsphase, in der sehr viele Hypothesen diskutiert werden. Die Situation ist vergleichbar mit der in der Mitte des 18. Jh., kurz bevor Wellhausen in einem großen Wurf die Forschung zu einem Konsensmodell zusammenfasste. Eine neue, konsensfähige Theorie wird wahrscheinlich die bleibenden Erkenntnisse der drei Basismodelle in sich vereinigen, etwa in der Art, wie es Erich Zenger jüngst vorgelegt hat.

4.2 Die Entdeckung des Alten Orients durch die Archäologie

„Und die Bibel hat doch recht" – so lautet der Buchtitel eines Bestsellers von Werner Keller. Er erzählt darin die spannende Geschichte der biblischen Archäologie. Das erklärte Ziel seines Buches ist es, die Bibel gegen die „zweifelnde Kritik" seit der Aufklärung mit Hilfe neuer archäologischer Erkenntnisse in Schutz zu nehmen. Die Archäologie habe gezeigt, dass die Bibel „die Ereignisse historisch echt und mit geradezu verblüffender Genauigkeit aufgezeichnet" habe.[7] Trifft dies zu?

Jahrtausende lagen die Kulturen des Alten Orients einschließlich Israels unter Bergen von Schutt begraben. Seit dem Beginn des 19. Jh. sind jedoch Archäologen damit beschäftigt, diesen Schutt allmählich wieder abzutragen. Dabei ist eine faszinierende vergangene Welt vor unseren Augen wiedererstanden, auch die Lebenswelt der Frauen und Männer, die in den biblischen Überlieferungen auftreten. Seit den Ausgrabungen der Engländerin Lady Hester Stanhope im Jahre 1815 in Aschkelon sind zahlreiche bislang unbekannte Daten und Erkenntnisse ans Tageslicht befördert worden, die der Bibel nicht nur Recht geben, sondern sie auch relativieren, ergänzen oder korrigieren. Dies ist auch nicht anders zu erwarten, denn die Bibel will nicht wertfrei und objektiv Zeitgeschichte darstellen, sondern sie erzählt höchst engagiert von Menschen, die Erfahrungen mit Gott gemacht haben (► s. Kap. 2.1).

Wie steht es mit Texten aus den fünf Büchern Mose? Leider haben die archäologischen Forschungen in Palästina bisher nichts zu Tage gebracht, was die oben erläuterten Pentateuchmodelle bestätigen oder widerlegen könnte. Man hat lediglich Silberamulette mit Inschriften in einem Jerusalemer Grab aus dem 7./6. Jh. v. Chr. gefunden, die eine Segensformel enthalten, welche weitgehend mit dem sog. Priestersegen von Num 6,24–28 übereinstimmt. Auch fällt eine enge Verwandtschaft eines Textstückes mit Dtn 7,9 auf. Doch ist dies natürlich verschwindend wenig Textmaterial im Vergleich zu dem riesigen Textumfang des Pentateuch.

Warum hat man trotz intensiver Suche so wenig gefunden? Der Grund dürfte schlicht materieller Art sein: Nur sehr haltbare Schreib-

7 W. Keller, *Und die Bibel hat doch recht. Forscher beweisen die historische Wahrheit,* überarbeitete und erweiterte Neuausgabe, Reinbek 1991, 17.

materialien wie Stein, Ostraka (Tonscherben) oder Metalle (etwa Silberamulette) konnten Jahrtausende überstehen. Längere Texte wurden jedoch in der Regel auf Papyrus oder auf Lederrollen geschrieben (► s. Jer 36,4), Materialien also, die meist nur einige Jahrhunderte überdauern. Eine Ausnahme stellen die Schriftrollenfunde aus Qumran (2./1. Jh. v. Chr.) dar, die durch besonders günstige Aufbewahrungsbedingungen zwei Jahrtausende überstehen konnten – ein unglaublicher Glücksfall für die Bibelforschung! Freilich stammen die Qumranfunde aus der Spätzeit Israels, als der Pentateuch schon fertig vorlag.

4.2.1 Texte

Immerhin hat man aus den uns interessierenden Jahrhunderten (10.–4. Jh. v. Chr.) einige auf haltbaren Materialien geschriebene Texte gefunden, die für die Bibelwissenschaft zum Teil von unschätzbarem Wert sind. Der älteste erhaltene israelitische Text ist eine kleine beschriftete Kalksteintafel mit dem so genannten Bauernkalender aus Geser (10. Jh. v. Chr.), bei dem es sich um eine Schreibübung handelt. Auf Ostraka haben sich zahlreiche kürzere Texte erhalten (vor allem Briefe, Schreibübungen, Warenlisten, usw.), die uns Einblicke in das Leben der alten Israeliten vermitteln.

Von besonderer Bedeutung für das Verständnis des Alten Testaments sind die Inschriften aus *Chirbet el Kom* und *Kuntilet Adschrud*: Diese beiden 1967 und 1976 entdeckten Inschriften haben heftige Debatten, ja fast schon eine Revolution in der atl. Wissenschaft ausgelöst. Die Inschriften stammen aus dem 8. und 9. Jh. v. Chr. Die religionsgeschichtliche Brisanz liegt vor allem in folgenden Worten: „JHWH ... und seine Aschera". Bei Aschera handelt es sich nämlich um eine kanaanäische Mutter- und Fruchtbarkeitsgöttin, die zugleich als Gattin des höchsten Gottes El angesehen wurde. Ist sie in den beiden Texten die göttliche Partnerin JHWHs? Im AT erscheint JHWH ja stets als „Solitär".

In der „Asexualität" des israelitischen Gottes hat man gerade ein wichtiges Unterscheidungsmerkmal des israelitischen Gottesglaubens zu den Umweltreligionen gesehen. Nun aber kommt man nicht mehr um die Einsicht herum, dass Israeliten zumindest im 9. und 8. Jh. v. Chr. ihren höchsten Gott zusammen mit einer Göttin verehrt haben. Wahrscheinlich hat JHWH, als er die Stellung des kanaanäischen Hauptgottes El übernahm, auch seine göttliche Begleiterin geerbt. Vor allem diesen brisanten Funden ist es zu verdanken, dass die Diskussion über die Entstehung des Monotheismus in Israel wieder lebhaft in Gang gekommen ist (► s. Kap. 6.6).

Diese Beispiele mögen genügen, um zu verdeutlichen, in welcher Weise archäologische *Textfunde* aus Israel und seiner unmittelbaren Umgebung unsere Sicht des Alten Testaments bereichert und verändert haben. Es hat sich gezeigt, dass das Israel der Königszeit keineswegs einzigartig aus den Religionen und Kulturen des Vorderen Orients herausragte, sondern viele Merkmale mit ihnen teilte.

4.2.2 Bilder

Dies ist auch durch die Erforschung der altisraelitischen *Bilderwelt* – im wahrsten Sinne des Wortes – „sichtbar" geworden. Vor allem die Erforschung der in Kanaan-Israel gefunden Siegelabbildungen hat vor unseren Augen die religiöse Vorstellungswelt der alten Israeliten wiedererstehen lassen. Siegelabbildungen sind in religiöser Hinsicht deshalb besonders aussagekräftig, weil sie häufig die göttlichen Schutzmächte der Besitzer darstellen.

Geflügelte Sonnenscheiben auf einem königlichen Beamtensiegel (EZ II B)

Die israelitischen Vorstellungen von der göttlichen Welt auf den Siegelabbildungen zeigen dabei eine deutliche Abhängigkeit von religiösen Bildmotiven aus Ägypten, Phönizien, Syrien und Mesopotamien. So findet man auf Siegelabbildungen aus der Eisenzeit II B (ca. 925–700 v. Chr.) ägyptische Königs- und Sonnensymbolik, während in der folgenden archäologischen Epoche (Eisenzeit II C, 700–587 v. Chr.) die göttlichen Mächte in Gestalt von Gestirnsymbolen mesopotamischer Provenienz dargestellt werden. Auf diesem Hintergrund wird die Polemik späterer biblischer Autoren gegen die Verehrung der Gestirne verständlich (vgl. Dtn 4,

König (?) bei der Verehrung astraler Mächte: Rollsiegel aus Megiddo (EZ II C)

19; 2 Kön 23,5ff.; u.ö.), die in der Königszeit selbstverständlicher Bestandteil der JHWH-Verehrung war. So haben sich die israelitischen Könige und viele Israeliten ihren Nationalgott offenbar wie in Ägypten als Sonnengott vorgestellt, der die gerechte Weltordnung garantiert. Dies geht nicht nur aus zahlreichen Siegelabbildungen hervor, sondern auch aus einigen biblischen Texten (vgl. Hos 6,3; Ps 72,5.17; Ps 84,12).

4.2.3 Gebäude / Siedlungen

Für das Verständnis des Alten Testaments sind nicht nur die Kleinfunde wie Texte und Siegel wichtig, sondern auch die großen Strukturen, welche durch Ausgrabungen ans Licht gekommen sind. So hat die Archäologie gezeigt, dass die Vorstellung einer triumphalen Eroberung Kanaans durch die zwölf Stämme Israels unter Josua eine Fiktion ist. Beispielsweise hat man herausgefunden, dass Jericho und Ai zur Zeit der „Landnahme" (vgl. Jos 2–8) nicht oder nur sehr schwach besiedelt waren, so dass die Eroberung und Zerstörung Jerichos damals nicht stattgefunden haben kann. Ebenso war Ai schon Jahrhunderte vor dem Einzug der Israeliten in das Land ein Trümmerhaufen (hebr. *Aj* = Trümmerhaufen), dessen Herkunft in Jos 8,28 mit Josuas Eroberung erklärt wird (sog. *Ätiologie*). Die eigentliche Botschaft lautet: Ein Schutthaufen bleibt übrig, wenn eine Stadt sich gegen den Gott Israels auflehnt.

Insgesamt hat die Archäologie die biblischen Überlieferungen von der Entstehung Israels in der „Landnahmezeit" (ca. 1200–1000 v. Chr.) jedoch in zweierlei Hinsicht bestätigt: Zum einen werden im Verlauf des 13. Jh. v. Chr. viele größere bronzezeitliche Städte zerstört, wenn auch aus ganz verschiedenen Gründen. Zum anderen entstehen in dieser archäologischen Periode (frühe Eisenzeit) im bislang weitgehend unbewohnten mittelpalästinischen Bergland, der Heimat Israels, zahlreiche neue Siedlungen. Sie bestehen aus Häusern eines neuen Bautyps (Säulenhäuser), der ohne erkennbare Vorbilder in der älteren kanaanäischen Architektur ist.

In allen altorientalischen Kulturen kam dem Tempel eine zentrale religiöse Bedeutung zu (► s. Kap. 6.4). Leider ist es unmöglich, das interessanteste Heiligtum Israels – den Tempel zu Jerusalem – archäologisch zu erforschen, da seine Überreste auch heute noch unter heiligem Gebiet liegen. Dafür wurde in Arad ein anderer JHWH-Tempel ausgegraben, der uns eine konkrete Anschauung vermittelt, wie ein israelitisches Heiligtum ausgesehen hat. Auch in dieser Hinsicht zeigt sich wieder, wie nah Israel mit seinen Nachbarvölkern verwandt war.

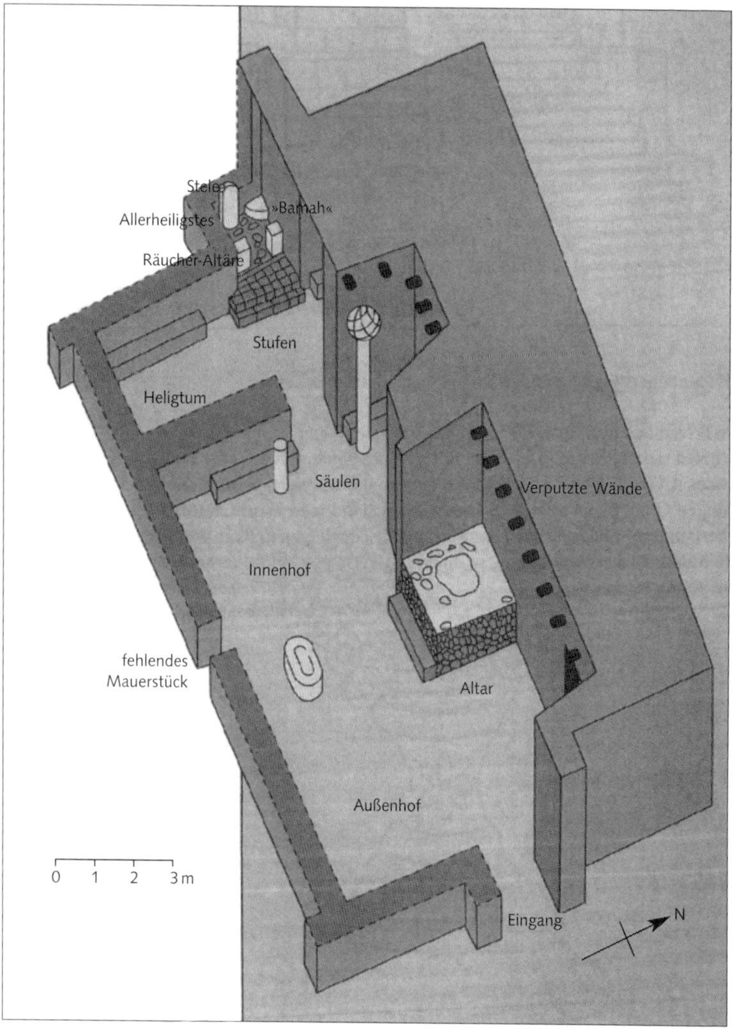

Rekonstruktion des Tempels von Arad

„Und die Bibel hat doch recht"? Auf diese plakative und simple Formel kann man die Ergebnisse der archäologischen Bibelforschung nicht bringen. Eher bringt der römische Rechtsgrundsatz „Audiatur et altera pars"[8] die Bedeutung der Archäologie für die Bibelforschung zum Ausdruck: Der andere, jahrtausendelang dunkle Teil des Bildes der biblischen Welt – etwa die Kultur und Religion der Nachbarvölker Israels oder der Alltag der Israeliten – gewinnt durch die Archäologie immer mehr an Kontur. Besonders der erklärte Hauptfeind des Alten Testaments, die kanaanäische Kultur und ihre Religion, hat so wieder eine eigene Stimme bekommen. Im AT begegnen wir ja nur einer verzerrten Sicht Kanaans, die auf den Kampfbegriff „Götzendienst" reduziert ist. Man kann aber einen Konflikt nicht gerecht beurteilen, wenn man nur eine der beiden Parteien hört. Die Ausgrabung religiöser Texte aus Syrien-Kanaan hat uns die Möglichkeit gegeben, die religiöse Vorstellungswelt der historischen Verlierer des damaligen Religionskonfliktes aus eigenen, zeitgenössischen Textzeugnissen kennen zu lernen. Welche Bedeutung haben nun die Funde religiöser Texte aus Kanaan, aber auch aus Mesopotamien und Ägypten, für das Verständnis des AT?

4.3 Der Vergleich mit den Religionen in der Umwelt Israels

Im Folgenden sollen die wichtigsten Entdeckungen seit Anfang des 19. Jh. skizziert und exemplarisch einige Texte und religiöse Vorstellungen benannt werden, die unsere Sicht der altisraelitischen Religion fundamental verändert haben.

4.3.1 Ugarit

Im Jahre 1929 stießen französische Archäologen bei Ausgrabungen am Tell Ras esch-Schamra in Nordsyrien durch einen Zufall auf die Überreste einer alten Stadt, die mit der in ägyptischen Texten und den sog. El-Amarna-Briefen erwähnten Stadt Ugarit identifiziert werden konnte. Völlig unerwartet stießen dabei die Ausgräber im Mai 1929 auf Tontafeln, die in keilalphabetischer Schrift und in der bis dahin unbekannten ugaritischen Sprache geschrieben waren, die mit dem Hebräischen verwandt ist. In jahrzehntelangen Ausgrabungen wurde ab 1930 um-

8 *Gehört werde auch der andere Teil!*, Keller selbst zitiert ihn S. 261.

fangreiches Textmaterial zutage gefördert und ausgewertet, das uns ein ganz neues Bild der kanaanäischen Kultur und Religion beschert hat.

Im Hinblick auf das AT war die wohl wichtigste Erkenntnis, dass die Bibel in Sprache und Vorstellungswelt erstaunlich viele Gemeinsamkeiten mit der ugaritischen Literatur aufweist. So wurde etwa festgestellt, dass 49 Prozent der ugaritischen Begriffe und Vorstellungen über die Welt des Göttlichen eine klare Entsprechung im AT haben. Dieser Befund ist um so bedeutsamer, wenn man bedenkt, dass Ugarit ja in zeitlicher und räumlicher Hinsicht relativ weit von Israel und seiner Religion entfernt war: Die Stadt ging bereits um 1200 v. Chr. unter und lag am äußersten nördlichen Zipfel des kanaanäisch-syrischen Kulturraumes. Es ist daher anzunehmen, dass Israel noch viel mehr mit dem räumlich und zeitlich näher liegenden Kanaanäertum gemein hatte. Viele Forscher nehmen deshalb an, dass die israelitische Religion bis zum Exil ein Ausschnitt des kanaanäischen Religionskontinuums war, nicht aber – wie nach biblischer Darstellung – eine Größe, die von außen nach Kanaan kam. Freilich wird eine ausschließlich innerkanaanäische Herleitung der JHWH-Religion nicht dem Befund gerecht, dass JHWH als Gott verehrt wurde, der vom Berg Sinai in der südlichen Wüste herkommt (vgl. Dtn 33,2; Ri 5,4).

Auf jeden Fall hat JHWH im Zuge seines Aufstiegs zum alleinigen Gott Israels die Wesenzüge und Funktionen der anderen Götter Kanaans – vor allem die von El und Baal – in sich selbst aufgenommen und sie damit entmächtigt. So teilt der Gott Israels mit ihnen seine menschlichen Züge (Anthropomorphismen und Anthropopathismen): Er besitzt Hände, Ohren, Augen, Füße, usw. und wird auch von menschlichen Gefühlen wie Zorn, Liebe, Reue, Erbarmen usw. bewegt. Des Weiteren finden wir im AT noch deutliche Belege für die polytheistische Vorstellung, dass JHWH als höchster Gott von einem himmlischen Hofstaat, den Göttersöhnen, umgeben ist (vgl. Ps 29,1f.; 82,1; 89,7 ff.). Ursprünglich war der kanaanäische Götterkönig El von der Versammlung der Götter umgeben, die als seine „Söhne" bezeichnet wurden. In der Sicht des monotheistischen JHWH-Glaubens der exilisch-nachexilischen Zeit wurden die Göttersöhne zu Dienern, Boten bzw. Engeln des einzigen Gottes degradiert (vgl. Hi 1). Mit der Entmächtigung der Götter Kanaans avancierte JHWH zum Elohim (eigentlich Plural = Götter), der somit alles Göttliche umfasst und der universale Gott und Schöpfer der Welt ist.

4.3.2 Ägypten

Israels Religion und Kultur wurde jedoch nicht nur von seiner kanaanäischen Umwelt geprägt, sondern auch von den Großmächten, die das Land im Laufe seiner Geschichte beherrschten. An erster Stelle ist hier Ägypten zu nennen, das noch bis ins 8. Jh. v. Chr. einen starken kulturell-religiösen Einfluss auf Israel ausübte. Wie bereits erwähnt, dokumentiert die durch die Archäologie zutage geförderte religiöse Bildkunst dieser Epoche (ca. 900–700 v. Chr.) die große Bedeutung von Sonnen- und Himmelssymbolik ägyptischer Herkunft.[9]

Doch auch die alttestamentlichen Texte lassen diesen Einfluss erkennen. So hat das israelitische Königtum offenbar die ägyptische Vorstellung der Gottessohnschaft des Königs rezipiert (vgl. Ps 2,7; 110,3), aber auch andere königstheologische Konzepte. Deutliche ägyptische Einflüsse zeigen sich des Weiteren in der Weisheitsliteratur. Besonders die ägyptische Vorstellung von der Ma'at, der Göttin der Gerechtigkeit und Weltordnung, hat die israelitische Gerechtigkeits- und Weisheitskonzeption nachhaltig geprägt. Als bekanntestes Beispiel ägyptischen Einflusses im AT gilt der wunderbare Schöpfungspsalm 104, der meist auf den Hymnus des Pharao Echnaton (1379–1362 v. Chr.) zurückgeführt wird, zu Ehren des Sonnengottes Aton. Darin wird der Sonnengott mit ganz ähnlichen Worten wie JHWH in Ps 104 als universaler Schöpfer und Erhalter der Welt gepriesen.

Insgesamt sind Belege für den Einfluss der ägyptischen Religion und Kultur auf Israel beachtlich. Die Überlieferung vom Auszug Israels aus Ägypten ist unabhängig von der Frage nach ihrem historischen Kern ein Symbol für die Befreiung Israels, nicht nur aus der politischen, sondern auch aus der kulturellen und religiösen Bindung an die Großmacht im Süden. Besonders das israelitische Königtum und seine Beamtenschaft waren an Ägypten orientiert, wobei in dieser Hinsicht vor allem die Rolle König Salomos in der Forschung diskutiert wird (► s. Kap. 2), der in der Bibel nicht von ungefähr als der exemplarische Weise gilt.

9 Keel/Uehlinger, GGG, 318 ff.

4.3.3 Mesopotamien

Im Jahre 1902 hielt der Assyriologe Friedrich Delitzsch einen Aufsehen erregenden Vortrag zum Thema „Babel und Bibel“ über die Bedeutung der Keilschriftfunde im Zweistromland für das Bibelverständnis. Er behauptete, dass das AT ein später und minderwertiger Ableger der viel höher stehenden babylonischen Religion sei. Viel besser als die Bibel könnten die assyrisch-babylonischen Texte mit Hilfe der Altertumswissenschaft eine „Vernunft wie Herz befriedigende Weltanschauung“ liefern. Sein in pathetischen Worten gehaltener Vortrag hat einen Sturm der Entrüstung hervorgerufen, der sich erst in den 20er Jahren legte. Der heftige Babel-Bibel-Streit lässt erahnen, welche Erschütterung die Entdeckung und Erschließung der mesopotamischen Keilschriftliteratur in der zweiten Hälfte des 19. Jh. für die Bibelwissenschaft bedeutete. Galt das AT bis dahin als die älteste Schöpfung der Weltliteratur, so musste man angesichts der viel älteren mesopotamischen und ägyptischen Quellen feststellen, dass es nur ein Spätwerk des Alten Orients war.

Vor allem entdeckte man frappierende literarische Parallelen, so dass die relevanten biblischen Texte nicht mehr als originale Urkunden angesehen werden konnten. An erster Stelle ist in dieser Hinsicht der Flutbericht im Gilgamesch-Epos zu nennen, der in den wesentlichen Zügen mit dem biblischen Sintflutbericht übereinstimmt. Man entdeckte weiterhin deutliche Parallelen in den kosmologischen Vorstellungen über die Weltschöpfung, z.B. im babylonischen Schöpfungsepos *Enuma elisch*. Auch auf dem Gebiet der Rechtsüberlieferungen wurde das dogmatische Postulat der Offenbarungsoriginalität alttestamentlicher Rechtssätze hinfällig: Viele der nach biblischer Darstellung auf dem Sinai dem Mose offenbarten Gesetze fand man im Codex Hammurapi aus dem 18. Jh. v. Chr. auf einer Stele eingemeißelt. Die Israeliten hatten offenbar Elemente einer bereits hoch entwickelten altorientalischen Rechtskultur übernommen. Auch das Hiob-Problem, die Frage nach Gottes Gerechtigkeit angesichts des unschuldigen Leidens des Gerechten (► s. Kap. 3.5), findet man bereits in viel älteren mesopotamischen Texten verhandelt.

Inzwischen steht fest, dass Israels Kultur und Religion in vielfältiger Weise von seiner Umwelt beeinflusst worden sind. Wahrscheinlich war die mesopotamische Literatur und Kultur schon in Kanaan verbreitet und gelangte auf diese Weise in das hebräische Schrifttum. Die Briefe kanaanäischer Fürsten an den ägyptischen Hof (Amarna-Briefe) zeigen, dass im 15./14. Jh. v. Chr. Akkadisch, die Sprache Mesopotamiens, die internationale Diplomatensprache war und so die babylonische Literatur, Religion und Kultur weite Verbreitung im Vorderen Orient gefunden hatte.

Die vergleichende Religionsgeschichte hat uns die Augen dafür geöffnet, worin das „spezifisch Biblische“ in der Bibel besteht. Wer nur die Bibel ohne ihren religionsgeschichtlichen Hintergrund kennt, wird alles, was dort geschrieben steht, für typisch biblisch halten, auch wenn es allgemein altorientalisches Gedankengut war. Im Lichte des Alten Orients bekommen die biblischen Aussagen erst ihr spezifisches Profil. Das bedeutet allerdings nicht, dass die gemeinorientalischen Vorstellungen der Bibel als theologisch minderwertig anzusehen sind. Freilich stellt die biblische Tradition die aus der Umwelt rezipierten Stoffe in den Horizont ihrer Glaubenserfahrungen mit JHWH, wodurch sie einen ganz neuen Charakter erhalten haben. Man denke etwa an die Sintflutgeschichte (Gen 6–8), die auf babylonischen Überlieferungen beruht (vgl. Gilgamesch-Epos, Tafel XI). Der Vergleich zeigt trotz der vielen Gemeinsamkeiten signifikante Unterschiede. So herrscht im babylonischen Epos Uneinigkeit unter den Göttern, ob man eine Sintflut über die Menschheit kommen lassen solle. Der Weisheitsgott Enki/Ea wirft dem Götterherrn Enlil Unüberlegtheit wegen seines Vernichtungsbeschlusses vor. In der Bibel dagegen geschieht die Flut auf die souveräne Entscheidung des einen Gottes JHWH hin und ist in den großen Rahmen der Heilsgeschichte eingeordnet, die auf die Erwählung Israels als Gottesvolk zuläuft.

4.4 Feministische Exegese des Alten Testaments

Abschließend sei auf eine wichtige Entwicklung der Bibelexegese hingewiesen, die sich erst in den letzten Jahrzehnten vollzogen hat. Es geht um die feministische Exegese der Bibel. Bis in das 20. Jh. hinein war die Bibel fast ausschließlich von Männern ausgelegt worden. Dadurch wurde die wichtige Rolle von Frauen in den biblischen Texten beinahe vollkommen verschüttet. Die archäologische Entdeckung der Göttin an der Seite JHWHs (► s. Kap. 4.2) im Jahre 1967 kann als Symbol für die Wiederentdeckung der weiblichen Dimension in der israelitischen Religion angesehen werden, die unter dem riesigen Berg der dominanten androzentrischen Bibelinterpretation begraben war. Ziel der feministischen Exegese ist es, frauenfeindliche Tendenzen in der Bibel und ihrer christlichen Auslegungsgeschichte aufzudecken und frauenbefreiende biblische Traditionen sichtbar zu machen. Dabei werden keine neuen Methoden entwickelt, sondern die bestehenden kritisch hinterfragt oder um neue Fragestellungen ergänzt. Jede Methode bekommt sozusagen eine feministische Option.

Grundlegend für die feministische Exegese ist die Einsicht, dass die Texte des AT „in einer patriarchalen Welt entstanden sind, mehrheitlich androzentrische Sichtweisen wiedergeben und daher grundsätzlich mit einer Hermeneutik der Skepsis zu lesen sind. Selektive Darstellung von Frauenwelt, Ausblendung, Polemik, Verzerrung, Idealisierung und Ideologie kann aber durchaus wichtige Informationen über Frauenalltag, -religion und -geschichte enthalten, wenn wir sie als solche zu entlarven lernen.“[10] Als „Schlüssel zu den verschlüsselten Informationen“ weiblicher Religiosität im Alten Israel dienen etwa die archäologischen bzw. ikonographischen Befunde, welche die biblischen Aussagen korrigieren, ergänzen oder gar widerlegen, ein Verfahren, das ja allgemein Gültigkeit besitzt (► s. oben Kap. 4.2 zur Landnahme). So kann die wirkliche Bedeutung der Aschera in Israel aufgrund der meist polemischen Aussagen aus dem Alten Testament allein nicht erschlossen werden. Die Bilder- und Textfunde aus dem Alten Israel haben hier zur Korrektur der biblischen Darstellung beigetragen. Ein weiterer Schlüssel besteht in widersprüchlichen Darstellungen desselben Sachverhalts innerhalb des AT, z.B. im Hinblick auf die weibliche Sexualität.

Hier können Methode und Ergebnisse der feministischen Exegese in der Kürze nicht angemessen dargestellt werden. Es sei daher auf das oben zitierte Buch hingewiesen, welches eine gute Einführung in die Thematik bietet. Da wir das Kapitel über die Forschungsgeschichte mit der Frage nach Mose und der mosaischen Verfasserschaft des Pentateuch begonnen haben, soll am Schluss die Frage nach einer Frau ste-

10 So Silvia Schroer in: (L. Schottroff / S. Schroer / M.-Th. Wacker, *Feministische Exegese, Forschungserträge zur Bibel aus der Perspektive von Frauen,* Darmstadt 1995, 87.

hen, die in der Exodustradition in den Schatten des Mose gestellt wurde, nämlich Mirjam, die Schwester des Mose und Aaron.

Nach Ausweis des Propheten Micha (6,3f.) gehört sie neben Mose und Aaron zu den großen Führungsgestalten der Befreiung aus der ägyptischen Unterdrückung. Während jedoch den beiden Männern höchste Ehre als Begründern der Rechtsprechung und des Kultes zuteil wurde, hat man die Frau in der Überlieferung beinahe unsichtbar gemacht. An einer Stelle tritt sie jedoch deutlich vernehmbar auf, nämlich in Num 12,1–15. Bezeichnenderweise wird sie dort negativ dargestellt, da sie es gewagt hatte, Mose zu widersprechen („Hat JHWH etwa nur mit Mose geredet? Hat er nicht auch mit uns gesprochen?" 12,2), wofür sie mit Aussatz bestraft wird. Diese Stelle ist symptomatisch für den patriarchalen Umgang mit religiös selbstbewussten Frauen. Doch gibt es auch eine positive Erwähnung Mirjams, wo sie als Prophetin bezeichnet wird. Dort hat sie die Befreiungserfahrung aus der ägyptischen Sklaverei, das Herzstück des alttestamentlichen Gottesglaubens, in einem kleinen Lied prägnant zusammengefasst, worin sie JHWH als den eigentlichen Befreier von der militärischen Macht der Ägypter preist. Wahrscheinlich handelt es sich dabei um einen der ältesten Texte des AT überhaupt. Damit jedoch der Vorrang des Mose gewahrt bleibt, hat man dem kleinen Mirjamlied später ein sehr langes Lied des Mose (20 Verse!) vorangestellt. Hier soll abschließend das Mirjamlied allein zur Sprache kommen:

„Singt JHWH, hoch erhaben ist er,
Ross und Wagen warf er ins Meer."

5 Die Methoden der modernen historisch-kritischen Forschung

Jedes Gespräch lebt davon, das sich die Gesprächspartner verstehen. Versteht man sich nicht, weil man etwa im Ausland die Sprache des Gegenübers nicht genügend beherrscht, so greift man zu Hilfsmitteln wie Wörterbüchern. Oder man beginnt sogar zu gestikulieren, um das Gemeinte zu vermitteln. Auch in solchen Fällen kommt es häufig doch noch zu einer Verständigung, weil man sich ja mit dem Gesprächspartner gemeinsam in einer eindeutigen Situation befindet, etwa einem Verkaufsgespräch oder in einem Restaurant.

Ähnliche Fragen entstehen beim Lesen von biblischen Texten. Auch sie sind ja als Gespräch zu verstehen, in dem bestimmte Erfahrungen, die Menschen mit Gott gemacht haben, über die Zeiten hinweg weitergegeben werden. Doch in diesem Fall stellt sich das Verstehensproblem um so dringender. Wir sprechen ja weder die Sprachen der Bibel (Hebräisch, Aramäisch und Griechisch), noch kennen wir die ursprüngliche Situation, in die hinein Texte sprechen wollten. Hinzu kommt, dass es sich um ein einseitiges Gespräch handelt; der biblische Text ist fixiert, kann sich selbst nicht erklären. Und dass Gestikulieren hier nicht weiterhilft, ist ohnehin klar.

Angesichts dieser Situation hat die Bibelwissenschaft ein methodisches Instrumentarium entwickelt, mit dessen Hilfe die Texte zum Sprechen gebracht werden sollen. Dabei steht im Mittelpunkt der Verständnisbemühungen die Leitfrage, was die Texte zu *ihrer* Zeit sagen wollten. Es geht also um ihren *historischen* Sinn, der durch *kritische Prüfung* von späteren Erweiterungen und Interpretationen abgehoben (bzw. ermittelt) werden soll. Daher spricht man von *historisch-kritischer Exegese.* Sie wurde in einem langen konfliktreichen Prozess seit der Aufklärung entwickelt (► s. Kap. 4).

Für Studierende der Lehrämter entsteht an diesem Punkt häufig ein

Dilemma: In der Regel sehen die Studienordnungen nicht vor, dass sie die einzelnen methodischen Schritte erlernen; das gilt auch für die hebräische Sprache. Dennoch sind die Ergebnisse dieser Forschung Gegenstand ihres Studiums des AT. Daher soll hier kurz dargestellt werden, welche Fragestellungen sich hinter den einzelnen Arbeitsschritten der Exegese verbergen.

5.1 Textkritik

Die erste Frage ist: Welches ist eigentlich mein Text? Was sich so banal anhört, ist ein hochkompliziertes Arbeitsfeld. Denn der biblische Text ist uns ja nicht in den Manuskripten der Verfasser überliefert worden, sondern er wurde über Jahrhunderte hinweg immer wieder abgeschrieben. Dabei kam es sowohl zu Schreibfehlern als auch zu absichtlichen Veränderungen. Will man nun den *ältesten erreichbaren Text* rekonstruieren, so geschieht das durch einen Vergleich aller erhaltenen Textzeugen untereinander. Als Textzeugen gelten nicht nur hebräisch-aramäische Handschriften, sondern auch die ältesten Bibelübersetzungen. Dabei ist die erste griechische Übersetzung (Septuaginta) besonders wichtig; zu nennen sind auch die aramäischen, die syrische und die lateinischen Versionen.

Eines der wichtigsten Ergebnisse der textkritischen Forschung ist, dass es zur Zeitenwende nicht *den* Text der hebräischen Bibel gegeben hat, sondern dass verschiedene Gruppen innerhalb des damaligen Judentums eigene Versionen der Bibel benutzten, die charakteristische Abweichungen voneinander hatten.

5.2 Literarkritik

Der nächste Arbeitsschritt nach der ältesten erreichbaren Textgestalt befasst sich mit der Frage nach Umfang und literarischer Einheitlichkeit des Textes. Gibt es Zeichen dafür, dass er durch Zusätze erweitert wurde? Dass aus verschiedenen Versionen einer Geschichte ein größeres Ganzes geschaffen wurde? Dass Teile des ursprünglichen Berichts weggefallen sind? Eine ganze Reihe von Indizien kann dazu ausgewertet werden; grundlegend ist die Suche nach Rissen, Doppelungen und Widersprüchen im Text. Allerdings ist hier besondere Vorsicht geboten, da wir ja das biblische Hebräisch nur unzureichend verstehen. Zudem ist manches, was uns heute unvereinbar erscheint, für altorientalisches Denken kein Widerspruch.

Ein klassisches Ergebnis dieser literarkritischen Frage ist die Erkenntnis, dass der Sintflutbericht in Gen 6–9 aus zwei Erzählungen zusammengesetzt ist. Das erkennt man etwa an den unterschiedlichen Angaben zur Dauer der Sintflut oder an der Zahl und Art der Tiere, die Noah mitführt. Auch werden manche Details doppelt berichtet.

5.3 Überlieferungs- und Traditionsgeschichte

Im Idealfall kann man durch die Literarkritik die erste verschriftete Form eines biblischen Textes bestimmen. Doch sehr häufig muss man noch weitere Vorstufen annehmen, der Text kann sowohl eine schriftliche als auch eine mündliche Überlieferungsgeschichte haben. Beim Beispiel der Sintfluterzählung weiß man durch babylonische Quellen sehr genau, dass es im Zweistromland ebenfalls solche Fluterzählungen gab, die der biblischen bis ins Detail hinein gleichen (► s. Kap. 4.3). Interessant sind jedoch die Abweichungen, denn an den Veränderungen lässt sich erkennen, wo die biblische Überlieferung ihre eigenen Aussageakzente gesetzt hat.

Viel häufiger als die Übernahme ganzer Erzählungen aus der Umwelt geschah etwas anderes, nämlich die Aufnahme geprägter Denk- und Sprachtraditionen. So wird der Zion in Jerusalem mit ganz bestimmten Vorstellungen wie etwa den Cheruben verbunden; zum Bericht über den Exodus aus Ägypten gehört ein festes Repertoire von Aussagen; Schöpfungsaussagen bedienen sich charakteristischer Sprachtraditionen. Auch einzelne Sprachbilder lassen mitunter eine feste Prägung erkennen, etwa der Vergleich der Vergänglichkeit des Menschen mit einer Blume im heißen Wind (Jes 40,6f.). Solche sprachlichen Motive lassen nicht nur erkennen, aus welchen Denktraditionen die jeweiligen Verfasser stammen. Oft ist es sogar möglich, bestimmte Aussagen konkreten Zeitabschnitten der Geschichte Israels zuzuordnen, weil manche Traditionen oder Motive erst von einer bestimmten Zeit an oder nur bis zu einer bestimmten Epoche verwendet wurden.

Der Arbeitsschritt Überlieferungs- und Traditionsgeschichte ermöglicht es also, den konkreten Text in der Sprach- und Denkwelt seiner mutmaßlichen Entstehungszeit zu sehen, um so seine eigene charakteristische Aussage zu erkennen. In Fällen, in denen man bei der Literarkritik Wachstumsstufen im Text festgestellt hat, lassen sich solche Fragen an jede dieser Stufen stellen.

5.4 Formgeschichte

Standen bisher die inhaltlichen Aussagen des Textes im Mittelpunkt, ergibt sich nun eine notwendige Folgefrage: Welche Funktion kann ein solcher Text haben? Lässt sich noch erkennen, in welche Situation hinein er ursprünglich gesprochen war? Grundlegend ist die Einsicht, dass sowohl die gesprochene als auch die verschriftete Sprache festen Mustern folgt, die von der Funktion der Rede abhängig sind. Zur Verdeutlichung zwei Gegenüberstellungen: Für eine Werbebroschüre wird eine andere Sprache – sowohl in Wortwahl als auch in Grammatik – verwendet als für eine Reportage; bei einem Glückwunsch redet man anders als bei einem Vortrag.

Auch biblische Texte folgen solchen formellen Mustern. Sehr leicht kann man am Vergleich eines Klagepsalms (Ps 13) mit einem Hymnus (Ps 103; 136) die Unterschiede in Aufbau und Sprache erkennen; ebenso deutlich sind die Unterschiede zwischen einer Prophezeiung (Jes 8,5 ff.) und einem Weisheitsspruch (Prov 24,16). Texte, bei denen nun dieselben Formmerkmale erkennbar sind, können folglich als Vertreter einer bestimmten Gattung gelten, etwa der Hymnen oder der Danklieder.

Für diese Gattungen kann man dann einen typischen „Sitz im Leben" annehmen, etwa bei den Hymnen im Kultus oder bei den Weisheitssprüchen in der Erziehung am Hofe. So lassen sich die Lebensvollzüge präziser erkennen, in die hinein die Texte seinerzeit gesprochen wurden. Auch dieser Arbeitsschritt muss wieder für die einzelnen Wachstumsstufen des konkreten Textes separat angewendet werden.

5.5 Der historische Ort des Textes

Ein weiterer notwendiger Schritt der Interpretation ist die Feststellung, in welchen Zeiten der Text mit seinen Wachstumsstufen mutmaßlich entstanden ist. Was lässt sich über die jeweiligen äußeren Bedingungen dieser Zeit sagen? Was ist dem Text selbst über historische Dinge zu entnehmen? An welchem Ort spielt er, von welchen Personen spricht er, welche ökonomische oder historisch-politische Situation setzt er voraus? Es ist einsichtig, dass ein Text, der im babylonischen Exil entstanden ist, andere Fragen stellt und Antworten gibt als ein Text, der noch aus der vorexilischen Königszeit stammt.

Dieser Arbeitsschritt erfordert eine besondere Vertrautheit mit der Geschichte und Religionsgeschichte des Alten Orients, mit geographischen und archäologischen Details (► s. oben Kap. 4.2 und 4.3). Erneut ermöglicht er in vielen Fällen auch die Erkenntnis von späteren Zuwächsen zu alten Texten; besonders deutlich ist das etwa im Fall des Hoseabuches, wo Sprüche, die ursprünglich Israel im Norden galten, später auch auf das Südreich Juda bezogen wurden. Ebenso erweist eine genaue Kenntnis der persischen und griechischen Geschichte, dass das Danielbuch nicht zur Zeit des Exils, sondern erst deutlich später entstanden sein kann.

5.6 Redaktionsgeschichte

Nachdem der Text wie mit einer Lupe in allen seinen Schichten untersucht wurde, stellt sich abschließend die Aufgabe, sein Wachstum bis hin zu seiner heutigen Fassung zu erklären. Mit welchen Absichten mögen ein oder mehrere Redaktoren den Text ergänzt haben? Welche Aussagen wollten sie pointieren, welche abschwächen? Welche veränderte Aussage hat sich u.U. dadurch ergeben, dass sie den Text in ein neues Umfeld eingestellt haben (vgl. etwa den Psalm in Jona 2 oder die Natanweissagung in 2 Sam 7)?

Diese abschließend-umfassende Interpretation des Textes und seiner Redaktionen reicht zunächst bis zu der Stufe, die in der Textkritik festgestellt worden war; hier schließt sich also der Kreis. Doch schon ein Blick ins Neue Testament zeigt häufig, dass die Geschichte der Texte über das AT hinaus weist. So ist der Satz Jesajas von dem Kind, das eine junge Frau gebären wird (Jes 7,14), in der griechischen Übersetzung auf eine Jungfrau gedeutet worden. Dieses Verständnis des Textes hat dann Matthäus (1,23) aufgenommen; so kam es zur Vorstellung von der Jungfrauengeburt, ohne die wesentliche Elemente der christlichen Bekenntnisbildung nicht verständlich sind. Die Interpretation biblischer Texte schließt folglich auch ihre *Rezeptionsgeschichte* mit ein.

Eine abschließende Bemerkung: Der hier vorgestellten Abfolge der einzelnen Arbeitsschritte eignet eine gewisse Künstlichkeit. In der Praxis lassen sie sich nicht so isoliert durchführen; die Grenzen zwischen den einzelnen Fragestellungen sind oft fließend, ebenso werfen Ergebnisse des einen Methodenschrittes neues Licht auf die eines anderen. Das erschwert beim Lesen exegetischer Literatur oft das Verständnis. Hier hilft nur der Versuch, das jeweils Gelesene mit den oben genannten Leitfragen in Verbindung zu bringen, um so Verlauf und Absicht der Argumentation zu erkennen.

Gleichzeitig ist wichtig, dass man sich nicht von den Fragestellungen der exegetischen Literatur vereinnahmen lässt, sondern dass man sich die *eigenen* Fragen an den Text bewusst macht. Nur so hat das Gespräch mit den biblischen Texten über die Zeiten hinweg Sinn. Andererseits dienen die vorgestellten Methodenschritte dazu, den Text in seiner Eigenart wahrzunehmen, ihn vor vorschnellen Vereinnahmungen zu schützen. Auf diese Weise können die Anliegen beider Partner des Gesprächs bewahrt werden.

6 Schwerpunktthemen des Alten Testaments

Im folgenden Kapitel werden einige Themen entfaltet, die für das Verständnis des AT insgesamt wichtig sind. Da im Rahmen dieses Buches nur begrenzter Raum zur Verfügung steht, musste eine Auswahl getroffen werden: Der gemeinsame Nenner der Themen ist die Frage, wie Israel nach dem Zeugnis des AT seine Gottesbeziehung gestaltet und erfahren hat. Folgende Aspekte sollen hier skizziert werden: Israel begegnet JHWH, seinem Gott, in der Geschichte (Bundesschlüsse), im Tun des Gotteswillens (Gesetz, Dekalog), im Tempelkult, im König als Gesalbten Gottes (Messias) und in der Schöpfung. Schließlich wird gefragt, welche spezifischen Merkmale der israelitische Gottesglaube aufweist. Bei all diesen Themen sollen jeweils die gesamtbiblische Relevanz und der aktuelle Bezug mit im Blick sein.

6.1 Der Bund JHWHs mit Israel

In der Soziologie versteht man unter „Bund“ eine soziale Beziehung, die gekennzeichnet ist „durch gemeinsame ideologische Orientierung und enge personale Beziehungen der Mitglieder untereinander“.[11] Die kleinste soziale Gestalt des Bundes ist wohl der Ehebund. Warum schließen zwei Menschen einen „Bund fürs Leben“? Vor allem versprechen sie sich damit gegenseitige Treue. Da die anfänglich starke Liebesbeziehung im Laufe des Lebens immer wieder Krisen ausgesetzt sein wird, bedarf es eines festen Fundaments, das auch in schwierigen Zeiten trägt. Es geht also bei einem Bund um Verlässlichkeit und um Vertrauen zwischen Menschen, deren Wesen es ist, unbeständig und wechselhaft zu sein. Auch auf der politischen Ebene versucht man durch Bundesschlüsse, Stabilität und Verlässlichkeit zu garantieren, ohne die es keine gelingende menschliche Gemeinschaft geben kann.

Im AT ist der Begriff „Bund“ (*b^e^rit*) ein wichtiger Begriff, der an the-

---

11 Microsoft LexiRom.

ologisch zentralen Stellen das Verhältnis zwischen Gott und seinem Volk bezeichnet. In der Umwelt Israels wird dieser Begriff weniger auf das Verhältnis zwischen Gottheit und Mensch, sondern vor allem auf Vereinbarungen menschlicher Partner angewendet: Ein König erlegt etwa seinen Untertanen eine bestimmte Verpflichtung auf (sog. *Vasallenvertrag*) oder schließt mit ihnen einen Schenkungsvertrag. Vor allem die um 1200 v. Chr. plötzlich untergegangene Großmacht der Hethiter führte das Vertragswesen in die Geschichte ein. Bei solchen vertraglichen Bundesschlüssen sind die Partner in keinem Fall gleichrangig, sondern der Bund wird stets vom höher Gestellten gewährt oder gestiftet. Dies bedeutet, dass die Verbindung für den niedriger gestellten Partner exklusiv ist, Bündnisse zu anderen Mächten also verboten sind (vgl. Ex 34,10–17). Wenn diese Bundesvorstellung nun im AT auf das Verhältnis zwischen Gott und Mensch übertragen wird, so ergibt sich daraus folgerichtig das erste Gebot.

Die theologische Bundesvorstellung ist wahrscheinlich erst spät entstanden (wohl im 7. Jh. mit dem Aufkommen der dtn./dtr. Bewegung). Wie der Bundesschluss zwischen Abraham und Abimelech in Gen 21 zeigt, gab es vorher die Verwendung des Bundesbegriffes für zwischenmenschliche Verträge, bei denen die (jeweilige) Gottheit als Garant für die Einhaltung des Bundes fungierte. Die im Bundesgedanken ausgedrückte Vorstellung einer besonderen Beziehung zwischen Gott und Mensch konnte auch mit anderen Begriffen ausgedrückt werden, so mit dem der Erwählung oder in der Frühzeit prophetischer Verkündigung mit dem Bild von der Ehe Gottes mit seinem Volk (vgl. Hos 2,20).

Mit der Bundeszusage wendet sich Gott seinem Volk in einzigartiger Weise zu. Nach G. v. Rad ist das durch den Bundesschluss garantierte Verhältnis am besten mit dem Begriff *Schalom* (Friede, Heil) charakterisiert. Inhalt des Bundes ist vor allem eine Zusage Gottes, die jedoch das Halten des Bundes auf Seiten der Menschen impliziert, indem die Gebote des Bundes befolgt werden. Freilich ist im Falle der Bundestreue die Zuwendung Gottes nicht formalrechtlich einklagbar, doch man konnte an JHWH appellieren, seines Bundes zu gedenken (vgl. Jer 14,21; Ps 89,40).

Nach der dtn./dtr. Bundestheologie ist der Bund zwischen JHWH und Israel am Horeb (Sinai) geschlossen worden (Dtn 5,2 f.). Inhalt des Bundes sind die Gebote – vor allem der Dekalog, der gewissermaßen die Bundesurkunde darstellt. Zentrales Anliegen der dtn./dtr. Bundestheologie ist es, vor der Verehrung anderer Götter oder Verletzung der sozialen Gebote zu warnen. Gottes Zusage und Israels Verpflichtung stellen die beiden Seiten der dtn./dtr. „Bundes-Medaille" dar. Heil und Unheil in Israels Geschichte hängen daher von der so verstandenen Bundestreue Israels ab: Immer dann, wenn Israel den am Sinai/Horeb gestifteten Bund gebrochen hat, kam es zu Katastrophen in der Geschichte Israels (vgl. Ri 2,10 ff.; 2 Kön 17,7 ff.). Damit wird der Begriff des Bundes zur zentralen geschichtlichen Deutekategorie.

In der priesterschriftlichen Theologie (P) der Exilszeit kommt dagegen der Sinai-Bund nicht vor, sondern nur der Noah- und Abrahambund (Gen 9/17). Mit diesen Bundesschlüssen werden bei P die großen Wendepunkte der Heilsgeschichte Israels markiert. Nach dem Bundesbruch Israels und der Katastrophe von 587 wird der Bund hier zur reinen Zusage, die vom Menschen nicht beeinflusst werden kann: Es wird nie wieder zur Katastrophe (Sintflut) kommen, woran der Regenbogen als unverfügbares kosmisches Bundeszeichen erinnert (Gen 9,17). Die „Bundes-Medaille" hat nur noch eine Seite – die der gnädigen göttlichen Zusage. Zwar können einzelne Menschen oder Generationen aus dem Bund herausfallen, jedoch bleibt der göttliche Bund selbst in Ewigkeit bestehen, wie auch der Abraham-Bund (Gen 17,7) zeigt, dessen Bundeszeichen die Beschneidung ist (Gen 17,10).

Im Angesicht der Katastrophe von 587 formuliert die Jeremia-Theologie die Erwartung eines neuen Bundes (Jer 31,31 ff./32,37 ff.). Auch sie geht davon aus, dass der erste Bund an der menschlichen Sünde gescheitert ist (Jer 17,1). Der neue Bund soll daher einen ganz anderen Charakter haben: Das Gesetz wird in die Herzen geschrieben, so dass die Gottesbeziehung nicht mehr am Versagen des Menschen scheitern kann. Neu werden muss also das Innerste des Menschen, während der Inhalt des Bundes, die Tora, derselbe geblieben ist, da die Tora ja gut ist und zum Leben verhilft. Die utopisch anmutende Konzeption des neuen Bundes markiert eine grundlegende Wandlung des Menschenbildes im AT. Damit ist zugleich der Weg zu einer eschatologischen Interpretation des Bundes eröffnet, wie sie uns im Neuen Testament begegnet. In Jesus Christus wird der Bund Gottes für alle Menschen geöffnet und auf ein neues Fundament gestellt (1 Kor 3,11; 11,25). Ziel des Neuen Bundes ist die vollkommene eschatologische Gemeinschaft mit Gott, die in der Begegnung mit Jesus Christus schon im irdischen Leben „stückweise“ erfahren werden kann (vgl. 1 Kor 13,12). Aus dieser im Sinne von Jer 31,33 „herzlichen“ Gottesbeziehung erwachsen auch in den zwischenmenschlichen Beziehungen Verlässlichkeit und Vertrauen, ohne die menschliche Gemeinschaft nicht gelingen kann. Daher ist der Bund mit Gott vor allem für den Menschen selbst lebensnotwendig. Durch die „Rückbindung“ an Gott (lat. religo, -> Religion) wird der Mensch nicht seiner Freiheit beraubt, sondern menschliche Beziehungen bekommen so erst eine verlässliche Grundlage, auf der sich verantwortliche Freiheit entfalten kann.

6.2 Der Dekalog / Die Zehn Gebote

Auf der Ausgabe des „Spiegel“ vom 20.12.1999 ist auf dem Titelbild der vom Sinai herabsteigende Mose mit den Gebotstafeln zu sehen. Darunter liest man: „3000 Jahre nach Moses, 2000 Jahre nach Christus – Wo ist die Moral?“ Der mit „Tanz ums goldene Kalb“ überschriebene Hauptartikel diagnostiziert eine allgemeine moralische Krise in Deutschland. Die verlorene Moral wird in dem Artikel vor allem in den Zehn Geboten dingfest gemacht, die als „die chernen Gebote der menschlichen Moral“ bezeichnet werden. Es ist erstaunlich, wie positiv das ansonsten recht kirchenkritische Magazin diesen biblischen Text aufgreift. Handelt es sich bei den Zehn Geboten (Dekalog) aber tatsächlich um eine Art ethisches Grundgesetz der Menschheit?

Zunächst einmal ist der Dekalog ein zentraler Gesetzestext für Israel, der ausdrücklich mit der Befreiung aus der ägyptischen Sklaverei in Zusammenhang gebracht wird (Ex 20,2). Einige Dekalog-Gebote/Verbote waren in Form von Reihungen schon seit alters in Israel im Umlauf. Sie waren kurz und einprägsam formuliert, was im Hebräischen noch besser als im Deutschen zum Ausdruck kommt, z.B. *„lo tirzach; lo tin'af; lo tignob“* („du sollst nicht töten; du sollst nicht ehebrechen; du sollst nicht stehlen“). Der Name „Dekalog“ leitet sich aus dem Griechischen her und lautet übersetzt „Zehnwort“ (vgl. Ex 34,28 LXX). Die Zehnzahl hat wohl einen didaktischen bzw. mnemotechnischen Grund: Durch Abzählen an den Fingern konnte man sich die einzelnen Gebote und Verbote leicht merken.

Die dem Mose am Sinai offenbarten „Worte des Bundes“ (Ex 34,28) sollen als eine Zusammenfassung des an Israel ergangenen Gotteswillens angesichts der Befreiung aus der ägyptischen Sklaverei verstanden werden (Ex 20,2). Dabei hat man sich auf elementare Regeln des Zusammenlebens beschränkt; es handelt sich sozusagen um einen Minimalkatalog. Viele wichtige Themen des israelitischen Rechts fehlen (z.B. Kult, Feste, Personen minderen Rechts). Als Dekalog im engeren Sinne gelten die beiden Reihungen Ex 20,1–17 und Dtn 5,6–21. An beiden Stellen erweist sich der Dekalog als selbstständige literarische Einheit, die durch eine Redaktion in ihren jetzigen Kontext eingefügt wurde. Dabei bildet Ex 20 programmatisch die Eingangstür zu allen weiteren Gesetzen der Tora. Allerdings finden sich innerhalb des AT noch weitere Reihungen von Rechtssätzen (z.B. Kultischer Dekalog Ex 34,10–26(28); Privilegrecht JHWHs Ex 23,10–19; Ehe- und Reinheitsgesetze Lev 18,6–24).

Die Besonderheit des Dekalogs gegenüber den anderen apodiktischen Reihen besteht darin, dass hier nicht einzelne Bereiche, sondern das Ganze des menschlichen Lebens angesprochen ist, nämlich 1. die Gottesbeziehung, 2. der Bereich der Familie und 3. das öffentlich-soziale Leben. Auch an den parallel überlieferten Reihungen von Rechtssätzen ist erkennbar, dass die klassischen Dekaloge in Ex 20 und Dtn 5 offensichtlich spätere Bildungen sind (spätvorexilisch, dtn./dtr.?), die das Bestreben haben, das gesamte Verhältnis zwischen Gott und Menschen bzw. Israel umfassend zu ordnen. Die älteren Reihen beziehen sich dagegen auf Einzelaspekte (Reinheit, Kultus etc.). Einzelgebote können dabei aber älter als die Gesamtkomposition sein. Nach Dtn 5,22 werden die Gebote auf die beiden steinernen Tafeln verteilt, die Mose laut Ex 32,15f./34,1.29 auf dem Gottesberg erhalten hat.

Die Einleitung des Dekalogs macht deutlich, dass Gottes Heils*gabe* – die Befreiung aus der ägyptischen Sklaverei (Ex 20,2; Dtn 5,6) – der *Aufgabe* der Gebotsbeachtung (20,3ff.) vorangestellt ist. Das Halten der Gebote ist also nicht der heilvollen Zuwendung Gottes konditional vorgeordnet. Der Mensch soll nur das tun, was dem Heilshandeln Gottes entspricht. Die Erinnerung an die Befreiung aus der Sklaverei in der Dekalogeinleitung macht deutlich, dass die Gebote der Bewahrung der Freiheit dienen. Negativ formulierte Sätze sollen als Verbotsschilder die Grenze markieren, hinter der ein bundesgemäßes Leben nicht mehr möglich ist. Der Dekalog sichert demnach die Ordnung des Bundes und so heilvolles Leben in Freiheit.

Charakteristisch für die Rechtssätze des Dekalogs ist der so genannte *apodiktische Stil* (A. Alt) nach dem Muster „Du sollst / wirst (nicht)". Es handelt sich also um eine absolute Formulierung ohne Angabe eines genauen Fallbeispiels oder einer Strafandrohung, was den fundamentalen Charakter der Gebote unterstreicht. Im Unterschied dazu wird beim *kasuistischen Rechtssatz* ein konkreter Rechtsfall samt der daraus folgenden Strafe geschildert, z.B.: „Wenn jemand ein Rind oder ein Schaf stiehlt und schlachtet's oder verkauft's, so soll er fünf Rinder für ein Rind wiedergeben und vier Schafe für ein Schaf." (Ex 21,37) Dieses kasuistische Recht hatte im Alten Orient bereits vor der Entstehung Israels eine lange Tradition, man vergleiche etwa die Rechtssammlung des babylonischen Königs Hammurapi aus dem 18./17. Jh. v. Chr. Im AT findet man kasuistische Rechtssätze etwa im sog. *Bundesbuch* (Ex 21–23).

Hier ist es nicht möglich, die Abweichungen der beiden Dekalogreihen in Ex 20 und Dtn 5 sowie den ursprünglichen Sinn der Einzelgebote zu erörtern.[12] Hinzuweisen ist aber auf die unterschiedliche Zählung der Gebote in der jüdischen, römisch-katholischen, reformierten und lutherischen Tradition:

Römisch-katholisch / Lutherisch	**Jüdisch / Reformiert**
1. *Selbstvorstellung* Gottes, Ex 20,2 / Dtn 5,6	Jüd: 1., Ref: 1.
Fremdgötterverbot, Ex 20,3 / Dtn 5,7	Jüd: 2., Ref: 1.
Bilderverbot, Ex 20,4-6 / Dtn 5,8-10	Jüd: 2., Ref: 2.
2. *Missbrauch des Gottesnamens*, Ex 20,7 / Dtn 5,11	Jüd: 3., Ref: 3.
3. *Sabbatheiligung*, Ex 20,8-11 / Dtn 5,12-15	4.
4. *Elterngebot*, Ex 20,12 / Dtn 5,16	5.
5. Verbot des *Tötens*, Ex 20,13 / Dtn 5,17	6.
6. Verbot des *Ehebruchs*, Ex 20,14 / Dtn 5,18	7.
7. Verbot des *Stehlens*, Ex 20,15 / Dtn 5,19	8.
8. Verbot der *falschen Aussage*, Ex 20,16 / Dtn 5,20	9.
9. Verbot des *Begehrens des Hauses*, Ex 20,17a / Dtn 5,21a	10.
10. Verbot des *Begehrens von Frau + Sklaven*, Ex 20,17b / Dtn 5,21b	10.

Die Forschung hat gezeigt, dass der Dekalog ursprünglich in erster Linie den freien israelitischen Bauern mit Land- und Viehbesitz im Blick hatte. Es geht nicht um eine Universalethik, sondern um Regeln des menschlichen Zusammenlebens in konkreten sozialen Verhältnissen

12 Vgl. F.L. Hossfeld, *Der Dekalog*, Göttingen/Fribourg 1982.

Israels im 7. Jh. v. Chr. Trotzdem verliert der Dekalog dadurch nichts von seiner ethischen und religiösen Bedeutung.

Im Hinblick auf die eingangs angesprochene aktuelle Debatte um die schwindende Moral der Deutschen ist es wichtig, die theologische Grundlage des Dekalogs zu bedenken. Es genügt nicht, an die ungebrochene Gültigkeit einzelner Gebote zu erinnern und an ihre Einhaltung zu appellieren. Die Zehn Gebote setzen eine intensive Gottesbeziehung voraus, die Erfahrung der heilvollen Zuwendung Gottes zu seinem Volk bei der Befreiung aus der Sklaverei. Daher ist die verlorene Gottesbeziehung der entscheidende Punkt bei der Diskussion um die verlorene Moral in unserer Gesellschaft. Wo wird Gottes Befreiungshandeln heute für den säkularisierten Menschen in seinen vielfältigen Abhängigkeiten erfahrbar, so dass er zu verantwortlichem Handeln befähigt wird?

6.3 Tempel und Opferkult

Im Jahre 520 v. Chr. tritt in Jerusalem ein Prophet namens Haggai mit einer für heutige Ohren sehr befremdlich klingenden Botschaft auf: Der Grund für eine schlimme Dürre liege darin, dass der 587 v. Chr. von den Babyloniern zerstörte Tempel immer noch nicht wiedererrichtet sei (Hag 1,9 ff.). Die Fruchtbarkeit des Landes macht der Prophet unmittelbar von der Existenz des Tempels abhängig (vgl. 2,15–19). Für Menschen der Gegenwart ist es kaum noch nachvollziehbar, welch fundamentale Bedeutung der Tempel als „Haus Gottes" für antike Menschen hatte. Nach israelitischem Verständnis ist der Tempel die Wohnstatt Gottes (Ps 132,13 f.). Hier hat der als himmlischer König (Ps 2,4) vorgestellte Gott Israels seinen irdischen Thron (vgl. Ps 9,12; 1 Kön 8,13); hier kann der Mensch wie sonst nirgends die Präsenz des heiligen Gottes erfahren (vgl. Jesajas Thronvision in Jes 6). Daher bedeutete nach damaliger Auffassung die Zerstörung des Tempels auch den Verlust der segensreichen Gegenwart Gottes.

6.3.1 Die Zionstradition

Um den Zion als Tempelberg rankt sich also ein ganz spezifischer religiöser Vorstellungszusammenhang, der die besondere Würde dieses

Ortes belegt. Der Zion als Wohnort JHWHs ist die Stätte seines heilvollen Handelns für Israel. Da der Gott Israels hier als König residiert (Jes 24,23), haben Feinde keine Chance, etwas gegen die Gottesstadt auszurichten (Ps 46,6ff.). Zion gilt als von Gott erwählt (Ps 132,13) und von ihm gegründet (Jes 14,32). Der Tempel ist die Schnittstelle zwischen himmlischer und irdischer Welt, ist gleichsam „der Himmel auf Erden" (B. Janowski).

Diese Zionstradition findet sich vor allem in bestimmten Psalmen (v.a. 46; 48; 110), in denen der Zion verherrlicht wird. Die Trauer über die Zerstörung des Tempels in den Klageliedern macht deutlich, als wie katastrophal der Verlust des Tempels nach 587 v. Chr. empfunden wurde. Nach Jesaja hatte zwar JHWH Jerusalem seinen Schutz in Übereinstimmung mit der Zionstheologie zugesagt. Doch war diese Zusage an die Ausübung von Recht und Gerechtigkeit gebunden (1,27), sonst würde der Zion zum Ort des Gerichts werden. Bei Micha findet sich eine eindeutige Unheilsansage: Zion wird wie ein Acker umgepflügt und entvölkert werden (3,10ff.). Ähnliches hören wir von Jeremia (vgl. Jer 7). Aufgrund der vorexilischen Tempelkritik, die seinerzeit noch als Sakrileg empfunden wurde (vgl. Jer 26), konnte im Exil die traumatische Erfahrung der Tempelzerstörung verarbeitet werden. Danach hat sich in diesem Ereignis nicht JHWHs Ohnmacht gegenüber Babylon gezeigt, sondern sein Gericht über das sündige Israel.

Auch das Deuteronomium hat dem Tempel schon vor dem Exil ein Stück seiner sakralen Weihe genommen, indem es das Jerusalemer Heiligtum nicht mehr als Thron- und Wohnort JHWHs versteht, sondern als Ort, den JHWH erwählt hat, „um daselbst seinen Namen wohnen zu lassen." (Dtn 12,5.11) Damit sollte offenbar einem Tempelverständnis entgegengewirkt werden, wonach JHWH an das Heiligtum gebunden, also durch das Gebäude begrenzt und in seiner Wirksamkeit eingeschränkt sei. Nach der Zerstörung des Tempels hat die deuteronomistische Theologie diese Namenstheologie vertieft: JHWHs Name ist zwar im Tempel anwesend; er selbst thront jedoch im Himmel (1 Kön 8,29–45). Der Tempel ist nicht mehr Wohnhaus JHWHs, sondern in erster Linie Gebetsstätte. Auch sonst wird ab der Exilszeit das himmlische Wohnen JHWHs betont (vgl. Jes 40,22; Ps 103,19). Vereinzelte radikale Stimmen lehnen sogar den Tempel grundsätzlich unter Verweis auf Gottes universale Präsenz als Schöpfergott ab (Jes 66,1f.). Durchgesetzt haben sich jedoch die Tempelbefürworter wie Haggai und Sacharja. Im Jahre 515 wurde nach fünf Jahren Bauzeit der zweite Tempel eingeweiht. Er bildete fortan den religiösen Mittelpunkt des nachexilischen Judentums.

6.3.2 Der Opferkult am Tempel und die prophetische Kultkritik

Wie eingangs an der Botschaft des Propheten Haggai verdeutlicht, bestand nach priesterlichem Verständnis der Sinn des Tempels darin, durch den rechten Gottesdienst Segen und *Schalom* für Israel zu erlangen und das Gottesverhältnis durch Opfer stets wieder in Ordnung zu bringen. So wurde der große Versöhnungstag *(Jom Kippur)* zum wichtigsten Fest des nachexilischen Judentums. Nur an diesem Bußtag durfte der Hohepriester das Allerheiligste betreten. Im Ritual des Versöhnungstages wurden die Sünden des Volkes symbolisch auf einen Ziegenbock aufgeladen, den man dann in die Wüste schickte (vgl. Lev 16). Seit der Zerstörung des Tempels im Jahre 70 n. Chr. ist all dies unmöglich. Doch blieb dem *Jom Kippur* als höchstem Feiertag des Judentums der Sinn der Sühne für begangene Sünden.

Der Tempelkult bestand aus einem komplizierten System von Opferhandlungen, die zu bestimmten Zeiten des Tages- oder Jahreskreises vollzogen werden mussten (vgl. Festkalender in Lev 23–25; Dtn 16). Opfer waren in der Antike der klassische Weg der Kommunikation mit der Gottheit. Die priesterlichen Texte des Alten Testaments unterscheiden Brandopfer, Speiseopfer, Heils- bzw. Dankopfer, Reinigungsopfer (Sündopfer) und Schuldopfer, die unterschiedliche religiöse Funktionen haben, wie aus den Bezeichnungen hervorgeht. Obwohl trotz der vielen Opfervorschriften wenig über ihren Sinn gesagt wird, lassen sich vor allem drei Aspekte erkennen: 1. Opfer als *Gabe für JHWH* (Brandopfer und Speiseopfer, vgl. Lev 1–2); 2. Opfer als Ausdruck der *Gemeinschaft mit JHWH* (Heils- bzw. Dankopfer, Lev 3); 3. Opfer als *Sühnung durch JHWH* (Sünd- und Schuldopfer, Lev 4–5).

Die Gefahr der kultischen Verehrung JHWHs bestand in der ritualistischen Verengung der Gottesbeziehung und einer damit verbundenen Heilssicherheit. Nach prophetischem Verständnis soll der Gottesdienst nicht nur im Kult, sondern im gesamten Lebensvollzug geschehen. So sprechen die vorexilischen Propheten Amos und Jesaja auf je eigene Weise ein scharfes „Nein“ zu den Gottesdiensten Israels mit ihren Wallfahrten, Opfern, Liedern und Gebeten (Am 5,4–24; Jes 1,10–17), da im Alltag ständig gegen Recht und Gerechtigkeit, d.h. gegen das bundesgemäße Verhalten, verstoßen wurde (vgl. auch Hos 6,6). Besonders eindringlich formuliert Micha, worüber sich JHWH freut (Mi 6,6–8): nicht über Opfer, sondern über Recht, Güte und Demut. Deshalb ist ein Opferkult ohne Konsequenzen für den Alltag ein Gräuel für JHWH. Einem Tempel, in dem solcher Gräuel sich vollzieht, entzieht JHWH seine Gegenwart und gibt ihn dem Untergang preis (vgl. Jer 7). Die wohl schärfste Kritik am Jerusalemer Tempelkult findet sich in Jes 66,3f.: Diejenigen, die am Tempel Tiere opfern, werden mit Mördern und Götzendienern verglichen, da sie in Wirklichkeit nur „ihre eigenen Wege gewählt haben“ und „ihre Seele Gefallen hat an ihren Gräueln“. Daher wird JHWH „über sie kommen lassen, wovor ihnen graut“. Die Tempelzerstörungen in den Jahren 587 v. Chr. und 70 n. Chr. konnten daher als Erfüllung dieser prophetischen Unheilsvoraussagen gewertet werden.

Aus christlicher Sicht steht es uns nicht zu, den israelitisch-jüdischen Opferkult am Tempel als gescheiterte Form des Gottesverhältnisses zu disqualifizieren. Vielmehr sollten auch wir unsere heutige Gottesdienstpraxis immer wieder überprüfen, ob sie nur noch aus leeren Ritualen zur religiösen Selbsterbauung besteht, oder ob sie Auswirkungen auf unsere Lebenspraxis hat (vgl. Mi 6,6–8).

6.4 König und Messias

Während die Heilsbedeutung eines Tempels modernen Menschen kaum noch zu vermitteln ist, sieht dies im Falle des Königtums anders aus: Die lebhafte Anteilnahme der Öffentlichkeit am Leben gekrönter Häupter ist noch ein schwacher Nachklang der einst überragenden Bedeutung, die dem Königtum bis zur Zeit der Aufklärung in Europa zukam. Doch bis heute ist die Sehnsucht der Menschen nach einer charismatischen Führergestalt ungebrochen. Sie kann bis zum antiken Herrscherkult zurückverfolgt werden.

6.4.1 Die Königstheologie und die prophetische Kritik am Königtum

Der König war im Altertum nicht nur das politische, sondern auch das religiöse Zentrum der Gesellschaft. Wie der Tempel als Ort der Gottesgegenwart galt, so repräsentierte der Herrscher in seiner Person die Gottheit auf Erden. Ihm kam damit eine zentrale Rolle in Religion und Gesellschaft zu. Als Repräsentant Gottes hatte er die Gerechtigkeit im Lande zu schützen, göttlichen Segen zu vermitteln, ja von ihm glaubte man das Wohl und den Fortbestand des Landes abhängig. Er war somit Mittler zwischen Gott und Mensch. Häufig war er der oberste Priester, der den Göttern opfert, um damit die Lebensordnungen in Natur und Gesellschaft aufrechtzuerhalten.

Mit der Einführung des Königtums hat Israel auch Elemente der altorientalischen Königstheologie zur religiösen Legitimation der neuen Institution übernommen. Vor allem die Vorstellung der Gottessohnschaft des Königs wurde von den Jerusalemer Hoftheologen rezipiert (vgl. Ps 2,7; 110; 2 Sam 7,14). Die vier Namen des idealen Herrschers in Jes 9 widerspiegeln wohl die Thronnamen des ägyptischen Pharao. In Ps 45,7 wird der israelitische König sogar als Gott bzw. Göttlicher bezeichnet. Eine andere königstheologische Vorstellung geht etwa aus Klgl 4,20 hervor: Dort wird der Verlust des königlichen „Lebensodems" betrauert, nachdem 587 v. Chr. die judäische Monarchie untergegangen war. Wir finden hier die typisch altorientalische Anschauung, wonach am König als Lebensatem des Volkes Existenz und Wohlergehen des Landes hängt (vgl. Ps 72,6 f.).

Zwischen dem königstheologischen Ideal und der gesellschaftlichen Wirklichkeit bestand jedoch in der Königszeit stets eine mehr oder weniger große Diskrepanz. Soziale Ungerechtigkeit und außenpolitische Bedrohungen erschütterten den Heilsanspruch des israelitischen Königtums im Nord- wie im Südreich. Auch hier ist es die Prophetie, welche die sakrale Würde des Königtums scharf angreift. Hosea spricht dem Königtum des Nordreiches die göttliche Legitimation (Hos 8,4) sowie Heilsfunktionen (13,10 f.) ab und sieht das Ende der Monarchie voraus (Hos 1,4; 3,4). Jeremia misst die Könige des Südreichs daran, ob sie Recht und Gerechtigkeit verwirklicht haben (Jer 22,13–16).

6.4.2 Die Entstehung der Messiaserwartung

Mit dem Untergang des Königtums 587 v. Chr. verschwindet jedoch nicht die Vorstellung vom König als Heilsmittler. Die in vorexilischer Zeit entstandenen Königspsalmen werden weiter überliefert und es entstehen neue Herrscherverheißungen, in denen das königliche Heilswirken in potenzierter Form für die Zukunft erwartet wird. Worin die Könige der vorexilischen Zeit versagt haben, das soll der künftige Herrscher verwirklichen, nämlich dauerhaft Frieden, Recht und Gerechtigkeit schaffen (vgl. Jes 9,5f.). In dieser Reaktivierung des Königsheils liegt der Ursprung der Messiaserwartung.

Die Bezeichnung „Messias" (= Gesalbter, hebr. *maschiach*, griech. *christos*) rührt daher, dass in Israel zunächst die Könige, in nachexilischer Zeit auch der Hohepriester (und später Priester generell), mit Öl gesalbt wurden (vgl. dazu etwa Ri 9,8; Ex 29). Der Titel bezeichnete ursprünglich Saul und David, dann den jeweiligen israelitischen König (vgl. Ps 2; 1 Sam 24,7). Bei Deuterojesaja wird aber auch der persische König Kyros Messias genannt (Jes 45,1), womit der König der fremden Großmacht als Werkzeug des Gottes Israels herausgestellt werden soll. Der Titel bezieht sich also im AT nur auf Herrscher der Gegenwart, nicht auf eine eschatologische Heilsgestalt wie später in der zwischentestamentlichen Literatur, in Qumran und im Neuen Testament.

Folglich muss für das AT festgehalten werden, dass es im wörtlichen Sinne keine Messiaserwartung gibt. Statt dessen wird etwa vom Herrscher (Mi 5,1), gerechten Spross (Jer 23,5) oder König gesprochen (Ez 37,24), den man zukünftig erwartet. Vorbild ist dabei eine idealisierte Vorstellung des Königs David. Er ist diejenige Gestalt des AT, die vor allen anderen als Messias bezeichnet wurde (vgl. 1 Sam 26,9). Der kommende Heilsbringer muss folglich ein Spross („Reis", Jes 11,1) der davidischen Dynastie sein oder er wird aus dem Vaterhaus Davids erwartet. Darin kommt eine Kritik am bestehenden Herrscherhaus zum Ausdruck: Gott beginnt mit dem verheißenen Herrscher noch einmal da, wo er einst mit David begonnen hatte. Die Messiaserwartung enthält also ein gesellschaftskritisches Potenzial, indem sie der gegenwärtigen Herrschaft das idealisierte Bild des zukünftigen Königtums nach dem Vorbild Davids gegenüberstellt.

Noch bei Sacharja in der frühnachexilischen Zeit ist diese Erwartung jedoch rein innergeschichtlich, wenn Sacharja den Davididen Serubbabel (und/oder Josua?) als neuen Herrscher erwartet (Sach 4). Erst später kommt es zur Eschatologisierung der Messiaserwartung, wie sie uns im Neuen Testament entgegentritt. Der Messias zeigt nun die Zeitenwende an. Unter dem Eindruck der unerfüllten Hoffnungen nach dem Bau des zweiten Tempels und, noch später, durch Vermittlung der apokalyptischen Bewegungen wird die Hoffnung formuliert, dass mit dem Kommen des Messias eine grundsätzliche Wende der Geschichte eintreten muss. Dafür steht beispielsweise im Danielbuch die Vorstellung vom Kommen des Menschensohns, dem alle Macht übertragen wird (Dan 7).

6.5 Schöpfung

„Am Anfang schuf Gott Himmel und Erde." (Gen 1,1) Es gibt wohl nur wenige Bibelworte, die so populär, aber auch so umstritten sind wie die ersten sieben Worte der Bibel. Nach den Vorstellungen der modernen Naturwissenschaft müssten diese Worte anders lauten, etwa: Am Anfang war der „Urknall". Gott scheint in diesem modernen naturwissenschaftlichen Weltbild als Weltschöpfer überflüssig geworden zu sein. Die physikalische „Urkraft", welche den „Urknall" verursacht habe, lasse sich mit einer Art „Weltformel" berechnen (z.B. „Superstringtheorie"), woran zurzeit die „faustische Elite" der modernen Physik fieberhaft arbeitet.

Die Darstellung der beiden biblischen Schöpfungserzählungen in Gen 1 und Gen 2 wirkt gegenüber solch modernen physikalischen Weltentstehungstheorien bei oberflächlicher Betrachtung naiv und gänzlich überholt. Zwar versuchen Christen immer wieder, in apologetischer Weise die naturwissenschaftliche Richtigkeit der biblischen Schöpfungserzählungen zu beweisen. Jedoch tun sie dem jüdisch-christlichen Schöpfungsglauben damit keinen Gefallen. Vor allem wird man damit den biblischen Texten nicht gerecht!

6.5.1 Die Vielfalt biblischer Schöpfungsvorstellungen

Es ist bemerkenswert, dass das Alte Testament mit zwei Erzählungen über die Erschaffung der Welt einsetzt (Gen 1,1–2,4 a; 2,4 b–3,24), die sich in Hinblick auf Gottes-, Welt- und Menschenbild deutlich unterscheiden, ja zum Teil widersprechen (► s. dazu Kap. 8). Das spannungsreiche Nebeneinander der beiden Schöpfungserzählungen im Buch Genesis belegt, dass in der Bibel nicht eine Vorstellung von der Entstehung der Welt verabsolutiert werden sollte.

Während die Schöpfungserzählungen der Genesis Gott als den bezeugen, der souverän durch sein Wort schafft (Gen 1) oder wie ein Handwerker seine Geschöpfe bildet (Gen 2), findet sich in anderen Texten des AT die vor allem aus Mesopotamien und Ugarit bekannte Vorstellung, dass der Schöpfergott einen Kampf mit Chaosmächten führen musste, um so die Ordnung der Welt zu schaffen (vgl. Jes 51,9 f.). Diese „Chaosmonster", benannt als Leviatan, Rahab oder *Tannim* (Meerungeheuer), wurden als immer noch gefährliche Mächte angesehen, welche die Schöpfungsordnungen bedrohen. Auch nach Gen 1,2 ist die Urflut nicht verschwunden, sondern nur gebändigt worden, „am Rande der Schöpfung lauert das Chaos" (G. v. Rad), welches bei der Sintflut wieder mit elementarer Gewalt über die Welt hereingebrochen ist (vgl. Gen 7,11). Spätere Texte drängen diese Chaoskampf-Vorstellung immer mehr zurück, indem sie die einst mythischen Chaosmächte zu Tieren umdeuten, die für Gott nur Spielzeugen oder Haustieren gleich sind (vgl. Leviatan in Ps 104,26 und Hi 41,25). Sie stellen damit keine wirklichen Gegenmächte mehr dar. Das Nachdenken über Gottes souveräne Schöpfermacht führt letztlich in noch späteren Schriften zur Ausbildung der Vorstellung einer *creatio ex nihilo,* der Schöpfung aus dem Nichts (vgl. 2 Makk 7,28), die dann auch im Neuen Testament anzutreffen ist (vgl. Röm 4,17).

6.5.2 Schöpfungsglaube als theologische Krisenbewältigung

Die Schöpfung wurde vor allem in der Zeit des babylonischen Exils zu einem zentralen Thema des israelitischen Gottesglaubens. Durch den Untergang Jerusalems und des Tempels war der Glaube an die Geschichtsmacht JHWHs in eine gefährliche Krise geraten. Der Gott Israels schien den Göttern der Babylonier unterlegen zu sein. In dieser geschichtlichen und religiösen „Chaoserfahrung“ bekam das Bekenntnis zu JHWH als Schöpfer einen bis dahin nicht gekannten Stellenwert. Es diente der Vergewisserung, dass JHWH auch in der Geschichte mächtig ist und die Welt weiterhin gegen die Bedrohung chaotischer Mächte erhalten kann.

Vor allem für den im babylonischen Exil wirkenden Deuterojesaja wird das Schöpfungshandeln zum universalen Horizont des göttlichen Wirkens, in das auch sein geschichtliches Handeln eingeordnet wird: Nach Deuterojesaja gibt es nur einen Gott (Monotheismus), der die Welt geschaffen hat und den Lauf der Geschichte lenkt, indem er Heil und Unheil „schafft“ (vgl. Jes 45,7). Dieser eine Gott ist nicht der scheinbar siegreiche babylonische Götterkönig Marduk, der ebenfalls als Weltschöpfer gepriesen wurde, sondern JHWH, der Gott Israels, der sein Volk wie einst beim Exodus aus Ägypten aus der babylonischen Gefangenschaft führen wird (vgl. Jes 43,14–21).

Auch der priesterlichen Schöpfungserzählung Gen 1 geht es nicht nur um die kosmologische Frage der Weltentstehung: Gen 1 zielt auf die Begründung des Sabbats, der im Exil zu einem zentralen Bekenntnismerkmal Israels wird (▸ s. 8.3). Anstelle des zerstörten Jerusalemer Tempels wird der Sabbat in der Fremde zu einem „zeitlichen Ort“, an dem man Gott begegnen kann. Im Geschenk des siebenten Ruhetages wird für Israel die Güte des Schöpfergottes in besonderer Weise erfahrbar. Das kleine Israel und sein Gottesdienst sind nach Gen 1 letztlich der Zielpunkt der Schöpfung – eine kühne Vorstellung!

Mit der Gabe der auf den Sabbat hinzielenden Schöpfungsordnungen ist jedoch auch eine Aufgabe verbunden: Die einst dem König vorbehaltene Würde der *Gottesebenbildlichkeit* wird auf alle Menschen übertragen (▸ s. 8.3, 8.6), womit der Auftrag der verantwortlichen Herrschaft über die anderen Geschöpfe verbunden ist (Gen 1,27 f.). Nach dem Untergang des israelitischen Königtums wird somit die Königstheologie schöpfungstheologisch „demokratisiert“ (vgl. auch Ps 8,6 ff.). Der Schöpfungsglaube transformiert den Verlust des Königtums in eine Gewinnerfahrung für alle Menschen: Jeder Mensch ist als Ebenbild Gottes geschaffen und erhält somit eine königliche Würde zusammen mit dem damit verbundenen Auftrag zu verantwortlicher Herrschaft.

Das biblische Reden von der Schöpfung ist also auch in dieser Hinsicht nicht absolut zu verstehen, sondern enthält auf dem zeitgeschichtlichen Hintergrund der Exilszeit eine ganz konkrete Botschaft an die damaligen Hörer. Dabei ist die Beobachtung wichtig, dass man sich nicht davor scheute, Schöpfungsvorstellungen der Nachbarvölker aufzunehmen. Israel partizipiert im Hinblick auf Schöpfungvorstellungen also ganz an den Weltbildern seiner Zeit.

6.5.3 Der „Kern" des biblischen Schöpfungsglaubens

Das kosmologische Weltbild ist folglich nicht der zentrale Punkt des biblischen Schöpfungsglaubens. Sein Kern ist etwas anderes. Es ist das *Staunen und die Ehrfurcht* angesichts der wunderbaren Beschaffenheit der geordneten Welt, die auf eine überlegene schöpferische Macht hinter den Naturerscheinungen verweist. Diese Haltung kommt vor allem in den Schöpfungspsalmen zum Ausdruck, z.B.: „Herr, wie sind dein Werke so groß und viel! Du hast sie alle weise geordnet, und die Erde ist voll deines Reichtums" (Ps 104,24). Daraus erwachsen Dankbarkeit und Freude, die in den Lobpreis des Schöpfergottes münden (Ps 104,2.26; Ps 148). Hintergrund dieser Haltung ist das Bewusstsein, dass die lebensspendenden Naturordnungen nicht selbstverständlich sind, dass unsere Lebenswelt stets vom Chaos bedroht ist (s.o.). Die ökologischen Forschungen der letzten Jahrzehnte haben auch uns heute wieder die Tatsache bedrohlich vor Augen geführt, dass die Stabilität unserer Umwelt keine Selbstverständlichkeit ist.

Diese Aussage gilt *mutatis mutandis* auch auf der fundamentaleren Ebene der Naturgesetzlichkeit, womit noch einmal die eingangs angesprochene aktuelle Fragestellung aufgegriffen werden soll. Die Ordnungshaftigkeit der Welt insgesamt ist keine Selbstverständlichkeit: Die Frage, warum unsere Welt überhaupt von Naturgesetzen regiert wird, die Leben ermöglichen, ist das eigentliche Wunder unserer Existenz. Wohl keiner hat schönere Worte für dieses Phänomen gefunden als Albert Einstein, auf dessen Relativitätstheorie auch unsere modernen kosmologischen Modelle der Weltentstehung basieren: „Sie werden schwerlich einen tiefer schürfenden wissenschaftlichen Geist finden, dem nicht eine eigentümliche Religiosität eigen ist ... (Sie) liegt im verzückten Staunen über die Harmonie der Naturgesetzlichkeit, in der sich eine so überlegene Vernunft offenbart, dass alles Sinnvolle menschlichen Denkens und Anordnens dagegen ein gänzlich nichtiger Abglanz ist."[13]

Die alttestamentlichen Schöpfungsaussagen gelten im Horizont einer biblischen Theologie auch für das Neue Testament mit. Darin wird nämlich keine eigene Schöpfungsvorstellung entwickelt, sondern die alttestamentlichen Anschauungen werden vorausgesetzt, vgl. Hebr 11,3: „Durch Glauben erkennen wir, dass die Welt durch Gottes Wort entstanden ist."

6.6 JHWH, der Gott des Alten Testaments

„Existiert Gott?" – Der Titel des berühmten Buches von Hans Küng bringt prägnant zum Ausdruck, was man heute unter der „Gottesfrage" versteht. Im AT hatte die Gottesfrage dagegen einen ganz anderen Inhalt, denn die Existenz göttlicher Mächte war damals eine selbstverständliche Überzeugung. Man könnte sie etwa so formulieren: Wer unter den vielen Göttern ist der wirkliche Gott, auf den Israel sein Vertrauen setzen soll? Israels Gottesglaube ist aus einem religiösen Kontext hervorgegangen, in dem eine Vielzahl ganz unterschiedlicher Götter verehrt wurde (Polytheismus).

6.6.1 Die Namen Gottes

Dieser einst polytheistische Kontext geht allein schon daraus hervor, dass der Gott des AT einen Namen hat: JHWH. Dieser unterscheidet ihn von anderen Gottheiten. Wie Kemosch der Hauptgott der Moabiter (Num 21,29) und Milkom der der Ammoniter war (1 Kön 11,5), so war JHWH der Nationalgott Judas und Israels (Ri 5,5). Doch auch innerhalb Israels wurden verschiedene Götter verehrt (► s. Kap. 4.2), was auch einige Texte des AT für das vorexilische Israel bezeugen, z.B. Baal, Aschera, Tammuz, usw. (vgl. 2 Kön 11,18; 23,5; Ez 8). Auch ein anderer wichtiger Gottesname weist auf den ursprünglich polytheistischen Charakter der israelitischen Religion hin, nämlich „El". In den Texten aus Ugarit ist El wie Zeus bei den Griechen der Vater und König der Götter. El wurde auch in Israel in verschiedenen Gestalten und an verschiedenen Orten verehrt, z.B. El Eljon (Gen 14,18 ff.), El Schaddaj (Gen

13 A. Einstein, *Mein Weltbild*, Zürich 1963, 21 f.

17,1) oder der El von Beth-El (Gen 35,7). Im Unterschied zu dem gespannten Verhältnis JHWHs zu Baal gab es zwischen JHWH und El keinen Konflikt, denn JHWH wurde mit dem höchsten Gott Kanaans identifiziert.

JHWHs ursprüngliche „Heimat“ scheint nicht Kanaan, sondern der Sinai gewesen zu sein (vgl. Ri 5,4f.; Dtn 33,2). Wahrscheinlich waren nomadische Keniter (Gen 4,15; Ri 4,11) und/oder die Midianiter (Ex 18,12) schon vor Israel JHWH-Verehrer. Es ist weiterhin anzunehmen, dass erst die vom Sinai kommende Exodusgruppe die JHWH-Verehrung nach Israel brachte, wo man ursprünglich El verehrte, wie der Name „Israel“ („El herrscht“ bzw. „kämpft“) zeigt (vgl. auch Gen 33,20). Das AT betont zudem die Tatsache, dass der Name JHWH erst Mose im Zusammenhang der Offenbarung am Sinai mitgeteilt wurde (vgl. Ex 3, 13ff.). Ex 6,3 besagt ausdrücklich, dass Gott den Vätern nicht als JHWH, sondern als El Schaddaj erschienen sei; dieser unübersetzbare Name wird in der Regel mit „der Allmächtige“ übersetzt.

Neben der Herkunft ist auch die Deutung des JHWH-Namens nicht endgültig geklärt. Ein einziger biblischer Text (Ex 3,14) bietet eine Deutung des Namens: „ich werde sein, der ich sein werde“. Damit wird der Name von dem semitischen Verbum *hjh/hwh* „sein, werden“ hergeleitet. Viele Forscher favorisieren diese Etymologie und nehmen als ursprüngliche Bedeutung des Namens an: „er ist wirksam“, womit treffend das Wesen JHWHs beschrieben wäre. Eine andere Ableitung deutet den Gottesnamen von dem arabisch belegten Verbum *hwj* her, welches „wehen“ bedeuten kann, was JHWH als Wettergott charakterisieren würde (1 Kön 19,11f.). Freilich sind diese Deutungen unsicher.

Nachdem sich der Glaube an den einen Gott (Monotheismus) durchgesetzt hatte, verlor der Eigenname Gottes an Bedeutung. So verwundert es nicht, dass die erste griechische Übersetzung der Bibel den JHWH-Namen mit dem Appellativ „Herr“ *(kyrios)* wiedergibt. Das gleiche Phänomen findet sich in den Schriften aus Qumran, wo statt des Gottesnamens besonders häufig „Gott“ *(el)* verwendet wird. Im Neuen Testament findet man dementsprechend das griechische Wort für „Gott“ *(theos)*.

6.6.2 Zur Entstehung des biblischen Monotheismus

Wie kam man zu der Überzeugung, dass der Nationalgott Israels der universale und einzige Gott ist? Aus der Bibel ergibt sich ja der Eindruck, dass die Geschichte Israels seit Mose ein ständiges Ringen zwischen einem ursprünglichen Monotheismus und dem Abfall zu anderen Göttern gewesen sei. Wie die Forschung am Alten Testament jedoch gezeigt hat (► s. Kap. 4), entspricht dieses Geschichtsbild der theologischen Sicht nachexilischer Gruppen, die den Verlust von Land und Tempel 587 v. Chr. dadurch bewältigten, dass sie darin eine Strafe für den fortgesetzten Abfall von JHWH sahen. Vor der Katastrophe gab es zwar eine Bewegung, die dafür kämpfte, JHWH allein zu verehren, ohne dabei jedoch die Existenz anderer Götter zu leugnen (sog. Monolatrie).

Insgesamt aber unterschied sich die vorexilische Religion Israels nicht wesentlich von den Nachbarreligionen. Der auf dem Zion thronende Nationalgott JHWH der Heerscharen (Zebaoth) wurde als königlicher Herrscher über die himmlischen Mächte vorgestellt (vgl. 1 Kön 22,19; Ps 82,1), zwar unvergleichlich unter den Göttern (Ps 89,7 f.), aber nicht einzig. Wie die Inschriften aus *Chirbet el-Kom* und *Kuntilet Adschrud* zeigen (► s. Kap. 4.2), hatte JHWH sogar wie andere Götter eine göttliche Partnerin an seiner Seite, nämlich Aschera (vgl. 1 Kön 15,13, 2 Kön 23,7), die ursprünglich zu El gehörte. Durch die Gleichsetzung mit El hat JHWH die Aschera gewissermaßen ‚geerbt'. Sie war in der Volksreligion offenbar sehr populär und wurde wahrscheinlich als „Himmelskönigin" in Jerusalem verehrt (Jer 7,17; 44,17). Dagegen waren die Verfechter einer JHWH-Monolatrie (z.B. die Propheten von Elia bis Jeremia) eher eine Minderheit, die sich nicht durchzusetzen vermochte.

Dies änderte sich erst mit dem großen Umbruch der israelitischen Religion seit der Katastrophe von 587 v. Chr. Die Botschaft der einstigen Minderheit hatte sich als wahr erwiesen; Tempel und Königtum waren untergegangen, wie es die Propheten in ihrer Gerichtsbotschaft vorausgesagt hatten. Damit war auch ihre Forderung nach alleiniger Verehrung JHWHs bestätigt worden. Freilich erklärt dies nur den Sieg der JHWH-Monolatrie, der exklusiven Gottesverehrung, nicht aber das Aufkommen des Monotheismus, der ja die Existenz und Wirksamkeit anderer Götter außer JHWH prinzipiell bestreitet (vgl. Jes 41,21 ff.; 43,10 f.).

Diese Revolution im religiösen Denken vollzieht sich bei Deuterojesaja im babylonischen Exil in Auseinandersetzung mit der Religion der Siegermacht. Marduk, der höchste Gott der Babylonier, wurde als Schöpfer der Welt und Herr der Geschichte verehrt. Statt seines Namens verwendete man meist nur noch den Titel „Herr" *(belu)*, er galt als göttlicher Herr *par excellence*. Alle anderen Götter sah man als Aspekte des einen universalen Gottes (impliziter Monotheismus). Die Auseinandersetzung mit diesem universalen religiösen Herrschaftsanspruch war eine Überlebensfrage für die israelitische Religion. So führt bei Deuterojesaja die Begegnung des israelitischen Gottesglaubens mit dem impliziten Monotheismus der Babylonier zu einem exklusiven Monotheismus. Die monotheistischen Aussagen in Jes 40–48, die JHWH als Herrn der Schöpfung und Geschichte bekennen, sind vor allem an entsprechenden Aussagen der Marduk-Theologie orientiert. Wohlgemerkt: Dies war keine theologische Theorie, sondern diente vielmehr zur Bewältigung der durch das Exil ausgelösten religiösen Krise. Bestätigt wurde dieses neue universale Gottesbild durch die Voraussage, dass JHWH Israel durch seinen Messias wie einst beim Exodus aus der Gefangenschaft befreien würde, und zwar nicht durch einen israelitischen König, sondern durch den Perserkönig Kyros (Jes 45)!

Dies geschah im Jahre 538 v. Chr. Juda stand von nun an rund 200 Jahre unter persischer Herrschaft. Die Perser hatten auch schon eine nahezu monotheistische Gottesvorstellung und förderten die Realisierung des jahwistischen Reformprogramms in Palästina, so dass sich der israelitische Monotheismus festigen konnte. Dass sich dies nicht von selbst verstand, zeigen Texte aus dem ägyptischen Elephantine – einer Militärkolonie jüdischer Söldner, die neben JHWH *(Jahu)* noch zwei weitere Gottheiten verehrten. Das erste Gebot stand somit nicht am Anfang des israelitischen Gottesglaubens, sondern in der Mitte seiner Geschichte.

Israel hat auf dem Weg zum Monotheismus in einem schmerzhaften Lernprozess erkennen müssen, dass JHWH nicht wie andere Nationalgötter ein Gott militärischer, wirtschaftlicher und politischer Macht ist (vgl. Sach 4,6), sondern sich vielmehr in Erfahrungen von Ohnmacht offenbart. Seine eigentliche Stärke hat der israelitische Gottesglaube stets in Situationen totaler politischer wie individueller Schwäche entfaltet. JHWH hat sich in der Ohnmacht und Hilfsbedürftigkeit seiner

Verehrer als Macht der Befreiung und Hoffnung erwiesen. Der eine Gott wird daher im Bekenntnis Israels als derjenige definiert, der Israel aus der ägyptischen Sklaverei geführt hat (vgl. Ex 20,2f.). Im babylonischen Exil kommt Deuterojesaja zu der paradoxen Erkenntnis, dass nicht der Gott der Sieger der einzige Gott und Herr der Welt ist, sondern der Gott eines kleinen, politisch gescheiterten Volkes. Israel wollte einen starken König, „wie ihn alle Völker haben" (1 Sam 8,5), und einen Gott, der seinem Gesalbten die Welt vor die Füße legt (Ps 2; 110). Doch nach Deuterojesaja ist Gottes Erwählter nicht ein neuer Imperator aus Israel, sondern sein leidender Knecht (Jes 52,13–53,12). Israels Gottesglaube hat sich damit aus dem altorientalischen Religionskontext deutlich herausgelöst und ist zu einem gänzlich neuen Gottesverständnis vorgedrungen. Paulus hat es später auf den Punkt gebracht: Gottes Kraft ist in den Schwachen mächtig (2 Kor 12,9).

6.6.3 Bilderverbot und die Gottesbilder im Alten Testament

Die Besonderheit des israelitischen Gottesglaubens zeigt sich vor allem auch in der Bilderlosigkeit der JHWH-Verehrung. Götterbilder waren im gesamten Alten Orient wesentlicher Bestandteil des Kultes. Das Bilderverbot (vgl. Ex 20,4–6 / Dtn 5,8–10) trug später Juden wie Christen in ihrer griechisch-römischen Umwelt sogar den Vorwurf des Atheismus ein!

Der Ursprung des Bilderverbots ist in der Forschung umstritten. Einige Forscher nehmen jetzt an, dass das Alte Israel in Sachen Gottesbilder keine Ausnahme darstellte und es im vorexilischen Jerusalemer Heiligtum sehr wohl ein Kultbild JHWHs gab (vgl. Ps 17,15), welches nach der Zerstörung des Tempels jedoch verloren ging (H. Niehr). Andere vermuten, JHWH sei im Jerusalemer Tempel auf einem leeren Cherubenthron verehrt worden (O. Keel / Chr. Uehlinger). Die bilderlose Kultpraxis bot die Möglichkeit, JHWH mit neuen Vorstellungen zu assoziieren und ihn neue göttliche Aspekte integrieren zu lassen, was ein typisches Charakteristikum der JHWH-Religion war. Insgesamt hat jedoch die Archäologie zutage gebracht, dass der Kultus Israels nicht bilderlos war.

Auffällig ist jedenfalls, dass die massive alttestamentliche Polemik gegen die Götterbilder erst seit der Exilszeit zu beobachten ist (vgl. Jes

44,9–20; 46,5–7; Jer 10,1–16). Bei Deuterojesaja ist sie eng mit der monotheistischen Argumentation verknüpft. Der unvergleichliche universale Gott kann nicht in die begrenzte vergleichbare Erscheinungsform eines von Menschen gemachten Gottesbildes gezwängt werden (vgl. Jes 40,18–20). Diese Aussage ist auch wieder im Hinblick auf die Erfahrung des babylonischen Bilderkultes im Exil zu verstehen (vgl. Jer 50,38), der jedoch nicht dem Bild selbst, sondern der sich darin offenbarenden Gottheit galt. Das Bilderverbot richtet sich somit gegen die Vorstellung, dass JHWH der Welt immanent sei – und damit für Menschen verfügbar. Die Götter waren ja Person gewordene Mächte des Himmels und der Erde, über die man in Gestalt der Götterstatuen kultisch oder magisch verfügen konnte. Das Bilderverbot läuft damit auf die Unterscheidung von Gott und Welt hinaus. Deshalb entsteht nach dem AT die Gottesbeziehung auch nicht in erster Linie durch Sehen, sondern durch Hören (vgl. Dtn 6,4).

Das Bilderverbot schloss jedoch nicht aus, dass man sich Gott anthropomorph vorstellte, indem man von Gottes Augen, Hand, Ohren, seinem Angesicht sprach oder Gottes Tätigkeit menschlich beschrieb (lachen, riechen, gehen usw.) und ihm menschliche Gefühle wie Zorn, Rache, Reue, Freude oder Hass zuschrieb. Gott wird z.B. als Vater, Mutter, König, Hirte, Richter und Krieger beschrieben. Die JHWH-Visionen Jesajas (Jes 6) und Ezechiels (Ez 1) rufen ebenfalls bestimmte Seherlebnisse beim Hörer hervor. Dies widerspricht jedoch nicht dem Bilderverbot, denn es kann prinzipiell nur in menschlichen Bildern bzw. Metaphern von Gott geredet werden, wenn man nicht gänzlich auf das Reden von Gott verzichten will. Die Metapher bringt Gott als das Unbedingte zur Sprache, ohne dabei die Unsagbarkeit des Göttlichen anzutasten. Freilich steckt auch im metaphorischen Reden von Gott stets die Gefahr, dass Gott damit auf die jeweilige menschliche Vorstellung fixiert wird. Im AT wird an einigen Stellen die Problematik menschlicher Gottesvorstellungen deutlich angesprochen (z.B. Hos 11,9; Jes 66,1 f.). Doch gerade die Vielstimmigkeit, ja Widersprüchlichkeit des menschlichen Redens von Gott im AT verhindert – wie im Falle der oben angesprochenen Schöpfungsvorstellungen – eine solche Fixierung des Verständnisses auf ein bestimmtes Gottesbild. Das Geheimnis Gottes bleibt dadurch gewahrt. So hält der Spannungsreichtum des biblischen Redens von Gott unser Nachdenken über Gott stets in Bewegung.

Im Hinblick auf die heutige religionspädagogische Praxis ist angesichts der einseitig wortzentrierten kirchlichen Verkündigung eher für eine Wiederbelebung der anschaulichen und sinnlichen Vermittlung des Gottesglaubens zu plädieren. Wenn die Vorläufigkeit solcher Veranschaulichung Gottes – wie unseres Denkens und Sprechens von Gott überhaupt – immer wieder bewusst gemacht wird (vgl. 1 Kor 13,12), dann kann dies eine Bereicherung für unsere religiöse Praxis sein. Der Refrain eines populären Kirchenliedes bringt es auf den Punkt: „Gott ist anders als wir denken“.

6.7 Die Schriftrollenfunde am Toten Meer und ihre Bedeutung für das Alte Testament

Neben den oben erwähnten Ausgrabungen in Ugarit (► 4.3.1) waren die Schriftrollenfunde am Toten Meer in der Umgebung von Khirbet Qumran die wichtigste archäologische Entdeckung des 20. Jh. Während die Ugarit-Texte aus der zweiten Hälfte des 2. Jt. v. Chr. stammen und vor allem für die Frage nach der Entstehung der israelitischen Religion bedeutsam sind, haben wir es bei den Qumran-Texten mit Schriften aus viel späterer Zeit zu tun (2. Jh. v. Chr. bis 1. Jh. n. Chr.), als die Überlieferungen der alttestamentlichen Texte schon weit gehend fixiert waren.

In einer Höhle nahe bei den Ruinen von Qumran fand der Legende nach ein Beduinenjunge im Jahr 1947 sieben Lederschriftrollen, die heute alle im „Schrein des Buches“ im Israel Museum in Jerusalem aufbewahrt werden. Kurz nach dem Bekanntwerden der Schriftrollenfunde begannen Forscher und Beduinen nach weiteren Rollen zu suchen. Im Verlauf einiger Jahre fand man in insgesamt elf Höhlen nahe Qumran Fragmente von ca. 900 einst vollständigen Rollen in hebräischer, aramäischer und griechischer Sprache, wobei die meisten Texte nur äußerst fragmentarisch erhalten sind.

Die Qumranfragmente werden in der Forschung nach der Fundhöhle (z. B. Höhle 4 = *4Q)* benannt, versehen mit der Fundnummer und/oder einer Kurzangabe des Inhalts, z. B. *4Q117 = 4QEzra.* Die Texte von Qumran liegen inzwischen nahezu vollständig in wissenschaftlichen Texteditionen vor (die meisten in der Reihe „Discoveries in the Judean Desert“ = DJD), nachdem die Publikation sich lange verzögert hatte. Doch als Anfang der 1990er Jahre sensationsheischende Journalisten eine Verschwörungstheorie verbreitet hatten, wonach vatikanische Kreise die Veröffentlichung der Texte verhindern wollten, um die Wahrheit über die Entstehung des Christentums zu verbergen, wurden die Texte schnell allgemein zugänglich gemacht. Von einer Verschwörung ist seitdem nicht mehr die Rede.

Die Qumran-Texte können schon deshalb keine Zeugnisse des frühen Christentums enthalten, da die in dieser Hinsicht relevanten Handschriften viel älter sind. Ihre Bedeutung liegt jedoch darin, dass sie ganz unerwartet die Vielfalt des Judentums in den letzten beiden Jahrhunderten v. Chr. sowie den sozialen und religiösen Kontext erhellt haben, aus dem heraus sich dann später das Christentum entwickelt hat. Die Textsammlung von Qumran verdanken wir nach der mehrheitlich akzeptierten Theorie den Essenern, einer strenggläubigen Gruppe des antiken Judentums. Von ihnen ist auch bei dem jüdischen Schriftsteller Josephus und dem Römer Plinius dem Älteren die Rede. Die Mitglieder dieser religiösen Gemeinschaft widmeten sich ganz der genauen Interpretation des Gesetzes und der Propheten. Unter Führung eines „Lehrers der Gerechtigkeit", über dessen Identität wir nur Mutmaßungen anstellen können, zog ein Teil der Essener in die Abgeschiedenheit der Wüste am Toten Meer in die heute Qumran genannte Siedlung. Sie hatten sich wahrscheinlich vom Jerusalemer Tempelkult aufgrund schwerwiegender religiöser Differenzen (Tora-Auslegung, Kalender usw.) getrennt. Als 68 n. Chr. die zehnte römische Legion durch das Jordantal heranmarschierte, brachten die Essener ihre kostbaren Handschriften in den umliegenden Höhlen in Sicherheit, während die Siedlung kurz darauf von den Römern zerstört wurde. Somit verdanken wir kurioserweise den Römern diese wertvollen Schriftfunde.

In jüngster Zeit wurde allerdings die eben dargestellte Essener-Theorie von verschiedenen Forschern infrage gestellt. So wird etwa die bei Plinius beschriebene Essener-Siedlung nicht in Qumran, sondern bei En-Gedi vermutet. Die Ruinen in Qumran seien dagegen Reste einer Landvilla, die nach einer Ansicht ein Zentrum für die Parfümherstellung, nach anderen eine wichtige Töpferei gewesen sei. Die Höhlen und die darin lagernden Schriftrollen hätten demnach ursprünglich nichts mit der Siedlung zu tun, sondern in ihnen seien wegen des Krieges aus Jerusalem in Sicherheit gebrachte Bibliotheken eingelagert worden. Die Diskussion dauert noch an, aber es zeichnet sich doch ab, dass eine modifizierte Essener-Hypothese die plausibelste Erklärung für die Fragen darstellt, die sich aus der Archäologie Qumrans und den Textfunden ergeben.

Drei Gruppen von Texten wurden in den Höhlen am Toten Meer gefunden:

1. Die für die atl. Wissenschaft wichtigste Gruppe sind die *Bibel-Handschriften,* wobei von fast allen biblischen Büchern Fragmente unterschiedlichen Umfangs gefunden wurden. Insgesamt sind es Fragmente von mehr als 190 Schriftrollen! Am besten erhalten waren die Rollen in Höhle 1, wo man z.B. eine komplette Jesajarolle *(1QJes[a])* von 7,34 Metern Länge fand. Am beliebtesten waren bei den Qumranleuten offenbar die Bücher Deuteronomium, Jesaja und Psalmen, denn man fand davon jeweils mehrere Exemplare. Mit den biblischen Handschriften standen der Forschung „unberührte Textkonserven" aus der Zeit zur Verfügung, in der sich der alttestamentliche Kanon gerade herauszubilden begann. Man bedenke, dass die ältesten hebräischen Bibelhandschriften der Masoreten, die man bis 1947 kannte, über 1000 Jahre jünger waren! Die biblischen Qumran-Texte stellten den jüdischen Texttradenten des Mittelalters ein hervorragendes Zeugnis aus, denn man fand viele Handschriften, die in der Textform weit gehend mit den mittelalterlichen Texten übereinstimmen. Allerdings fand man auch Textformen, die den hebräischen Vorlagen der griechischen Bibelübersetzung, der Septuaginta (LXX) sowie der samaritanischen Textüberlieferung nahe stehen. Auch bislang ganz unbekannte Lesarten wurden entdeckt. Das bedeutet, dass es im Judentum der letzten beiden Jahrhunderte v. Chr. noch keine allgemein verbindliche Textform biblischer Schriften gab. Der unseren Bibelübersetzungen zugrunde liegende Masoretische Text ist im Judentum erst im Laufe der ersten beiden christlichen Jahrhunderte zum Standardtext geworden. Die Bedeutung der Qumranfunde für die Erforschung des alttestamentlichen Bibeltextes kann also nicht hoch genug eingeschätzt werden.

   Hinsichtlich des Problems der biblischen Kanonbildung ist besonders aufschlussreich, dass die Gemeinde von Qumran auch Bücher als normative Schrift betrachtete, die später nicht in den Kanon aufgenommen wurden. Andererseits wurden aber offenbar Schriften abgelehnt, welche das rabbinische Judentum dann kanonisierte. Daher ist fraglich, ob man in dieser Zeit überhaupt schon von einem Kanon sprechen kann. Nur die Tora galt als allgemein verbindlich, musste aber je neu interpretiert werden. Das Judentum damals war also sowohl in Hinblick auf religiöse Strömungen und Gruppierungen wie hinsichtlich der Auswahl der heiligen Schriften sehr vielgestaltig.

2. Texte aus einigen Büchern der *Apokryphen und der Pseudepigraphen:* Es handelt sich um Schriften, die im hebräischen Kanon der Bibel nicht enthalten sind, sondern nur aus frühen griechischen, syrischen, lateinischen und äthiopischen Fassungen bekannt waren (► vgl. oben S. 13). Unter den Qumranfunden sind besonders die aramäischen Fragmente der Henochbücher und die hebräischen Fragmente des Jubiläenbuches hervorzuheben. Beide Schriften sind seit dem Ende des 18. Jahrhunderts aus dem Kanon der biblischen Schriften der äthiopischen Kirche bekannt. Offenbar hatten sie auch für die hinter den Schriftrollen stehende Gemeinschaft eine maßgebliche religiöse Bedeutung.

3. Die eigentliche Überraschung der Qumranhöhlen waren jedoch bislang gänzlich unbekannte *nichtbiblische Schriften,* die uns vollkommen neue Einsichten in das Spektrum religiöser Vorstellungen der damaligen Zeit vermittelt haben. Sie stellen in vielerlei Hinsicht gewissermaßen das fehlende Zwischenglied *(missing link)* zwischen alt- und neutestamentlicher Überlieferung dar. Dabei handelt es sich teils um Texte, die von der essenischen Qumran-Gemeinde selbst verfasst wurden und über das Leben dieser Gruppe Aufschluss geben (z.B. die sog. „Gemeinderegel" *1QS* oder die Damaskusschrift *CD),* teils um Schriften, die einen anderen jüdischen Ursprung haben und nur in der „Qumranbibliothek" aufbewahrt wurden (etwa die astrologischen Texte *4Q186* und *4Q318).* Freilich ist in der Forschung bei vielen Texten umstritten, welche auf die Qumran-Gemeinde zurückgehen und welche nicht. Einige der nichtbiblischen Texte interpretieren biblische Texte (vor allem Propheten und Psalmen) auf die aktuelle Situation hin, so z. B. der gut erhaltene Habakuk-Kommentar *1QpHab.* Andere Schriften bieten neue Lehren, etwa über den himmlischen Gottesdienst der Engel (Sabbatopfer-Liturgie *4Q400–407+11Q5–6)* oder über eschatologische Ereignisse (Kriegsrolle *1QM).* Besonderes Aufsehen haben in der Öffentlich-

keit messianische Texte aus Qumran erregt (z. B. *4Q285, 4Q521)*, da einige sie als urchristliche Texte deuten wollten. Das erwies sich jedoch als arge Fehlinterpretation.

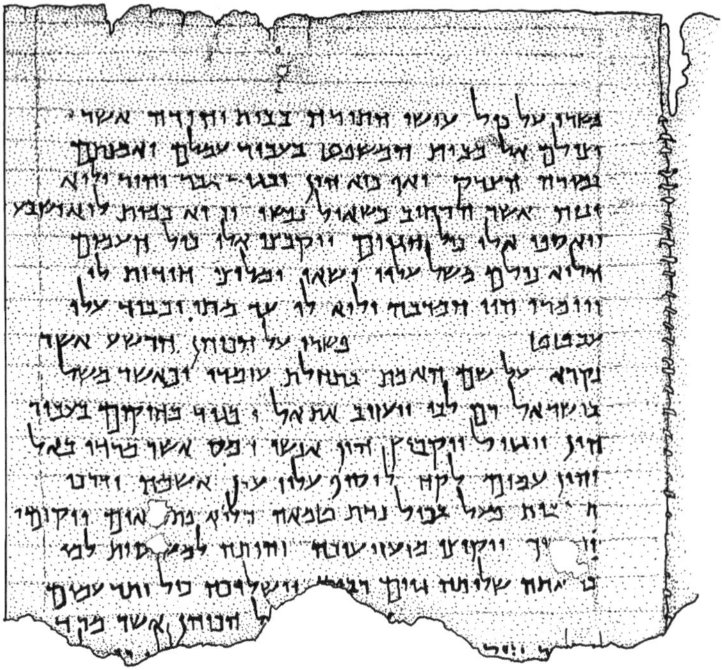

Habakuk-Pescher aus Qumran; man beachte die Ledernaht an der rechten Seite und die an den Zeilen hängenden Buchstaben. Das untere Ende der Rolle ist zerstört.

Zentrale Bedeutung für die religiöse Identität der Qumran-Essener hatte offenbar die Kalenderfrage. Zahlreiche Texte stellen kalendarisch-astronomische Abhandlungen dar *(4Q208–211, 4Q292–330, 4Q317)*, in deren Mittelpunkt ein eigentümlicher Festkalender mit 364 Tagen Jahreslänge steht. Er galt als der wahre, göttlich offenbarte Kalender, der die strikte Sabbateinhaltung ermöglichte, weil kein Festtermin die Sabbatruhe störte. Mit zu dem Schönsten, was die Qumran-Texte bieten, gehören die Hymnen und Psalmenrollen, die eine eindrückliche Vorstellung von der religiösen Gedankenwelt der Gemeinde vermitteln.

Die längste in Qumran gefundene Rolle ist ca. neun Meter lang. Es handelt sich um die Tempelrolle *(11QT)*, die ihren Namen aufgrund des Inhalts der ersten erhaltenen Kolumnen bekommen hat. Sie enthält jedoch viel mehr als eine Beschreibung des Tempels: Sie stellt eine Weiterentwicklung der Tora dar! Der Gesamtinhalt wird auf die direkte Offenbarung Gottes an Mose am Sinai zurückgeführt.

Damit schließt sich der Kreis zu der oben dargestellten Problematik der traditionell angenommenen mosaischen Verfasserschaft des Pentateuch (► 4.1). Die aktualisierende Fortschreibung und Korrektur gesetzlicher Pentateuchstoffe in der Tempelrolle vermittelt einen Eindruck davon, wie das literarische Wachstum der Tora vonstatten gegangen sein kann. Die Tempelrolle und andere interpretierende Forschreibungen biblischer Texte aus Qumran haben uns Einblick in einen lebendigen Überlieferungsprozess heiliger Texte gegeben. Somit haben spätestens die Schriftrollenfunde vom Toten Meer den klaren Beweis für die grundlegende Einsicht der historisch-kritischen Forschung geliefert, dass das Alte Testament das Ergebnis eines langen und komplexen Entstehungsprozesses ist.

7 Vom Verstehen des Alten Testaments

7.1 Das Problem

Das AT gehört nur deshalb zu unserer Bibel, ist allein deshalb „Heilige Schrift" für uns, weil es mehr als nur den ursprünglichen historischen Sinn enthält. Die Evangelisten oder Paulus haben selbstverständlich nicht auf die ursprüngliche Absicht alttestamentlicher Propheten Rücksicht genommen, wenn sie bestimmte Texte auf Jesus gedeutet haben; wahrscheinlich wäre ihnen ein solches Ansinnen nahezu absurd vorgekommen. Hier verbirgt sich ein fundamentaler hermeneutischer Unterschied zwischen uns Heutigen und damaligen Lesern der Schrift, den es zu begreifen und in Rechnung zu stellen gilt.

Eine der Grundüberzeugungen damaligen Schriftverständnisses war, dass die biblischen Texte prinzipiell offen für die je eigene Gegenwart sind. Das lässt sich schon an einem inneralttestamentlichen Beispiel zeigen: In Jer 25 ist die Rede davon, dass Jerusalem 70 Jahre lang verwüstet sein werde. Doch diese Prophezeiung hat sich nicht im Wortsinn erfüllt, vielmehr ist noch Jahrhunderte später der Zustand Jerusalems kläglich und trist. So lässt sich verstehen, dass im Danielbuch (Kap. 9) darüber nachgedacht wird, wie es zu dieser Diskrepanz kommt. Die Lösung ist überraschend: die Zahl „70" bleibt, aber die Jahre werden zu Jahrwochen uminterpretiert; so ist nun mit 7 x 70 Jahren zu rechnen.

Dieses Phänomen der aktualisierenden Schriftauslegung lässt sich in der Spätzeit des AT und im sog. zwischentestamentlichen Schrifttum sehr häufig feststellen. Aus Qumran ist gar der Ausspruch bekannt, dass Gott seinen Propheten nicht alles mitgeteilt habe, sondern erst einem späteren Beauftragten, dem „Lehrer der Gerechtigkeit", die Geheimnisse der Schrift kundgetan habe (1QpHab VII,4 f.). Die Texte haben also einen verborgenen Sinn, der uns angeht. Hätten sie diesen nicht, so ist im Umkehrschluss zu folgern, so gingen sie uns nichts an.

Zwischen diesen beiden Polen – das AT geht uns nichts an / das AT als notwendiger Teil der christlichen Botschaft – bewegt sich in der Systematischen Theologie bis heute die Debatte um das AT als Teil der christlichen Bibel. Sie erhält zusätzliche Brisanz durch die Tatsache, dass wir es zugleich mit der Heiligen Schrift des Judentums zu tun haben. Wie kann es sein, dass ein Buch zur Grundlage von zwei verschiedenen Religionen wurde? Wäre allein der historische Sinn der Texte ausschlaggebend, könnte dies nicht sein.

Auch hier liegt die Antwort wieder in der unterschiedlichen Rezeptionsgeschichte der Texte, die im Christentum durch den Eindruck von Leben, Tod und Auferstehung Jesu geprägt ist. Damit erhielten alle Texte des AT, die auf eine messianische Zeit oder Gestalt zu beziehen waren, einen eindeutigen Sinn als Vorbereitung des Evangeliums (vgl. Jes 61,1 f. in Lk 4,18 ff.).

Das Judentum hat die Ereignisse um Jesus nicht so verstehen können. So blieb die Messiaserwartung unerfüllt. Statt dessen wurden diejenigen Texte besonders pointiert, die ein Leben im glaubenden Gehorsam gegenüber Gottes Geboten lehren. Wie das NT das christlich-messianische Verständnis der Bibel dokumentiert, zeigt das Judentum zunächst in der Mischna und später im Talmud seine toraorientierte Rezeption der Schrift.

Im Folgenden sollen drei Themen, die um das Problem des Verstehens des AT kreisen, kurz in den Blick genommen werden: Zunächst ist zu fragen, welche Modelle zum Umgang mit der alttestamentlichen Überlieferung im NT selbst zu erkennen sind. Danach wird das Problem der Verhaltnisbestimmung zwischen AT und NT als Teile einer christlichen Bibel angesprochen. Zuletzt soll es darum gehen, methodische Alternativen zur historisch-kritischen Auslegung vorzustellen.

7.2 Von tötenden Buchstaben und Decken vor den Herzen (2 Kor 3)

Wie kommt es, dass manche beim Lesen der Schrift ihren Glauben an Jesus Christus bestätigt finden, andere aber nicht? Diese Frage beschäftigt Paulus im 2. Korintherbrief. Die Antwort gibt er mittels eines Bibeltextes: Nach Ex 34 muss Mose sein Gesicht mit einer Decke verhüllen, da es den Glanz Gottes widerspiegelt, den die Israeliten nicht ungefährdet sehen können. Dieses Bild vergleicht Paulus mit dem Bibellesen: Durch das Christusgeschehen ist für Christen die Decke abgetan, sie haben direkten Zugang zum rechten Verständnis der Bibel und damit zur Herrlichkeit Gottes. Ausdrücklich wurde vorher schon gesagt, dass die Christen Mitglieder eines neuen Bundes sind, in dem der Geist Gottes wirkt. Der alte Bund sei dagegen einer, der an den Buchstaben (der Bundestafeln, vgl. Ex 34) hängt.

Damit wird der klassische Gegensatz von Fleisch und Geist auf zwei Weisen des Schriftverständnisses übertragen: Das buchstäbliche Verstehen hilft nicht weiter; in Christus ist demgegenüber ein neues, inspiriertes Verstehen der Schrift ermöglicht worden. In diesem Licht erschließen sich die Inhalte der alten Bundesurkunden neu.

Paulus hält damit an der (jüdischen) Bibel als Grundlage des christlichen Glaubens fest. Allerdings ist bei dieser Feststellung schon der Begriff „Bibel" problematisch, da die neutestamentlichen Schriftsteller ja in der Regel die griechische Übersetzung (Septuaginta) benutzten, nicht die hebräisch-aramäische Bibel. Die griechische Bibel war aber nicht immer eine wörtliche Übersetzung, sondern vielfach eine eigenständige, aktualisierende Interpretation der biblischen Texte. So war es nahe liegender, sie auf das Christusgeschehen zu deuten – man erinnere sich nur an das Musterbeispiel der Ankündigung einer Geburt durch eine junge Frau in Jes 7,14, die Vorstellung der Jungfrauengeburt in der LXX-Übersetzung und die Deutung auf Jesus in Mt 1,23. Um im Bild des Paulus zu bleiben: Nicht nur der Geist unterschied Juden und Christen, sondern schon bei den Buchstaben gab es Differenzen. Folgerichtig hat sich das Judentum bald von der LXX getrennt und neue, wörtlichere Übersetzungen angefertigt.

Ein wesentliches Argument für die ersten christlichen Schriftsteller war, dass das Heilsgeschehen als Erfüllung dessen anzusehen ist, was in der – Juden und Christen gemeinsamen – Schrift angekündigt war. Dies wurde auf unterschiedliche Weise begründet:

Am häufigsten anzutreffen ist der *Weissagungsbeweis*. Bislang unerfüllte Weissagungen der Propheten Israels werden auf Jesus gedeutet, was besonders im Matthäusevangelium ausdrücklich mit der Formel „damit erfüllt würde ..." gekennzeichnet wird. So wird etwa das erste Gottesknechtslied (Jes 42,1–4) auf Jesus gedeutet (Mt 12,15 ff.); die Flucht der Familie Jesu vor Herodes nach Ägypten (Mt 2,13 ff.) dient dazu, ein

Wort aus Hosea 11,1 zu erfüllen, wonach Gott seinen Sohn aus Ägypten rufen wolle. Hier ist besonders gut zu beobachten, wie in unserem Sinne „falsch“ zitiert wird, denn der Hosea-Text spricht ausdrücklich von Israel und ist auf den zurückliegenden Exodus zu beziehen.

Damit ist schon die zweite Möglichkeit im Umgang mit der Schrift angesprochen, die *Typologie*. Bestimmte Ereignisse, Strukturen oder Personen des AT gelten dabei als Vorbild (griechisch: *typos*) der christlichen Heilsgeschichte. Im Beispiel des Hosea-Textes ist Gottes Heilshandeln an Israel das Vorbild, das auf das viel größere Abbild der Jesusgeschichte vorverweist. So wird die gesamte Geschichte des Gottesvolkes für entsprechende Interpretationen geöffnet: Dem Stimmen-Verwirren in Babel (Gen 11) entspricht das Entwirren zu Pfingsten (Apg 2), der Sühne schaffende Hohepriester des alten Bundes (Lev 16) wird vom Hohepriesteramt Christi übertroffen (Hebr 4+5); die zwölf Stämme Israels bilden vorab die Jünger Jesu ab. Ausdrücklich heißt es in Röm 5 sogar, dass Adam der negative *typos* Christi sei, da er den Tod in die Welt gebracht habe.

Die Texte der Bibel bedeuten demnach etwas anderes als sie sagen. Dieses Phänomen kannte man in der Antike gut; besonders bei den allzu menschlichen Schilderungen der Götter in den Epen Homers war man sich sicher, dass der Dichter etwas anderes gemeint haben müsse. Auch im Judentum hat man manche Vorschriften der Tora *allegorisch* interpretiert, besonders bei Philo von Alexandrien. Daher ist es kein Wunder, dass sich die *Allegorese* als Erklärung und Anwendung alttestamentlicher Texte auch im NT findet. So wird Jesus in 1 Kor 5 als Passalamm verstanden, was bis in die Passionsdarstellung des Johannesevangeliums weiterwirkte; in 1 Kor 10,4 wird er als „geistlicher Felsen“ bezeichnet, was das Wasserwunder während der Wüstenwanderung Israels (Ex 17) allegorisch auf Christus deutet.

Besonders die Allegorie wird in der Bibelexegese der frühen Kirche vervollkommnet und bildet eine der Grundlagen der späteren Lehre vom vierfachen Schriftsinn. Selbst wenn man die Ergebnisse solcher Auslegungen heute nach der Aufklärung nicht mehr einfach übernehmen kann, darf man doch die Ernsthaftigkeit damaliger Exegese nicht in Frage stellen. Sie war auf die unerschütterliche Überzeugung gegründet, dass die Aussagen der biblischen Texte in der jeweiligen Gegenwart Gültigkeit haben.

7.3 Biblische Theologie

Der Umgang mit der Bibel hat sich seit der Aufklärung radikal verändert. Wesentlich war die Erkenntnis, dass es sich um Texte handelt, die an bestimmte historische Situationen gebunden sind und zunächst in ihren eigenen Kontexten zu verstehen sind. Damit wurden aber einige bislang sichere Überzeugungen fraglich, denn sowohl innerhalb des AT als auch zwischen AT und NT öffneten sich nun historische Gräben: Bei einzelnen Schriften des AT wurden je eigene Aussageabsichten entdeckt, die untereinander nicht deckungsgleich waren; man erinnere sich an die unterschiedliche Interpretation der Geschichte Israels im deuteronomistischen und chronistischen Geschichtswerk. Für das AT als Ganzes muss eine eigene Aussageintention angenommen werden, die sich nicht im Charakter einer Weissagung auf Christus hin erschöpft; anders wäre ja auch nicht erklärbar, dass es zugleich die Heilige Schrift des Judentums ist.

Damit sind zwei wichtige Themen der wissenschaftlichen Beschäftigung mit dem AT angesprochen: Zum einen geht es um die Frage nach der *Theologie des AT,* also um den Versuch, die Aussagen der hebräischen Bibel zusammenzustellen und zu ordnen. Weiter greift die zweite Frage, die sich darum bemüht, das Verhältnis zwischen den beiden Testamenten zu klären; sie wird mit dem Begriff *Biblische Theologie* umschrieben. Bei beiden Fragestellungen gibt es in der exegetischen Forschung keine einheitlichen Ergebnisse.

Im Bereich der Theologie des AT ist schon strittig, ob der Begriff angemessen ist. Viele Forscher gehen davon aus, dass man nicht mehr als eine Geschichte der Religion des alten Israel nachzeichnen könne. Eine (!) Leitidee gebe es nicht, statt dessen ist die religiöse Vorstellungswelt der einzelnen Epochen der Geschichte Israels und der in ihnen entstandenen Literatur zu rekonstruieren (Vgl. *R. Albertz* und *Keel / Uehlinger)*. Diese Fragestellung hat durch die reichhaltigen archäologischen Funde der letzten Jahrzehnte Auftrieb erhalten; tatsächlich kann man nun die Entwicklung des Gottesglaubens, wie sie sich im AT spiegelt, sehr viel präziser nachzeichnen. Kritisch angemerkt wurde aber, dass bei einem solchen beschreibenden Zugang die Frage nach der Interpretation und der Gegenwartsbedeutung der Texte zu kurz komme.

Doch auch bei den Forschern, die daran festhalten, dass man eine Theologie des AT schreiben könne, gibt es Differenzen. Strittig ist etwa die Frage, ob es eine „Mitte“ des AT gebe, also ein umfassendes Thema, dem sich die einzelnen Texte zuordnen lassen. In der Debatte wurden etwa die Bundesthematik, die Erwählung Israels oder die Bekanntgabe des Gottesnamens als solche zentrale Themen genannt. Diese sind auch im NT von großer Bedeutung, so dass sich über eine so formulierte Theologie der Zusammenhang der Testamente leichter aussagen lässt.

Im Gefolge der Epoche machenden Theologie von G. von Rad wurde jedoch deutlich, dass es eine solche thematische Einheit hinter den Texten nicht gibt. Statt dessen sind die einzelnen Aussagen des AT mit ihren je eigenen Intentionen wiederzugeben. Wie im AT selbst ist dabei das Nacherzählen der Texte als die geeignetste Methode anzusehen; dies wird auch in der jüngst erschienenen Theologie von R. Rendtorff so gehandhabt, die überdies strikt kanonisch ausgerichtet ist und daher weitestgehend auf religionsgeschichtliche Fragen verzichtet.

Ähnlich kontrovers wird das zweite große Themenfeld diskutiert, das der biblischen Theologie. Oben war gezeigt worden, dass es für die urchristlichen Autoren unverzichtbar war, die Heilsbotschaft aus dem AT heraus zu begründen, sich selbst im großen Bogen der Heilsgeschichte Gottes mit Israel verankert zu sehen. Nun lässt sich das Verhältnis der beiden Testamente mit sehr unterschiedlichen Perspektiven bezeichnen: Erneut wurde nach einer inhaltlichen Mitte – etwa die Auferstehung Jesu Christi – beider Schriften gesucht, was sicher der Perspektive des NT entspricht, welches ja das AT vor allem christologisch verstand. Andere Forscher bewerteten das Faktum, dass es eine einheitliche Traditionsbildung vom AT zum NT gab, als Beleg für die übergreifende Einheit der Testamente.

Beide Positionen können jedoch nur schwer die Tatsache integrieren, dass neben dem Christentum sich auch das Judentum auf das AT gestützt weiß, aus ihm seine religiöse Identität zieht. Will man nicht – was u.E. theologisch inakzeptabel ist – dem Judentum seine Erwählung durch Gott absprechen, bedarf es eines Modells, das beiden Religionen als legitimen Erben des AT gerecht wird. Hier sei an das Bild des Wurzelstocks erinnert, das Paulus in Röm 11 geprägt hat. Danach sind die Christen in den Wurzelstock des Judentums und seiner Verheißungen eingepfropft worden, um so das Heil auch zu den Völkern gelangen zu lassen. Das NT ist demnach in christlicher Perspektive ein notwendiger Zusatz zum AT, der bestimmte Traditionen pointiert und verstärkt (etwa die eschatologische Dimension), andere dagegen deutlich abwertet (etwa die kultischen Aspekte der Tora). Ohne das AT wäre das NT nicht verständlich, da wesentliche Aussagen etwa zur Schöpfung oder zur Heilsgeschichte fehlen würden oder unverständlich wären. Ohne das NT bleibt das AT zwar verständlich, doch die spätere Entwicklung im Judentum zeigt, dass auch hier weiter gehende Interpretationen nötig waren, die in Mischna, Talmud und Midrasch gesammelt wurden. Texte bedürfen also der Auslegung in den jeweiligen Religionen.

7.4 Alternative Auslegungsmethoden

Jenseits solcher Verhältnisbestimmungen ist die Erfahrung, dass biblische Texte in die eigene Gegenwart hineinwirken können, für die christlichen Gemeinden aller Zeiten fundamental. Nur so haben Schriftlesungen im Gottesdienst und zu anderen Gelegenheiten Sinn; nur so sind die großen, von biblischen Worten motivierten Aufbrüche erklärlich, von der Reformation bis zu den Wenden in Südafrika und der DDR. Doch zugleich ist damit ein Dilemma anzuzeigen, denn die oben dargestellte historisch-kritische Exegese will ja genau dieses Phänomen nicht untersuchen, sondern den Text in seiner historischen Fremdheit und mit seiner von heutigen Fragen unabhängigen Eigenaussage zum Sprechen bringen. So wird vielerorts davon gesprochen, dass diese Art der Exegese in eine Krise gekommen ist, dass sie nicht dazu taugt, die biblischen Texte angemessen zu interpretieren.

Die vorgetragene Kritik äußert sich in methodischen Alternativen, die sich in zwei Kategorien gliedern lassen: Die eine ist von der Überlegung getragen, dass die Frage nach der historischen Eigenaussage der Texte weiterhin Gültigkeit hat. Sie sei aber durch andere methodische Instrumente zu ergänzen. So müsse stärker nach den sozialgeschichtlichen oder psychologischen Bedingungen gefragt werden, unter denen die Texte entstanden sind. So soll lebendiger werden, welche Fragen die Autoren seinerzeit bewegten, welche Erfahrungen mit Gottes Befreiungstat sie zum Schreiben motiviert haben – um damit leichter Anknüpfungspunkte an heutige Fragehorizonte zu erlangen.

Ein weiterer Kritikpunkt ist, dass besonders die von Literar- und

Redaktionskritik geprägte Exegese die eigene Welt der Bibel und ihrer Texte zerstört. Durch die Kanonisierung – so eine Position – wurden die Texte in einen Dialog untereinander gebracht, den man nicht auflösen sollte. Auch widersprüchlich erscheinende Texte interpretieren sich im Kanon gegenseitig. Löst man dies nun dadurch auf, dass man die Texte vereinzelt, gehen wesentliche Sinngehalte verloren. Nicht der Eigensinn kleiner Texteinheiten, sondern der des Kanons ist demnach für die Interpretation verbindlich.

Im Gegenüber zu dieser *kanonischen Schriftauslegung* stellen andere Positionen stärker die ästhetisch-künstlerische Frage nach der Sprache der Texte in den Mittelpunkt. Ihr Charakter als Dichtung müsse stärker beachtet werden, die literarischen Strategien der Verfasser sind nachzuzeichnen, damit die Texte und ihr Erzählanliegen wieder sprechend werden. Heutige Leser können so leichter an den Welt- und Gotteserfahrungen der damaligen Menschen teilnehmen, der Zugang zur Botschaft der Bibel wird leichter. Dieser Zugang wird als „New Literary Criticism" bezeichnet, weil er die Bibel als Literatur zu begreifen sucht. Sein Kennzeichen ist die betonte Abwendung von der besonders in Deutschland üblichen historischen Exegese, statt dessen werden die Texte *synchron* betrachtet, ohne zeitliche Differenzierung von Büchern oder gar Schichten (dieser Zugang wird als *diachron* bezeichnet).

Die eben skizzierten Positionen stimmen darin überein, dass sie den historischen Abstand zwischen dem Text und heutigen Lesern nicht einebnen, sondern den Umgang mit diesen Texten anders definieren als die historisch-kritische Exegese. Davon weicht eine zweite Kategorie von methodischen Zugängen grundsätzlich ab, bei der die heutigen Leser in den Mittelpunkt des Interesses gestellt werden. Hintergrund dieser Methoden sind Arbeiten der Philosophie und Literaturwissenschaft, die stärker als bisher die Rolle der Leser im Prozess des Lesens berücksichtigten: Was liest man – notwendig! – an eigenen Fragen oder Denkvorstellungen *in* den Text hinein, selbst wenn man vorhat, den Text *aus*zulegen? Wie beeinflusst die Wirkungsgeschichte der Bibel über die Zeiten hinweg meine heutige Lektüre? Welche allgemeinen Strukturen und Konflikte des Menschseins sind in den Texten verborgen, die mir die Erkenntnis meiner selbst ermöglichen?

Auf Fragen wie diese antworten verschiedene Zugänge, die untereinander oft kaum kompatibel sind. Zu nennen sind hier etwa tiefenpsychologische Exegesen: Sie gehen davon aus, dass die Bibeltexte wie andere Mythen auf Grundstrukturen und -konflikte der menschlichen Seele reagieren. Hinter den vordergründig berichteten Einzelheiten des Textes sind zugleich psychische Sachverhalte gegenwärtig und müssen von der „subjektalen" Exegese aufgedeckt werden. Auf diese Weise können Erfahrungen von Rettung oder Heilung überzeitlich aktuell werden, die distanzbildende Rationalität der herkömmlichen Bibelauslegung ist damit überwunden, der Leser im Innersten angesprochen.

Ein verwandter Zugang, der besonders in der Religionspädagogik eine bedeutende Rolle spielt, ist der über den Symbolgehalt biblischer Texte. Auch hier wird angenommen, dass es ein zeiten- und kulturübergreifendes Phänomen von Symbolen gibt, die für bestimme Einzelelemente menschlichen Lebens stehen, so etwa fließendes Wasser für Reinheit, eine brennende Kerze für sich verzehrende Liebe, das Ei für den Anfang des Lebens. Solche Symbole sind explizit oder implizit in den biblischen Geschichten gegenwärtig und über die Wirkungsgeschichte dieser Texte auch in unserer Kultur. Es gilt also, die Bibel auf solche Symbole hin zu befragen, um einen unmittelbaren, emotionalen Zugang zu erreichen, in dem biblische und persönliche Erfahrungen vereint werden. Damit werden heutige Menschen in die Heilsgeschichte hineingenommen.

Auf anderer Ebene liegen Versuche, die Bibel stärker handlungsleitend zu verstehen. So werden etwa in der *befreiungstheologischen* Auslegung die herrschaftskritischen, an Gerechtigkeit und Freiheit der Unterdrückten orientierten Aussagen besonders gewichtet. Die Befreiungserfahrungen Israels und der Urchristen werden gleichsam typologisch auf die eigene Gegenwart bezogen und dienen dazu, ungerechte Strukturen zu kritisieren und zu verändern. Das gilt ähnlich auch für *feministische* Lesungen der Bibel (► s. Kap. 4.4).

Die Kürze der obigen Darstellung bringt notwendig manche Auslassung und Verzeichnung mit sich. Ihr Ziel ist es, nicht mehr als einen ersten Eindruck von der Fülle von Versuchen zu vermitteln, die Gegenwartsbedeutung biblischer Texte methodisch reflektiert zu bedenken. Daher ist es hier auch nicht angemessen, solche Ansätze zu kritisieren. Als Maßstab des eigenen Beurteilens ist jedoch die Frage zu stellen, welche Positionen der Bibel ihre besondere Stellung belassen, die sie in der christlichen Gemeinschaft hat, und welche sie auf eine Stufe mit allgemeinen Mythen und Märchen stellen, so dass sie letztendlich austauschbar wird. Doch auch diese Frage geht wiederum von einer im Glauben getroffenen Grundannahme aus und kann daher keine Allgemeingültigkeit beanspruchen.

7.5 Zusammenschau und Ausblick

So unterschiedlich die Fragestellungen und Antwortversuche sind, die in diesem Abschnitt vorgestellt wurden, bleibt es doch bei der grundsätzlichen Forderung an alle, die im Lehr- oder Pfarramt stehen, dass die biblische Überlieferung in jeder Gegenwart zum Sprechen gebracht werden muss. Dem sollen die vorgestellten Methoden dienen; zu diesem Zweck wurden sie aus unterschiedlichen Fragehinsichten entwikkelt. Dieses Buch ist zwar aus der Perspektive der historisch-kritischen Methode geschrieben worden, doch damit sollen nicht die anderen Versuche abgewertet werden. Im Gegenteil, je nach konkreter Situation im Unterricht sind andere Ansätze gewiss erfolgversprechender. So können Kinder über den Symbolcharakter der Texte mit der Bibel vertraut werden; über narrative Elemente – die ja dem Bibeltext höchst angemessen sind – ergeben sich Vergegenwärtigungs- und Identifikationsmöglichkeiten mit biblischen Gestalten. Doch ebenso wenig ist zu verkennen, dass auch das rationale, historisch-kritische Verstehen der Bibel heutigen Denkprägungen angemessen ist. Dies soll in der folgenden Exegese der Schöpfungsberichte exemplarisch deutlich werden. Es kann eine große Erleichterung sein, wenn man beim Lesen der Bibel nicht das Weltbild wechseln muss. Fremde Texte müssen nicht einfach kritiklos übernommen werden, sondern man kann erkennen, wie diese Aussagen entstanden sind, auf welche Gesprächssituationen sie reagieren, was ihr eigentliches Anliegen ist. Die Bibel ist der von Menschen verschiedener Zeiten gemachte Versuch, die eigenen Erfahrungen mit Gott schriftlich weiterzugeben. Diese Erfahrungen sind zu Gehör und mit den eigenen Erfahrungen unserer Zeit ins Gespräch zu bringen. Ob dies gelingt, ist letztlich unverfügbar. Daher möchte dieser Abschnitt über das Verstehen des AT vor allem dafür werben, sich eines eigenen Standpunktes bewusst zu werden, den eigenen Zugang zur Bibel und ihren Texten selbst zu finden.

8 Exemplarische Erarbeitung eines Themas: Erzählungen vom Anfang. Eine Auslegung von Gen 1–3

8.1 Vorbemerkung

Zu den bekanntesten Texten der Bibel gehören die Erzählungen von Schöpfung und Paradies in Gen 1–3. Über Jahrhunderte hinweg hat man sie für wahr gehalten in dem Sinne, dass hier zuverlässige Berichte zu finden sind, wie die Welt auf Gottes Wort hin erschaffen wurde, wie es dem ersten Menschenpaar erging. Heute wird das Gewicht stärker auf einzelne Aussagen der Texte gelegt, etwa die Gottebenbildlichkeit der Menschen in der Debatte um die Gentechnik oder die Sabbatruhe in der Diskussion um Sonntagsarbeit. Die Vertreibung aus dem Paradies wird gleichermaßen als beklagenswerter Verlust der Gottesnähe verstanden wie als begrüßenswerte Emanzipation der Menschen aus göttlicher Bevormundung.

Tatsächlich sind die Texte so reich an Anknüpfungsmöglichkeiten, dass sie in allen Klassenstufen behandelt werden können. Aus diesem Grund beschließt eine exemplarische Auslegung von Gen 1–3 dieses Buch. Sie setzt die historisch-kritische Exegese der Texte voraus und zielt auf eine didaktische Konkretion einzelner Elemente. Damit wird dem eigenen Anliegen der Kapitel Rechnung getragen, da sie ihrerseits schon als *Lehrerzählungen* konzipiert waren.

8.2 Die Schöpfung (Gen 1 und 2)

Am Beginn jeder Beschäftigung mit biblischen Texten steht das Lesen. Auch bei bekannten Texten ist dies unverzichtbar, damit nicht das eigene Meinen, was der Text sagen könne, die Überhand gewinnt. Idealerweise liest man ihn mehrfach in unterschiedlichen Übersetzungen, um so erste Hinweise auf Verstehensprobleme zu erhalten. Und man sollte den Text mit dem Ziel lesen, ihn anderen nacherzählen zu können. So schärft sich der Blick für textinterne Gliederungssignale und für die Überlegung, was die Erzählung aussagen mag, wo man selbst Fragen hat oder Schwerpunkte setzen möchte.

Bei einem ersten Durchgang durch die Kapitel kann Folgendes auffallen: Nach zwei wuchtigen Vorsätzen, die Gottes Schöpfermacht und das Chaos vor Beginn seiner Schöpfung aussagen, beginnt in 1,3 die Schilderung der eigentlichen Werke. Sorgfältig gegliedert und auf sechs Tage verteilt wird berichtet, wie durch Gottes Wort Himmel und Erde entstehen. Am siebenten Tag wird das Werk vollendet durch Gottes Ruhe und die Heiligung des Sabbats (2,1–3). Eine Unterschrift („dies ist die Entstehungsgeschichte ...") in der ersten Hälfte von Gen 2,4 markiert dann deutlich einen Einschnitt.

Die zweite Hälfte von Gen 2,4 kann kaum als Fortsetzung des eben Gelesenen verstanden werden. Gott wird nun anders bezeichnet, er trägt den Namen „Gott der Herr" oder „Jahwe Gott". Das bisher Berichtete scheint nicht geschehen zu sein, der Mensch wird zuerst geschaffen, nach ihm dann Pflanzen und Tiere. Von einem Garten als Lebensraum des Menschen ist nun die Rede, von Flüssen und besonderen Bäumen. Gott schafft alles mit den Händen, am Ende des Kapitels auch die Frau aus der Rippe des Adam. Der Bericht ist nicht so klar gegliedert wie Gen 1; die Frage nach der Zeit spielt keine Rolle.

Nach den in Kap. 5 vorgestellten Methoden der historisch-kritischen Exegese ist das Nebeneinander der beiden Erzählungen literarkritisch zu erklären; es handelt sich um zwei ursprünglich selbstständige Überlieferungen, die später zusammengestellt wurden. Der klar strukturierte Bericht in Gen 1 gehört offenbar zu der so genannten Priesterschrift (► s. oben 4.1), die Erzählung in Gen 2 wird wegen des Gottesnamens einer anderen Schicht, traditionell Jahwist genannt, zugeschrieben.

Eine weitere Beobachtung kommt hinzu: Während der erste Bericht in 2,4 eine Unterschrift und damit ein Ende hat, fehlt solches am Ende von Kap. 2. Gen 3 nimmt den Erzählfaden wieder auf, auch die auffällige Gottesbezeichnung „Gott der Herr" wird weiter verwendet. Erst mit der Vertreibung aus dem Garten wird in 3,24 ein Endpunkt erreicht. Die Geschichten von der Schöpfung und dem Verlust des Urzustandes gehören demnach zusammen.

Wie oben dargestellt wurde, sind nach der Erkenntnis, dass die Texte ursprünglich selbstständig waren, die folgenden exegetischen Überlegungen für jeden Text getrennt anzustellen. Damit sind nun die Abschnitte Gen 1,1–2,4a und 2,4b–3,24 je für sich genauer zu untersuchen.

8.3 Der Schöpfungsbericht der Priesterschrift

Schon die ersten drei Verse der Bibel werfen eine solche Fülle von Fragen auf, dass sie ganze Doktorarbeiten motiviert haben. Schwierig ist in unserem Zusammenhang, dass die Probleme ohne Kenntnis des Hebräischen nur schwer nachzuvollziehen sind. Doch der Versuch lohnt sich.

Der erste Vers „am Anfang schuf Gott Himmel und Erde" ist zwar eine richtige Übersetzung des hebräischen Textes, er legt jedoch das Schwergewicht auf einen absoluten Anfang. In früheren Zeiten hat man hier auch die *creatio ex nihilo,* die Vorstellung von der Schöpfung aus dem Nichts, herausgelesen. Das aber ist nicht gemeint, denn die Verse 1 und 2 sind als Nebensätze Vers 3 untergeordnet, so dass man auch übersetzen kann: „(1) In der Anfangszeit, als Gott den Himmel und die Erde schuf, (2) die Erde aber wüst und leer war ..., (3) da sprach Gott: Es werde Licht!" Diese Übersetzung – sie geht auf jüdische Exegeten zurück – legt den Schwerpunkt auf das erste schöpferische Wort Gottes in V. 3. Betont wird außerdem, dass die Erde am Anfang in einem lebensfeindlichen Zustand war; dies wird durch das hebräische Wortspiel *tohu wabohu* bezeichnet. Auch Finsternis und Urmeer stehen für chaotische Mächte, denen aber der Geist Gottes gegenübergestellt wird.

Es geschieht also keine Schöpfung aus dem Nichts, sondern ein Ordnen und Bändigen des Chaotischen; diese Aussage des Textes gleicht ähnlichen Schöpfungsvorstellungen aus Mesopotamien, Syrien und Phönizien. Im Hebräischen gibt es für dieses Schöpfungswirken ein eigenes Verbum, *bara,* das sich schon in Vers 1 findet. In der ganzen Bibel wird es nur mit Gott als Subjekt verwendet. So streicht schon der erste Satz die Einzigartigkeit des göttlichen Schaffens heraus. Im Unterschied dazu verwendet der zweite Bericht ab Gen 2,4 ein anderes Verbum; hier „bildet" Gott den Adam (2,7) so, wie ein Töpfer aus Lehm seine Gefäße formt.

Ab V. 3 lässt sich eine klare Strukturierung des Textes erkennen: Die einzelnen Schöpfungswerke werden durch einen Befehl Gottes „es werde ..." eingeleitet. Die Ausführung wird kurz festgestellt, darauf folgt eine Billigung; Gott erklärt, dass das Geschaffene gut ist. Danach kommt in zwei Fällen ein weiteres Werk (V. 11+24) oder die Angabe, an welchem Tag das Geschehen stattfand. So entsteht ein Schema von sechs Tagen, an denen acht Werke stattfinden. Dieses Schema von bestätigendem Urteil und Zeitraster weist auf das Ende des Berichts voraus, in dem nach sechs Tagen alles Geschaffene als „sehr gut" (1,31) bezeichnet wird. Seine Vollendung erhält es aber erst mit dem siebenten Tag, dem Sabbat (2,2).

Das Weltbild, das Gen 1 zugrunde liegt, lässt sich in vielen biblischen und außerbiblischen Texten wiederfinden, vgl. etwa Hiob 38 ff. Die Abbildung auf S. 162 verdeutlicht, wie man sich damals die Welt gedacht hat: Das Himmelsgewölbe trennt die Wasser des Urozeans von denen des Himmelsozeans (2. Tag). Unterhalb des Himmels gibt es ebenfalls Wasser (die Flüsse, Meere und Seen) und das trockene Land, auf dem die Pflanzen wachsen (3. Tag); es ist auf Pfeiler gestützt (Hi 38,6). Am Himmelsgewölbe sind die Gestirne befestigt (4. Tag). Unter den Fundamentpfeilern findet sich eine Schlange (vgl. Gen 3); sie symbolisiert die Gefährdung der Schöpfung durch das Chaos. Im Mittelpunkt der Erde ist der Jerusalemer Tempel mit dem Cherubenthron, der die Verbindung mit der himmlischen Präsenz des bildlosen JHWH verbürgt.

So sehr Gen 1 auch die Sprache seiner Umwelt spricht, im traditionsgeschichtlichen Vergleich werden doch auch Unterschiede deutlich: Die Gestirne sind keine eigenständigen Götter, sondern dienen lediglich zur Beleuchtung und Zeitmessung (1,14–16); die großen Seeungeheuer sind Geschöpfe Gottes, nicht etwa widergöttliche Mächte (1,21, vgl. Ps 104,26). Den Mythen der Umwelt setzt Gen 1 also eine profanere Weltsicht entgegen, die eine Konsequenz des Eingottglaubens ist.

Einen Höhepunkt erreicht der erste Schöpfungsbericht in V. 26–28 mit der Erschaffung der Menschen. Statt der üblichen Aufforderung „es werde ..." steht nun eine Selbstaufforderung Gottes, der Mensch (als Mann und Frau) soll als Ebenbild Gottes, ihm ähnlich geschaffen werden und über alles auf der Erde herrschen. Die Aussagen von der Gottebenbildlichkeit *(imago dei)* und vom Herrschaftsauftrag *(dominium terrae)* haben die Ausleger aller Zeiten beschäftigt; sie sind bis heute strit-

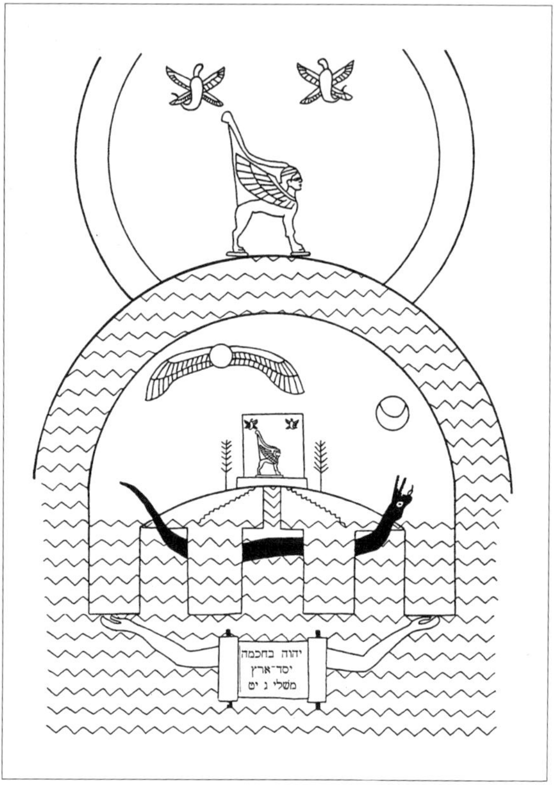

Rekonstruktion des biblischen Weltbildes nach Othmar Keel

tig. Da im Alten Orient auch Könige und ihre Statuen als „Abbild Gottes" gelten konnten, soll diese Aussage wohl bedeuten, dass der Mensch stellvertretend die Herrschaft Gottes über die Welt ausüben soll. Dazu ist er berufen, weil er als einziges Lebewesen die Sprache besitzt; nur der Mensch wird im Kontext von Gen 1 direkt von Gott angesprochen. Dass der Auftrag zur Herrschaft über die Welt auch eine Verpflichtung zu ihrer Bewahrung enthält, hat erst die ökologische Krise der Neuzeit erkennen lassen.

Das letzte Schöpfungswerk ist nach 2,2f. der Sabbat. Auf ihn läuft der gesamte Bericht zu, er wird von der Schöpfungsgeschichte als gottgewollter Ruhetag legitimiert. Nun ist allerdings der Brauch, den siebenten Tag der Woche als Ruhe- und Feiertag zu gestalten, vergleichsweise jung; er war vor dem Exil nur für Landarbeiter in Zeiten harter Feldarbeit üblich (vgl. Ex 23,12; 34,21), nicht jedoch das ganze Jahr über. Auch hieß dieser vorexilische Ruhetag noch nicht Sabbat. In der Verbannung aber wurden die regelmäßige Sabbatruhe wie die Beschneidung wichtige Merkmale israelitisch-jüdischer Identität. So gibt uns der Text einen Hinweis auf seine Entstehungszeit.

Mit der Ruhe am Sabbat verbinden sich in gewisser Weise göttliche und irdische Welt. Diese Dimension wird in der Priesterschrift noch dadurch unterstrichen, dass der Bericht von der Erbauung des Heiligtums in Ex 25–31 und 35–40 strukturell dem Schöpfungsbericht sehr ähnlich ist, bis hin zum Sabbat als Endpunkt. Das Heiligtum Israels ist demnach innerhalb der Schöpfung ein besonders ausgezeichneter Raum der erfahrbaren Gottesnähe.

8.4 Das Paradies und sein Verlust

Bei der Abgrenzung der beiden Schöpfungsberichte war bereits darauf hingewiesen worden, dass ab Gen 2,4b eine ganz andere Vorstellung vom Beginn der Welt begegnet. Ganz ähnlich wie in 1,1–3 wird zunächst der Zustand der Welt am Anfang mitgeteilt: Es gibt keine Vegetation, keinen Regen, folglich kann es kein Leben geben (V. 5). Darauf wird das Land bewässert, und Gott beginnt mit der Erschaffung des Adam (V. 6f.). Im hebräischen Text weisen schon die verwendeten Wörter auf den untrennbaren Zusammenhang von Mensch *(adam)* und Erdboden *(adamah)* hin. Dies nimmt die Beobachtung auf, dass Menschen nach ihrem Tod verwesen, wieder zu Staub werden (vgl. 3,19); die Vorstellung, dass Menschen wie von einem Töpfer gebildet wurden, ist auch in Ägypten gut belegt.

Der Mensch als Erstling der Werke Gottes wird mit einem angemessenen Lebensraum ausgestattet, den Gott selbst in Eden („Wonneland") pflanzt. Seit der griechischen Übersetzung hat er in unserer Tradition den Namen „Paradies" erhalten, was ursprünglich einen gepflegten Garten bedeutete. In die Mitte des Gartens werden zwei Bäume gepflanzt, der des Lebens und der der Erkenntnis. Dies und das Gebot in V. 16f. verweisen schon auf Kap. 3 voraus, ein weiterer Hinweis darauf, dass Kap. 2 nicht isoliert gelesen werden sollte.

V. 10–14 unterbrechen den Zusammenhang mit einem kurzen Abschnitt über die vier Paradiesströme, die wohl die Grenzen der bekannten Welt benennen sollen. Aufgenommen werden auch Vorstellungen von einem Urstrom, die in Mesopotamien und Syrien gut belegt sind, wie die unten stehende Abbildung zeigt: Aus dem Berg, auf dem die Gottheit thront, strömen Flüsse, die Leben ermöglichen (die Göttinnen mit dem Lebensbaum), aber auch chaotisch sein können und daher gebändigt werden müssen (vgl. den Gott mit der Lanze).

Rollsiegel aus Akkad

Das Leben des Adam im Garten ist unvollkommen, es bedarf einer ihm gemäßen Hilfe. Daher schafft Gott zunächst die Tiere. Auch in diesem Bericht erhält der Mensch die Herrschaft über die Tierwelt, was sich im Akt der Namensgebung ausdrückt.

Doch die Tiere taugen nicht als Partner des Urmenschen, daher erschafft Gott aus einer seiner Rippen die Frau. Damit soll wohl zum einen erklärt werden, warum es unterhalb des Brustkorbes keine Rippen mehr gibt, zum anderen wird so die enge Zusammengehörigkeit von Mann und Frau ausgesagt. Dies drückt der Mensch selbst in V. 23 aus, und der Name, den er der Frau gibt, unterstreicht den Zusammenhang noch: Sie wird *ischah* „Frau" genannt, weil sie vom *isch* „Mann" genommen wurde. In V. 24 wird daraus abgeleitet, dass Männer ihre Elternhäuser verlassen und sich zu den Frauen hingezogen fühlen; damit wird eine der grundlegenden Bedingungen menschlichen Lebens erklärt, auf diesen Vers läuft der erste Teil des Berichts zu.

Vergleicht man in einem Zwischenschritt die beiden Berichte über die Schöpfung, so sind sie sich doch bei allen Differenzen in Struktur, Weltbild und Sprache vor allem darin einig, dass Gott souveräner Schöpfer ist. Zum anderen erhält der Mensch eine besondere Stellung zwischen Gott und Natur. Dazu gehört, dass er in 2,7 als einziges Lebewesen von Gott den Lebenshauch erhält, womit vielleicht wieder das Sprachvermögen gemeint ist.

In V. 25 hat der Erzähler einen Wartepunkt gesetzt: Die Aussage von der Nacktheit ist als Überleitung zur folgenden Geschichte zu sehen, in der Nacktheit und Scham eine besondere Rolle spielen.

„Die Schlange aber ..." (3,1) ... wird durch spätere Interpretationen unseres Textes in ein extrem schlechtes Licht gerückt. Als Satansgestalt wurde sie gesehen, mit gespaltener Zunge soll sie reden, als Zeichen für weibliche List und Verschlagenheit stehe sie. Nichts davon steht im Text. Im Gegenteil: Im Hebräischen ist die Schlange männlich, und sie lügt nicht (da ja die Menschen tatsächlich nicht sterben). Wieder muss man einige der Mythen der damaligen Zeit kennen, um die Rolle der Schlange zu erklären. Sie galt als wirkmächtiges Tier, das etwa die Pharaonen auf ihrer Krone trugen oder das man mit Fruchtbarkeit, Jugend und Gesundheit in Verbindung brachte (vgl. Num 21,6 ff.; Äskulapstab), das aber auch oft als Chaosdrache abgebildet wurde, gegen den sich die Götter zur Wehr setzen müssen.

Rollsiegel: Chaoswasser als Schlange

Erneut setzt sich der Bibeltext kritisch mit den Überlieferungen der anderen Völker auseinander: Die Schlange ist Geschöpf Gottes, das listigste zwar, aber eben nur ein Tier.

Doch auch hier ist die Schlange Anlass für den Verlust des Wohnens im Wonneland, für den Einbruch des Chaotischen (3,1–7). Sie überredet die Frau dazu, vom verbotenen Baum der Erkenntnis zu essen (vom Lebensbaum ist hier interessanterweise gar nicht die Rede).

Die primäre Erkenntnis nach dem Genuss der Frucht (der „Apfel" ist spätere Interpretation) ist die der Nacktheit. Damit wird der Wartepunkt von Gen 2,25 wieder aufgenommen. Was sich jedoch außerdem mit der „Erkenntnis von Gut und Böse" verbindet, die zudem als göttliche Eigenschaft qualifiziert wird (3,5), ist strittig und wohl kaum zu klären, da das entsprechende hebräische Wort ein sehr weites Bedeutungsspektrum hat. Vielleicht kann man es als Chiffre für das menschliche Bewusstsein sehen, das eine weitere Differenz zur Tierwelt bedeutet.

Der nächste Abschnitt 3,8–13 lässt sich als Zeugnis der Feigheit des Mannes lesen, der jegliche Verantwortung für das Geschehen abstreitet, sie sogar implizit Gott zuschiebt, wenn er darauf verweist, dass jener ihm ja die Frau gegeben habe.

Nun erreicht die Geschichte ihr eigentliches Ziel, denn es beginnt eine Reihe von Flüchen gegen die Schlange, die Frau und den Mann (3,14–19). Erzählerisch als Strafe für das Geschehen gestaltet, haben diese Sätze zum Inhalt, dass die *gegenwärtige* Existenz der Menschheit erklärt wird. Von einer Erbsünde, welche die christliche Tradition im Gefolge von Röm 5,12ff. aus diesem Text gelesen hat, ist hier nicht die Rede. Das mythische Geschehen ist gleichsam der letzte Akt der Schöpfung, den der Mensch in eigener Verantwortung gestaltet hat. Gen 2 und 3 sind somit als umfassende *Ätiologie* zu verstehen. Sie erklärt sowohl Details wie die fehlenden Rippen der Menschen und die fehlenden Beine der Schlangen (3,14). Aber sie antwortet auch auf die große Frage, warum den Menschen das Leben in einem göttlichen Wonneland verwehrt ist (3,24, vgl. Ez 28,12–17), weshalb die Schöpfung, wie die Menschheit sie erlebt, nicht „sehr gut" (vgl. 1,31) ist. So ist auch die redaktionsgeschichtliche Frage zu beantworten, weshalb Gen 2 und 3, obwohl sie die älteren Texte sind, von den Redaktoren nach Gen 1 eingeordnet wurden.

Doch der Text Gen 3 beinhaltet noch eine weitere Dimension. Denn nach dem Fluch Gottes folgt seine Hilfe beim Bekleiden der Menschen (3,21). Auch in dem neuen Lebensraum „jenseits von Eden" ist die Menschheit nicht von Gott verlassen. Die Menschen können sich mit Gottes Hilfe vermehren (vgl. 4,1), und sogar der Brudermörder Kain kann auf Gottes Schutz vertrauen (4,15ff.). Zwar ist der Zugang zum Garten durch die Cherubim verwehrt, der Baum des Lebens unerreichbar

(3,34). Das aber sind mythische, unerreichbare Ziele. In dem Leben, das Menschen möglich ist, sollen sie Gottes Zuwendung gewiss sein.

8.5 Zusammenfassung

Der priesterliche Bericht in Gen 1 kann auch die modernen Menschen noch ansprechen, weil sich die Abfolge der Schöpfungswerke nicht zu sehr mit naturwissenschaftlichen Erkenntnissen stößt, weil er klar strukturiert ist und weil er ein eher distanziertes, nicht menschenähnliches Gottesbild vermittelt. Gen 2 und 3 dagegen wirken viel weniger modern, stehen alten Mythen näher. Doch erst im Mit- und Nebeneinander der beiden Texte wird u.E. die Schöpfung angemessen beschrieben: Neben die Erfahrung der Schönheit und Größe der Natur tritt die der Mühsal menschlicher Existenz, neben der Aussage vom ruhenden, fernen Gott steht die von seiner Hilfe für die Menschen. Das Nebeneinander der beiden Berichte verhindert, dass eine Sichtweise absolut gesetzt werden kann, es ist sogar strukturell offen für neue Erklärungsversuche der Weltentstehung (► s. Kap. 6.5).

So verstanden stehen die biblischen Schöpfungsberichte nicht im Widerspruch zu unserem modernen Schöpfungsglauben. Zwar können und sollen die Einzelheiten der Weltentstehung durch fortschreitende Erkenntnis modifiziert werden – das tut bereits Gen 1 im Vergleich mit Gen 2. Doch die Überzeugungen von Gottes Wirken in der Schöpfung und menschlicher Verantwortung für die Schöpfung bleiben u.E. unaufgebbar.

8.6 Didaktische Überlegungen

Im Folgenden kann es nicht darum gehen, einen Unterrichtsentwurf zum Thema Schöpfung zu entwickeln oder auch nur entsprechende Ausarbeitungen zusammenzustellen. Das Thema wird wegen seiner Bedeutung in nahezu allen Schul- und Lehrerhandbüchern angesprochen, dort findet sich auch eine Fülle von sinnvoll einsetzbaren Materialien. Exemplarisch hingewiesen sei lediglich auf die bei Calwer und Diesterweg erschienenen Schuljahrgangsbände „Kursbuch Religion 2000“ in denen sich vielfältige altersgerechte Zugänge zum Thema finden.

Was hier unternommen werden soll, ist der Versuch, von der oben stehenden Exegese aus Leitlinien zu finden, die eine Orientierung im Unterricht ermöglichen. Dabei soll dem eigenen Anliegen der Texte so weit als möglich Rechnung getragen werden, um so zu erreichen, dass sorgfältige exegetische Arbeit als sinnvolle Vorbereitung ernst genommen wird.[14]

Verschiedene Grundaussagen sollen dabei entfaltet werden:

❒ *Die Schöpfungsberichte sind Lehrerzählungen*

Mit dem Aufkommen der modernen Informations- und Kommunikationsmittel ist einerseits die Erzählkultur immer mehr zurückgegangen, andererseits erzählt heute jeder Videoclip eine Geschichte, mit der er seine „Message“ transportieren will. Beide biblischen Schöpfungsberichte sind als Erzählungen konzipiert worden, die bestimmte Aussageabsichten haben. Ihr Sinn erschließt sich noch immer am leichtesten beim Nach-Erzählen, das je nach Klassenstufe durch illustrierende Materialien – etwa das schematische altorientalische Weltbild – erleichtert werden kann. Damit wird man dem Anliegen der biblischen Überlieferung gerecht, das im Zur-Sprache-Bringen von Glaubenserfahrungen mit Gott besteht.

Im Religionsbuch „Hoffnung lernen“ für die Klassen 5/6 (Klett, 1995) wird dies umgesetzt, indem die beiden Schöpfungsberichte auch optisch in das Zentrum der Buchseiten gesetzt werden; um die Texte herum wurden Leitfragen und Hintergrundinformationen platziert.

❒ *Die Schöpfungsberichte setzen sich kritisch mit den Überlieferungen der Umwelt auseinander.*

Kinder und Jugendliche werden heute in ganz anderer Art als je zuvor mit der Schöpfungsthematik konfrontiert. Überall begegnen ihnen von Menschen geschaffene virtuelle Welten, mit denen sie sich auseinander zu setzen haben: In Filmen wie „Matrix“ entpuppt sich die vorfindliche Welt als Fiktion, die zu entlarven es neue Erlöser braucht; „Lola rennt“ durch immer gleiche Filmszenarien auf der Suche nach der besten aller möglichen Welten. Am Computer können eigene Welten erbaut werden, von den „Sims“ bis zum Pokemon im Hosentaschen-Gameboy. Und Harry Potter ist so erfolgreich, weil er in einer Parallelwelt lebt, die ihrerseits auf die Erlösung von der Gefahr des „Duweißtschonwer“ wartet.

---

14 Vgl. dazu auch I. Baldermann, *Einführung in die Bibel*, Göttingen [4]1993, 124 ff.

Viele dieser virtuellen Welten sind als moderne Mythen verstehbar, die nicht nur Zerstreuung bieten, sondern bestimmte Sinnangebote transportieren; der Glaube an die Allmacht Gottes scheint bisweilen von dem an die wissenschaftlich-technische Allmacht der Menschheit abgelöst worden zu sein.

Bei der exegetischen Beschäftigung mit den biblischen Schöpfungstexten ist deutlich geworden, dass sie eine entmythisierende Tendenz haben. Wahrscheinlich wurden sie in ähnlichen Situationen erzählt, als es in der Umwelt Israels ein Überangebot von Mythen gab, von denen ebenfalls eine große Faszination ausging. Solchen Mythen wurde die Schöpfermacht des Gottes Israels gegenübergestellt; die Götter der Völker und ihre Symbole wurden erzählerisch degradiert und so entzaubert. Diese grundlegende Funktion haben die Texte in Gen 1–3 über die Zeiten hinweg behalten. So ist die zweite Basisüberlegung die, dass man die Texte der Bibel in eine Gesprächssituation mit anderen, konkurrierenden Mythen bringen sollte. Das können – wie es in vielen Schulbüchern geschieht, vgl. Kursbuch 5/6, S. 62–67 – die Schöpfungsmythen anderer Völker sein, aber auch die modernen Mythen und Märchen.

Eine andere Möglichkeit zur Erschließung der Intention der biblischen Schöpfungsberichte besteht darin, Geschichten zu erfinden, welche die Entstehung der biblischen Texte erzählen. So könnte man die Situation von Israeliten im babylonischen Exil erzählen, die angesichts der glanzvollen Feier des Neujahrsfestes für den babylonischen Schöpfergott Marduk ihren Glauben an den Gott Israels als Schöpfer und Herr der Welt in Form des priesterlichen Schöpfungsberichtes formulieren.[15]

❒ *Die Schöpfungsberichte wollen keine allgemein gültigen, immer währenden Aussagen über die Weltentstehung machen.*

Es wäre u.E. ein Missverständnis, wollte man die biblischen Berichte darauf festlegen, dass die Welt genauso entstanden ist, wie man es in Gen 1 lesen kann. Schon der Vergleich mit Gen 2 sollte diesen Eindruck verhindern. Im Unterricht lässt sich diese Erkenntnis leicht durch die Gegenüberstellung der beiden Texte vermitteln. Das kann sogar im spielerischen Wettstreit zweier Gruppen geschehen. Mit der knappen Zusatzinformation, dass die Texte aus verschiedenen Jahrhunderten stammen, können die Kinder erkennen, dass die Weltentstehungserklärun-

15 Vgl. F. G. Friemel/C.-P. März, *Geschichten, nicht nur biblische,* Leipzig 1988, 115–117.

gen der Texte zeitgebunden sind. Das direkte Nebeneinander dieser Berichte verhindert die Absolutsetzung einer Erklärung und lässt Raum für andere, modernere Erklärungsversuche. Hier bieten sich reizvolle Ansätze zu einem interdisziplinären Unterricht mit den Fächern Physik oder Biologie und der Philosophie, vgl. etwa das Kapitel „Geschaffen an sieben Tagen“ im Kursbuch 5/6, S. 70–77.

Konkret könnte man im Unterricht auch dazu anregen, einen modernen Schöpfungsbericht zu schreiben, der auf den Erkenntnissen des heutigen naturwissenschaftlichen Weltbildes beruht. Oder man stellt eine moderne Transformation der biblischen Schöpfungsdarstellung vor[16] und kann so darüber ins Gespräch kommen, was an der biblischen Schöpfungsvorstellung zeitbedingt und variabel ist und wo die bleibenden Aussagen liegen.

Wichtig ist zudem der Hinweis, dass die Texte Aussageinteressen haben, die über das Thema Weltentstehung hinausgehen. Der Sabbat als Zielpunkt des ersten Berichtes und die Vertreibung aus dem Paradies als Endpunkt des zweiten verweisen darauf, dass in der Bibel die Schöpfungsthematik immer einen Bezug zur jeweiligen Gegenwart und ihren Problemen hat, nicht einfach eine abstrakte Gedankenbewegung im Sinne einer Grundlagenforschung ist.

❐ *Schöpfungsglaube und Chaoserfahrung gehören zusammen.*

Die unter dem 3. Punkt angestellten Überlegungen lassen sich noch eine Ebene weiterführen. Es geht um die Frage, warum überhaupt solche Schöpfungsberichte erzählt und tradiert wurden? Welches sind die positiven Funktionen solcher mythischer Überlieferungen? Die Erfahrung, dass nicht alles in der Welt gut ist, machen Kinder schon früh, ob im engsten Familienkreis oder – vermittelt durch die Medien – in der Gesellschaft. Sie müssen ihre eigene Position finden, Ordnungen erkennen und sich in diese einzufügen lernen – oder, wenn nötig, dagegen rebellieren können.

Die biblischen Berichte wollen solche Orientierung vermitteln. Sie gehen aus von der unerschütterlichen Gewissheit, dass die Welt Gottes Schöpfung ist, dass Gott sich auch um die Erhaltung seiner Schöpfung kümmert. Schrittweise führt Gen 1 die sichtbare Welt vor, Schritt für Schritt kann man selbst zu dem Urteil kommen: Es ist gut. Im Got-

16 Z.B. H. Frör, *Ich will von Gott erzählen wie von einem Menschen, den ich liebe,* München 1977, 7–17.

tesdienst am Sabbat/Sonntag kann man sich in diese himmlische Harmonie einreihen, sich seinen Platz in der Schöpfung vergegenwärtigen.

Gen 2 und 3 führen zunächst ebenfalls vor Augen, dass Gottes Schöpfung gut ist, als Wonneland wird sie sogar beschrieben. Aber es wird auch erklärt, warum die Menschheit nicht mehr in diesem Urzustand lebt. Damit wird zugleich auf die Verantwortung der Menschen hingewiesen. Die Auseinandersetzung mit lebensfeindlichen Gegebenheiten kann nicht auf Gott geschoben werden, ist kein mythisches Geschehen vor aller Zeit, sondern Aufgabe der Menschheit.

Im Kursbuch 5/6 wird unter dem Titel „Leben im Garten Gottes" (S. 54–61) der angesprochene Zusammenhang von der Schönheit der Schöpfung und den Aufgaben zu ihrer Bewahrung didaktisch umgesetzt. Im Kursbuch 9/10 bildet die Beschäftigung mit der Erfahrung von Leid und Ungerechtigkeit (S. 12–31) gar die Voraussetzung für die Behandlung der Schöpfungsthematik, was für Jugendliche in der Pubertät gewiss angemessen ist.

❐ *Die Aussage von der Ebenbildlichkeit Gottes und die Verpflichtung der Menschen.*

Die biblischen Berichte stimmen darin überein, dass sie die Menschheit als Krönung der Schöpfung sehen. In der Metapher von der Gottebenbildlichkeit wird der Mensch zum irdischen Stellvertreter Gottes gemacht. Hier bietet sich eine Fülle von Anregungen für einzelne Aspekte des Religionsunterrichts:

Ist der Mensch die Krönung oder zugleich auch das Ende der Schöpfung? Evolutionsgeschichtlich betrachtet ist die Menschheit tatsächlich die jüngste Stufe der Entwicklung. Was kommt danach? Oder wird der Welt etwa durch die Menschen das Ende bereitet? Das Gespräch lässt sich an diesem Punkt sowohl zu Fragen der Umwelt- und Friedensethik als auch zu christlichen und nichtchristlichen Erlösungsvorstellungen entwickeln.

Ist jeder Mensch in gleicher Weise Gottes Ebenbild? Diese komplizierte Frage ist brennend aktuell, wenn man die Debatten um Klonen und Gentechnik einbezieht. Wer entscheidet, welches Kind noch als Ebenbild durchgeht und geboren werden darf? Kann es Abstufungen der Ebenbildlichkeit geben, etwa besonders göttliche Menschen, die zu vervielfältigen sich lohnt, während andere sich weiterhin mühsam herkömmlich fortpflanzen müssen? Auch hier geht die Debatte schnell von der Schöpfungsthematik zu ethischen Fragestellungen. Doch auch eine Verbindung mit der Theodizeeproblematik legt sich nahe: Wenn der Mensch Gottes Ebenbild ist, woher kommen dann die bösen Anteile in seinem Wesen?

Umsetzungen dieser Überlegungen finden sich etwa im Kursbuch 7/8, wo unter der Überschrift „Jeder Mensch ist ein Abbild Gottes" (S. 152–160) zum einen die Problematik des Umgangs mit Behinderungen angesprochen wird, zum anderen die Frage der Gleichberechtigung von Mann und Frau. Die Verbindung der Themen Theodizee und Gottebenbildlichkeit findet sich in dem Band für die Klassenstufen 9/10 auf den Seiten 22–41; vgl. auch „Entdeckungen machen" Bd. 2 (Cornelsen, 1993), S. 22–35.

Worin genau besteht Gottes Herrschaftsauftrag an die Menschen? Der Mehrungsauftrag aus Gen 1,28 ist längst fraglich geworden, der Aufruf zur Herrschaft über die Tiere am Beispiel von Legebatterien und Tiermehlskandalen als höchst problematisch erkannt. Die beiden Schöpfungsberichte geben hier keine genaue Antwort; daher bietet es sich an, andere Texte zu befragen. Auf diese Weise lässt sich ein Bogen zu den allen Menschen geltenden noachitischen Geboten in Gen 9,5 f. ziehen (dort wird erneut ausdrücklich auf die Ebenbildlichkeit Gottes verwiesen!). Doch auch biblische Gerechtigkeitsvorstellungen, wie sie etwa die Propheten Jesaja oder Amos äußerten, können in den Blick genommen werden, ebenso die Zehn Gebote in Ex 20 und Dtn 5 als Basis einer Ethik. Unter der Überschrift „Ihr schuldet uns eine gerechte Welt" wird diese Dimension im Kursbuch 7/8 auf den Seiten 161–163 behandelt.

Eine Fülle weiterer Überlegungen zur Umsetzung einzelner Aspekte der Schöpfungsberichte ist möglich:

- Was bedeutet die „Erkenntnis von Gut und Böse"? Wie lässt sie sich in eine zeitgemäße Ethik umsetzen? Woher kommen Kriterien für „Gut" und „Böse"?
- Ist es ein Fluch oder ein Segen, dass die Menschen nicht vom Baum des Lebens gegessen haben? Gen 3 ist als Anleitung zu verstehen, den Tod als Teil des Lebens zu begreifen und nicht zu verdrängen.
- Ein Perspektivenwechsel: Welche Pläne hat Gott mit der Schöpfung? (Vgl. das Lied „God shuffeled his feet" von den Crash Test

Dummies; hier lässt sich auch das Phänomen religiöser Texte in der Popkultur anschließen.)

- ▷ Welche Bedeutung haben Sabbat und Sonntag im abendländischen Kulturkreis?
- ▷ Ein interessante Anknüpfungsmöglichkeit zu interdisziplinärem Unterricht (Gemeinschaftskunde, Wirtschaft) bietet die Fragestellung: Schöpfung als Wirtschaftsgut: Was ist – in Euro und Cent – das Leben eines Menschen wert, so dass es sich etwa lohnt, Flugzeuge sicherer zu machen? Wie teuer ist ein schonender Umgang mit der Natur? Wieviel teurer sind etwa BSE-Krisen oder verseuchte Flüsse als artgerechte Haltung etc.?
- ▷ Daran anknüpfend kann auch das Verhältnis von Mensch und Tier als Bestandteil der Schöpfungsthematik thematisiert werden, einsetzend bei den Haus- und Schmusetieren der Kinder und überleitend zu Fragen der Massentierhaltung und moderne Ernährungsweise. Wie ist der Herrschaftsauftrag Gen 1,28 in diesem Licht zu verstehen?
- ▷ Schließlich bietet sich in höheren Klassen auch die Zusammenarbeit mit dem Kunstunterricht an: Wie etwa wird die Gestalt der Schlange aus Gen 3 in der Kunst dargestellt? Wann mutiert sie ikonographisch zur Satansgestalt? Auch die berühmten Bilder der Sixtinischen Kapelle könnten mittels der Bibel „gelesen" werden.

Diese Überlegungen sind bei weitem nicht vollständig; sie sollen es auch gar nicht sein. Wesentlich ist nämlich die Erkenntnis, dass die beiden Erzählungen in Gen 1–3 ihrer Anlage und ihrem Inhalt nach über sich hinausweisen. Damit öffnen sie den Weg zu den Erfahrungsschätzen der biblischen Überlieferung und zu ihrem zeitgemäßen Verständnis. Der oft beklagte und für Schüler gewiss präsente „garstige Graben" zwischen biblischen Texten und heutigen Fragen wird deutlich schmaler, wenn man die Texte selbst zu Wort kommen lässt und in die Gespräche der Gegenwart einbezieht.

9 Bibel-Kunde oder: Die Auswahl einer geeigneten Bibelübersetzung

Den allermeisten Studierenden ist der Zugang zu den Texten des Alten und Neuen Testaments nur mittels Übersetzungen der Bibel möglich. Und selbst diejenigen, die einmal Griechisch oder Hebräisch gelernt haben, greifen in der Regel eher zu einer deutschen Bibel als zu einer Urtextausgabe. Nun gibt es aber eine verwirrende Vielfalt von Übersetzungen ins Deutsche, die sich in manchen Fällen deutlich voneinander unterscheiden; das gilt oft auch für die Kapitel und Verszählung. Um hier etwas Licht zu schaffen, seien hier kurz die wichtigsten Übersetzungen ins Deutsche vorgestellt.

Am weitesten verbreitet ist sicherlich die *Lutherbibel.* Sie geht zwar auf Martin Luthers Übersetzungen aus dem 16. Jh. zurück, doch ihre Sprachgestalt wurde im Laufe der Zeit behutsam modernisiert. Aktuell zu verwenden ist die Revision von 1984, die einerseits Texttreue und andererseits gute, auch liturgisch verwendbare Sprache zu vereinen sucht. Allerdings wird an verschiedenen Stellen auf traditionelle Übersetzungen Luthers Rücksicht genommen, vgl. in Röm 3,28 den Zusatz des „allein" (durch den Glauben), das sich so nicht im griechischen Text findet. In der „Stuttgarter Erklärungsbibel" wird ebenfalls der Text der Lutherbibel verwendet, allerdings ergänzt um – manchmal sehr erbauliche – Anmerkungen und Texterklärungen.

Auf den Schweizer Reformator Zwingli geht die *Zürcher Bibel* zurück, die ebenfalls mehrfach überarbeitet wurde. Gegenwärtig aktuell ist die Revision von 1931. Derzeit geschieht allerdings eine vollständige Überarbeitung, die noch nicht abgeschlossen ist. Doch einige Lieferungen (etwa Hiob und Kohelet) sind bereits erschienen. Die Zürcher Bibel ist oft wörtlicher übersetzt als die Lutherbibel. Verwirrend ist jedoch, dass sie bei Kapitel- und Verszählungen oft der griechischen Septuaginta folgt (vgl. Hos 2,1 oder Mal 3,19 ff.).

Bei schwierigen Texten kann die *Elberfelder Bibel* hilfreich sein, da sie die Treue zum hebräischen Text höher gewichtet als das deutsche Sprachempfinden. Aktuell ist hier die Revision von 1993. Diese Textausgabe ist auch als Freeware im Internet zu finden.

Die *Einheitsübersetzung* von 1979/80 ist zwar gemeinsam von katholischen und protestantischen Wissenschaftlern übersetzt worden, hat sich jedoch nur im katholischen Bereich durchsetzen können. Ihr Manko ist die uneinheitliche Übersetzungsweise, die zwischen den einzelnen biblischen Büchern mitunter stark variiert. Besonders hilfreich ist jedoch die Ausgabe mit den Anmerkungen der *Jerusalemer Bibel,* die zu jedem biblischen Buch zuverlässige – wenn auch manchmal etwas veraltete – Informationen bietet und einzelne Textprobleme in kurzen Anmerkungen erklärt.

Wer einen Eindruck von der hebräischen Sprachgestalt der Bibel haben möchte, sollte zur der Übersetzung der Schrift von Martin Buber und Franz Rosenzweig greifen (revidiert 1956f.), die zwar oft fremd, immer aber beeindruckend wirkt.

Abzuraten ist von den *Gute Nachricht-Übersetzungen,* die die Bibel an modernes Sprachempfinden anpassen wollen. Hier steht die Treue zum Text im Hintergrund, oft genug gehen aber auch Sinn und Tiefe verloren, wenn etwa im Vaterunser nicht „dein Reich komme", sondern „bring alle Menschen dazu, dich zu ehren" steht (Ausgabe von 1982).

Die neueste deutsche Bibelübersetzung ist die 2006 erschienene und sehr umstrittene *Bibel in gerechter Sprache.* Hier bemühte man sich darum, Gerechtigkeit hinsichtlich frauenspezifischer und sozialer Fragen walten zu lassen und Probleme des christlich-jüdischen Dialogs zu berücksichtigen. Das führt z.B. im AT dazu, dass der Gottesname JHWH nicht mit „Herr" übersetzt wurde, sondern etwa mit „Adonaj", „die Eine", „der Name" u.a. Auch hier gilt, dass die Übersetzungen der einzelnen Bücher von recht unterschiedlicher Qualität sind.

Die meisten dieser Übersetzungen sind auch elektronisch verfügbar. Mit den entsprechenden Programmen lassen sich besonders komfortabel einzelne Stellen suchen und die Ergebnisse etwa in Arbeitsblätter kopieren. Empfehlenswert ist dabei vor allem die Reihe „Bibel Digital" der Deutschen Bibelgesellschaft. Hier lassen sich verschiedene Übersetzungen miteinander kombinieren und um Urtextausgaben oder Hilfsmittel wie eine Bibelkunde oder Bildmaterial erweitern. Programme wie *BibleWorks* oder die *Stuttgarter Elektronische Studienbibel* sind demgegenüber nur mit der Kenntnis der Ursprachen sinnvoll zu nutzen.

Ein Beispiel zur Übersetzungsweise: Gen 1,2
Am Beispiel eines berühmten Textes kann man die Vielfalt der möglichen Übersetzungen (und die Schwierigkeit, „richtig" zu übersetzen) leicht ermessen:

- ▷ *Luther* 1984: Und die Erde war wüst und leer, und es war finster auf der Tiefe; und der Geist Gottes schwebte auf dem Wasser.
- ▷ *Zürcher* 1931: Die Erde war aber wüst und öde, und Finsternis lag auf der Urflut, und der Geist Gottes schwebte über den Wassern.
- ▷ *Elberfelder* 1993: Und die Erde war wüst und leer, und Finsternis war über der Tiefe; und der Geist Gottes schwebte über den Wassern.
- ▷ *Einheitsübersetzung:* Die Erde aber war wüst und wirr, Finsternis lag über der Urflut und Gottes Geist schwebte über dem Wasser.
- ▷ *Buber/Rosenzweig:* Die Erde aber war Irrsal und Wirrsal. Finsternis über Urwirbels Antlitz. Braus Gottes schwingend über dem Antlitz der Wasser.
- ▷ *Gute Nachricht* 1982: Auf der Erde war es noch wüst und unheimlich; es war finster, und Wasserfluten bedeckten alles. Über dem Wasser schwebte der Geist Gottes.
- ▷ *Bibel in gerechter Sprache* 2006: Da war die Erde Chaos und Wüste, Dunkelheit war da angesichts der Urflut, und Gottes Geistkraft bewegte sich angesichts der Wasser.

GLOSSAR

Allegorie: Sinnbildliche Wiedergabe eines abstrakten Begriffs
Androzentrisch: Denkweise, die Männer in den Mittelpunkt stellt
Apokalyptik/Apokalypse: Enthüllung; Schrift oder Denktradition, die die Geschichte bis zum Ende der Welt zu verstehen sucht
Apokryphen: Bücher, die nicht zum masoretischen Kanon gehören
Apologetisch: Eine verteidigende, rechtfertigende Schrift
Ätiologie: Ein Mythos, der der Begründung einer Erscheinung, eines Brauchs oder eines Namens dient
BHS: Biblia Hebraica Stuttgartensia
Credo: Glaubensbekenntnis, vgl. Dtn 26,5 ff.
Dekalog: Die Zehn Gebote
Diaspora: (griech.) Zerstreuung; Bezeichnung für die außerhalb Palästinas lebenden Juden, z.B. in Babylonien oder Ägypten
Deuterokanonisch: Katholische Bezeichnung für Bücher, die nur zum Kanon der LXX gehören
Deuteronomistisch: In der theologischen Denktradition des Deuteronomiums (Dtn) stehend
Diachron/Diachronie: Zugang zu biblischen Texten, der vor allem an ihrer Entstehungsgeschichte interessiert ist (vgl. –> synchron)
Dtn: Deuteronomisch, zum Dtn gehörend
Dtr: –> Deuteronomistisch
Enneateuch: Die neun biblischen Bücher Gen bis 2 Kön (ohne Rut)
Eschatologie: (griech.) Lehre von den letzten Dingen, die sich auf das Ende der Geschichte beziehen
Etymologie: Untersuchung über den ursprünglichen Sinn eines Wortes
Exegese: Auslegung, wissenschaftliche Beschäftigung mit der Bibel
Formgeschichte: Exegetische Methode zur Bestimmung literarischer Formen und Gattungen sowie ihres –> Sitzes im Leben (► s. 5.4)
Gattung: Geprägte sprachliche Äußerung (z. B. Hymnus, Klagelied), die in einer bestimmten typischen Lebenssituation (–> Sitz im Leben) verwendet wird (► s. 5.4)
Genealogie: (griech.) Abstammungsliste (z. B. Gen 5)
Glosse: Randerläuterung zu einem Text, die später in den Text eindrang

Hellenismus, hellenistisch: Epoche von Alexander d. Gr. bis zu Kaiser Augustus, als sich griechische Sprache und Kultur im Mittelmeerraum durchsetzten

Hermeneutik: Wissenschaftliches Bemühen um das Verstehen von Texten

Hexateuch: Die sechs biblischen Bücher von Genesis bis Josua

Ikonographie: Lehre, die sich mit dem Erkennen, Klassifizieren und Erklären von Bildinhalten befasst

JHWH: Konsonantenbestand des Gottesnamens

Kanon: (griech.) Richtschnur, Maßstab; Zusammenstellung der in einer Glaubensgemeinschaft als verbindlich anerkannten biblischen Schriften

Konkordanz: Verzeichnis aller in der Bibel vorkommenden Wörter

Kosmologie: Lehre vom Weltall (Kosmos, Universum) als Ganzem, besonders von seiner Entstehung und Entwicklung

Lade: Altisraelitischer Kultgegenstand, vgl. Ex 25ff.

Literarkritik: Exegetischer Arbeitsschritt, der literarische Wachstumsspuren in Texten kenntlich macht (► s. 5.2)

LXX: –> Septuaginta

Makkabäer: Aufstandsbewegung gegen die Seleukiden

Mantik: Versuch, aufgrund von Visionen, Auditionen oder bestimmten Vorzeichen Hinweise auf zukünftiges Geschehen zu erlangen

Masoreten: Mittelalterliche Überlieferer des Bibeltextes

Megillot: Fünf Buchrollen, die an jüdischen Festen gelesen werden

Monolatrie: Alleinverehrung Gottes in einem polytheistischen Umfeld

Monotheismus: Überzeugung, dass es nur einen Gott gibt

Parallelismus membrorum: Die Aussage eines Verses wird in zwei Teilsätzen wiederholt

Patriarchat: Vaterherrschaft; männlich dominierte Gesellschaftsordnung, in der der Vater in der Familie über die uneingeschränkte Entscheidungs- und Befehlsgewalt verfügt

Pentateuch: Die fünf Bücher Mose

Perikope: Textabschnitt

Polytheismus: Verehrung vieler Götter

Priesterschrift: Vermutete Quellenschrift im –> Pentateuch

Primärquelle: Textliches oder bildliches Zeugnis, das direkt aus der interessierenden historischen Epoche stammt, etwa die Inschriften aus Chirbet el-Qom (► s. S. 138)

Redaktionsgeschichte: Exegetische Methode, mit der das literarische Wachstum biblischer Texte im Laufe der Überlieferung rekonstruiert werden soll (► s. 5.6)

Rezeption: Aufnahme/Übernahme von Gedanken oder Texten

Sekundärquelle: Textliches oder bildliches Zeugnis, das nicht aus der Zeit stammt, von der es berichtet

Septuaginta: Griech. Übersetzung der hebr. Bibel

Sitz im Leben: Typische Lebenssituation, in der bestimmte Textgattungen verwendet werden (► s. 5.4)

Synchron/Synchronie: Zugang zu biblischen Texten, der vor allem an ihrer heutigen, kanonischen Endgestalt unabhängig von ihrer Entstehungsgeschichte interessiert ist (vgl. -> diachron)

Talion: (lat.) Vergeltung einer Straftat durch Gleichartiges (► s. 1.3)

Talmud: Sammlung jüdischer Bibelauslegungen und Anweisungen aus nachbiblischer Zeit

Tanach: Jüdische Bezeichnung für die Bibel (AT, ► s. 1.2)

Tetragramm: Der aus vier Buchstaben bestehende Gottesname

Textkritik: Exegetische Methode, welche das Ziel hat, die ursprüngliche Gestalt eines Bibeltextes durch Vergleich der überlieferten Textvarianten zu ermitteln (► s. 5.1)

Theodizee: (griech.) Rechtfertigung Gottes angesichts des von ihm trotz seiner Allmacht und Güte zugelassenen Bösen und Leidens in der Welt; der Begriff wurde 1697 von Leibniz geprägt.

Theophanie: Gotteserscheinung (vgl. Hab 3,3 ff.)

Tora: (hebr.) Weisung, die fünf Bücher Mose

Traditionsgeschichte: Exegetische Methode, die untersucht, welche geprägten Vorstellungen in einem Text verarbeitet sind (► s. 5.3)

Überlieferungsgeschichte: Exegetische Methode, welche die Entwicklung eines biblischen Textes in der mündlichen Überlieferungsphase vor seiner Verschriftung zu bestimmen versucht (► s. 5.3)

Vulgata: Übersetzung der hebräischen Bibel ins Lateinische (im 4. Jh. durch Hieronymus); 1546 in der katholischen Kirche zur einzig authentischen und verbindlichen Bibelübersetzung erklärt (► s. 1.2)

1 Allgemein

Calwer Bibellexikon. 2 Bände, Stuttgart 2003 ▪ *Herders Bibelatlas,* Freiburg u. a. 1989 ▪ *Neues Bibel-Lexikon,* hg. v. M. GÖRG und B. LANG, Düsseldorf/Zürich 1991 ff. ▪ E. A. KNAUF, *Die Umwelt des AT,* NSK.AT 29, Stuttgart 1994 ▪ TH. STAUBLI, *Begleiter durch das Erste Testament,* Düsseldorf, 2. Aufl. 1999 ▪ G. THEISSEN, *Zur Bibel motivieren. Aufgaben, Inhalte und Methoden einer offenen Bibeldidaktik,* Gütersloh 2003 ▪ W. ZWICKEL, *Die Welt des AT und NT. Ein Sach- und Arbeitsbuch,* Stuttgart 1997

2 Geschichte Israels

H. DONNER, *Geschichte des Volkes Israel und seiner Nachbarn in Grundzügen,* 2 Teile, Göttingen, 3. Aufl. 2000 ▪ I. FINKELSTEIN, N. A. SILBERMAN, *Keine Posaunen vor Jericho,* München 2004 ▪ TH. STAUBLI, *Biblische Welten. Ein Bildatlas,* Stuttgart 2000 ▪ W. ZWICKEL, *Calwer Bibelatlas,* Stuttgart 2000

3 Das Buch der vielen Bücher

J. C. GERTZ (Hg.), *Grundinformation Altes Testament,* Göttingen 2006 ▪ H. LISS, *Tanach. Lehrbuch der jüdischen Bibel,* Heidelberg 2005 ▪ M. RÖSEL, *Bibelkunde des AT,* Neukirchen-Vluyn, 4. Aufl. 2006 ▪ M. RÖSEL, K. M. BULL, *Interaktive Lernsoftware: Elektronische Bibelkunde 2.0,* Stuttgart 2006 ▪ W. H. SCHMIDT, *Einführung in das AT,* Berlin/New York, 5. Aufl. 1995 ▪ E. ZENGER u. a., *Einleitung in das AT,* Stuttgart/Berlin/Köln, 6. Aufl. 2006

4 Zur Forschungsgeschichte

R. ALBERTZ, *Religionsgeschichte Israels in Alttestamentlicher Zeit,* GAT 8/1+2, Göttingen 1992 ▪ M. HUTTER, *Religionen in der Umwelt des Alten Testaments I, Babylonier, Syrer, Perser,* Stuttgart/Berlin/Köln 1996 ▪ O. KEEL, CHR. UEHLINGER, *Göttinnen, Götter, Gottessymbole,* QD 134, Freiburg u. a., 4. Aufl. 1998 ▪ K. KOCH, *Geschichte der ägyptischen Religion,* Stuttgart/Berlin/Köln 1993 ▪ H.-J. KRAUS, *Geschichte der historisch-kritischen Erforschung des Alten Testaments,* Neukirchen-Vluyn, 4. Aufl. 1988 ▪ K. A. D. SMELIK, *Historische Dokumente aus dem alten Israel,* Göttingen 1987 ▪ J. C. VANDERKAM, *Einführung in die Qumranforschung,* Göttingen 1998

5 Die Methoden der modernen historisch-kritischen Forschung

G. FISCHER, *Wege in die Bibel,* Stuttgart 2000 ▪ S. KREUZER, D. VIEWEGER, *Proseminar I. Altes Testament. Ein Arbeitsbuch,* Stuttgart/Berlin/Köln, 2. Aufl. 2005

6 Schwerpunktthemen des Alten Testaments

H. J. BOECKER u. a., *Altes Testament,* Neukirchen-Vluyn, 5. Aufl., 1996 O. KAISER, *Der Gott des Alten Testaments. Theologie des Alten Testaments,* 3 Teile, Göttingen 1993/1998/2003 ▪ W. H. SCHMIDT, *Alttestamentlicher Glaube,* Neukirchen-Vluyn, 9. Aufl. 2004 ▪ H.-CHR. SCHMITT, *Arbeitsbuch zum AT,* Göttingen 2005

7 Vom Verstehen des Alten Testaments

Jahrbuch Biblische Theologie Bd. 6, Altes Testament und christlicher Glaube, Neukirchen-Vluyn 1991; Bd. 10, *Religionsgeschichte Israels oder Theologie des AT,* Neukirchen-Vluyn 1995 ▪ CHR. DOHMEN, T. SÖDING (Hg.), *Eine Bibel – Zwei Testamente: Positionen biblischer Theologie,* Paderborn u. a. 1995 ▪ M. OEMING, *Biblische Hermeneutik. Eine Einführung,* Darmstadt 1998 ▪ R. RENDTORFF, *Theologie des Alten Testaments. Ein kanonischer Entwurf,* Neukirchen-Vluyn, Bd. 1, 1999, Bd. 2, 2001 ▪ L. SCHOTTROFF, S. SCHROER, M.-T. WACKER, *Feministische Exegese,* Darmstadt 1995 ▪ G. THEISSEN, *Argumente für einen kritischen Glauben,* München 1978, 48 f. ▪ H. UTZSCHNEIDER, A. NITZSCHE, *Arbeitsbuch literaturwissenschaftliche Bibelauslegung,* Gütersloh 2001

8 Exegese von Genesis 1–3

Die Literatur zu diesen Kapiteln ist uferlos. Daher sei einfach auf die beiden neuesten deutschsprachigen Kommentare verwiesen:

H. SEEBASS, *Genesis I. Urgeschichte (1,11–11,26),* Neukirchen-Vluyn 1996 ▪ A. SOGGIN, *Das Buch Genesis,* Darmstadt 1997

Hinweise auf Bücher und Materialien zum Religionsunterricht

ARNDT, Klaus u.a.: *Gott sitzt nicht auf einer Wolke,* 2. Schuljahr. Stuttgart 1994. S. 52–55 Gottes Bund (Gen 6.5ff.)

BALTZ-OTTO, Ursula u.a.: *Kinder fragen nach dem Leben,* 2. Schuljahr. Berlin 1990. S. 14–21 Josef und seine Brüder

MUNZEL, Friedhelm u.a.: *Mein Religionsbuch,* 3./4. Schuljahr. Hannover 1985. S. 10–21 David und Saul, 99–107 Schöpfung, 123–133 Israel (Landes- und Religionskunde), 160–170 Mose und das Volk Israel

BALTZ-OTTO, Ursula u.a.: *Kinder fragen nach dem Leben,* 3./4. Schuljahr. Berlin 1997. S. 33–41 Das Land der Bibel, 76–86 Schöpfung, 98–112 Ein Volk zieht aus (Exodus)

MUNZEL, Friedhelm u.a.: *Brücken bauen,* 3./4. Schuljahr. Stuttgart 1997. S. 100–112 Schöpfung, 112–124 Mose befreit die Israeliten, 124-133 Saul und David

STEINWEDE, Dietrich u.a.: *Religionsbuch Oikoumene – Leben in einem Haus,* 3. Schuljahr. Düsseldorf 1997. S. 58–63 Dornbusch, Berufung des Mose, Auszug, Gottesbund und die zehn Gebote, 66-73 Josua, Richter, Könige

STEINWEDE, Dietrich u.a.: *Religionsbuch Oikoumene – Den Frieden suchen,* 4. Schuljahr. Düsseldorf 1996. S. 8–21 Schöpfung, 23–33 Urgeschichte, 34–40 Propheten Amos, Jesaja und Jeremia, 92–93 Entstehung der Bibel, 110f. Jona, 112–117 Abraham, Hagar und Ismael

BESSER-SCHOLZ, Birgit u.a.: *LebensZeichen,* 5./6. Schuljahr. Göttingen 1988. S. 17–45 Schöpfung, 46–68 Exodus – Aufbruch in ein neues Land, 69–83 David, 84–98 Der Prophet Elia, 204–219 Psalmen und Gebete

BAUMANN, Ulrike u.a.: *Religionsbuch* 5/6. Berlin 2001. S. 20–31 Abraham, 34–44 Exodus, 46–63 Schöpfung, 66–79 Mensch – Ebenbild Gottes

VEIT, Reinhard (Hg.): *Glauben heute,* 5./6. Schuljahr. Hannover 1988. S. 11–28 Geschichte des Volkes Israel, 29–42 Schöpfung

BALDERMANN, Ingo u.a.: *Hoffnung lernen,* 5./6. Schuljahr. Stuttgart 1995. S. 16–31 Psalmen, 42–53 Schöpfung, 54–67 Vätergeschichten und Exodus, 68–77 Tora, 78–89 Jerusalem, 106–115 Propheten Jeremia und Jesaja

KLUGE, Jürgen (Hg.): *Entdeckungen machen 2,* ab dem 7. Schuljahr. Berlin 1998. S. 9–18 Die zehn Gebote, 31–41 Urgeschichte, 42 f. Abraham, 44–48 Mose, 72 f. Hiob, 74 f. Jona, 167–184 Propheten Amos, Jesaja und Jeremia

KALMBACH, Wolfgang u.a.: *Baupläne Religion,* 7. Schuljahr. Stuttgart 1993. S. 107–120 Der Prophet Amos

BAUMANN, Ulrike u.a.: *Religionsbuch* 7/8. Berlin 2001. S. 60–65 Schöpfung, 114–125 Visionäre und Propheten

BÜTTNER, Gerhard u.a.: *SpurenLesen,* 7./8. Schuljahr. Stuttgart 1998. S. 60–67 Jona, 68–79 Propheten

VEIT, Reinhard (Hg.): *Glauben heute,* 7./8. Schuljahr. Hannover 1990. S. 5–18 Der Prophet Amos, 19–28 Gebote

RUPPEL, Helmut u.a.: *Gerechtigkeit lernen,* 7./8. Schuljahr. Stuttgart 1996. S. 6–21 Propheten

KRAFT, Gerhard u.a. (Hg.): *Kursbuch Religion 2000,* 7./8. Schuljahr. Frankfurt/Stuttgart 1998. S. 36 f. Die zehn Gebote, 56–59 Jona, 112–123 Propheten Elia und Amos, 152–153 Abbild Gottes

KRAFT, Gerhard u. a. (Hg.): *Kursbuch Religion 2000, 9./10. Schuljahr,* Frankfurt/Stuttgart 1999. S. 24–27 Hiob, 78–85 Jeremia

EILERTS, WOLFRAM / KÜBLER, HEINZ-GÜNTER (Hg.): *Kursbuch Religion Elementar 5/6,* Stuttgart/Frankfurt 2003. S. 62f. Das Alte Testament entsteht, 70ff. Schöpfung, 92–105 David

EILERTS, WOLFRAM / KÜBLER, HEINZ-GÜNTER (Hg.): *Kursbuch Religion Elementar 7/8,* Stuttgart/Frankfurt 2005. S. 94ff. Schöpfung, 104–113 Amos, 114–123 Elia

EILERTS, WOLFRAM / KÜBLER, HEINZ-GÜNTER (Hg.): *Kursbuch Religion Elementar 9/10,* Stuttgart/Braunschweig 2006. S. 78f. Hiob

KRAFT, GERHARD u.a. (Hg.): *Das Kursbuch Religion 1, 5./6. Schuljahr,* Stuttgart/Braunschweig 2005. S. 38ff. Schöpfung, 78f. Rut, 80–85 David, 90–95 Abraham, 96–101 Mose, 102–109 Psalmen, 140–145 Das Alte Testament

KRAFT, GERHARD u.a. (Hg.): *Das Kursbuch Religion 2, 7./8. Schuljahr,* Stuttgart/Braunschweig 2005. S. 76–81 Amos

KRAFT, GERHARD u.a. (Hg.): *Das Kursbuch Religion 3, 9./10. Schuljahr,* Stuttgart/Braunschweig 2007. S. 26ff. Hiob, 40ff. Schöpfung

BILDNACHWEIS